Internationale Verträge

Carsten Grau • Karsten Markwardt

Internationale Verträge

Springer

Carsten Grau
DLA Piper UK LLP
Jungfernstieg 7
20354 Hamburg
Deutschland
carsten.grau@dlapiper.com

Dr. Karsten Markwardt
MPC Münchmeyer Petersen Capital AG
Palmaille 67
22767 Hamburg
Deutschland
k.markwardt@mpc-capital.com

ISBN 978-3-642-05349-8 e-ISBN 978-3-642-05350-4
DOI 10.1007/978-3-642-05350-4
Springer Heidelberg Dordrecht London New York

Die Deutsche Nationalbibliothek verzeichnet diese Publikation in der Deutschen Nationalbibliografie; detaillierte bibliografische Daten sind im Internet über http://dnb.d-nb.de abrufbar.

Einbandentwurf: WMXDesign GmbH, Heidelberg

Springer ist Teil der Fachverlagsgruppe Springer Science+Business Media (www.springer.com)

Einleitung

Die Idee zu diesem Buch ist im Zusammenhang mit Workshops zum internationalen Vertragsrecht für Praktiker entstanden. Das Schrifttum zum Internationalen Privatrecht ist sehr umfangreich, was nach unserer Auffassung fehlt, ist eine praxisorientierte Hilfestellung bei der Lösung der Fragestellungen im internationalen Handelsverkehr. Dieses Buch soll daher, unter Berücksichtigung der aktuell höchstrichterlichen Rechtsprechung, als generelle Orientierung bei der rechtssicheren Erstellung und Verhandlung internationaler Verträge dienen.

Im Ausgangspunkt wird ein Überblick über die international geltenden Bestimmungen gegeben. Weiterhin werden im Überblick die seit dem 17.12.2009 geltenden Regelungen der Rom I-VO vorgestellt, die mit ihrem Inkrafttreten die Regeln des EGBGB hinsichtlich internationaler Schuldverträge ersetzten. Außerdem haben wir dem UN-Kaufrecht und den Handelsklauseln der ICC jeweils ein Kapitel gewidmet. Kulturunterschiede in internationalen Verhandlungen erschweren häufig den Vertragsabschluss. Deshalb haben wir dem Thema Strategien und Taktiken der Verhandlungsführung ein Kapital gewidmet. Von zentraler Bedeutung für das Vertragswerk sind die Bestimmungen zu den Leistungsstörungen. In diesem Zusammenhang wird das System von Garantie und Gewährleistung näher erläutert und der Unterschied zu den im anglo-amerikanischen Rechtskreis gebräuchlichen Rechtsbegriffen der „guarantee“ und der „warranty“ aufgezeigt.

Für den Praktiker besonders hilfreich wird die Erläuterung wesentlicher Klauseln sein, die sich durch nahezu alle internationalen Vertragswerke ziehen. Außerdem wird eine Anleitung über den Umgang mit gängigen Musterverträgen zur Verfügung gestellt, die in Form einer Checkliste in das Werk integriert wurde. Beispiele zu den einzelnen Vertragsbestandteilen dienen der Veranschaulichung. Zur Abrundung der Darstellung dient das Kapitel Arbitration dazu, einen Überblick über die grundlegenden Arten von Schiedsgerichten zu gewinnen. Neben der Nennung der wichtigsten institutionellen Schiedsgerichtsbarkeiten wird insbesondere auf die ICC-Verfahrensordnung, die die größte Verbreitung im internationalen Rechtsverkehr aufweist, und die DIS-Verfahrensordnung eingegangen. Angesichts der im internationalen Rechtsverkehr immer beliebter werdenden Praxis, im Vertragswerk anstelle der staatlichen Gerichtsbarkeit Schiedsgerichtsvereinbarungen zu treffen, werden in diesem Kapitel die Vor- und Nachteile von Schiedsverfahren gegenübergestellt. Zum Schluss dürfen Ausführungen zur Frage, wie ein ergangenes Gerichtsurteil oder ein vorhandener Schiedsspruch vollstreckt werden kann, nicht fehlen. Schwerpunktmäßig wird hierbei der im internationalen Rechtsverkehr vielfach auftretende Problemkomplex der Vollstreckung ausländischer Gerichtsurteile in Deutschland und die Vollstreckung deutscher Urteile im Ausland dargestellt. Diesbezüglich wird auch auf die Gerichtsstands- und Vollstreckungsverordnung der Europäischen Union (EuGVVO), die am 01.03.2002 in Kraft getreten ist, eingegangen. Außerdem wird die Vollstreckung von Gerichtsurteilen in Fällen erläutert, in denen der Vollstreckungsstaat außerhalb der Europäischen Union liegt.

Bei der Erstellung des Buches haben Verena Lahmer, Benjamin Chen und Carmen Eckhoff als wissenschaftliche Mitarbeiter der DLA Piper UK LLP mitgewirkt, denen besonderer Dank gebührt. Weiterhin bedanken wir uns für viele gute Beiträge während der von uns abgehaltenen Workshops. Schließlich möchten wir uns bei allen weiteren ganz herzlich bedanken, die zur Realisierung dieses Buches beigetragen haben.

Hamburg, im Juli 2011

Inhalt

A Die wichtigsten nationalen und internationalen Vorschriften

In einem ersten Kapitel soll zunächst ein Überblick über die wichtigsten nationalen und internationalen Vorschriften gegeben werden, die grundsätzlich beim Abschluss internationaler Verträge zu beachten sind. Jeder im internationalen Vertragsrecht tätige Rechtsanwender sollte zumindest über Grundkenntnisse dieser Rechtsgrundlagen verfügen.

I. Internationales Privatrecht – Rom I-VO

Zunächst ist an dieser Stelle das Internationale Privatrecht (IPR) zu nennen. Beim Internationalen Privatrecht handelt es sich entgegen dem missverständlichen Wortlaut um nationales deutsches Recht. Dessen Aufgabe besteht darin, anknüpfungsrechtliche Kriterien dafür zu liefern, ob die Normen zur Beurteilung privatrechtlicher Sachverhalte der inländischen oder einer ausländischen Rechtsordnung zu entnehmen sind. In Deutschland hat sich dafür der Begriff Kollisionsrecht eingebürgert.[1] Adressat des IPR ist der Richter des Forumstaates, also der Richter eines angerufenen Gerichtes. Er wendet sodann sein Kollisionsrecht an, um die Frage des anzuwendenden Sachrechts zu klären.[2] Sofern ein deutscher Richter zuständig ist, entscheidet er demnach anhand des Kollisionsrechts, ob er für die Entscheidung sein eigenes oder ein ausländisches Recht anzuwenden hat. Dem deutschen IPR liegt dabei die überwiegende Annahme zugrunde, dass das Internationale Privatrecht den Zweck verfolgt, nicht das materiell gerechteste Ergebnis zu erzielen, sondern die Anwendung des auf einen Sachverhalt räumlich gerechtesten Rechts zu erreichen.[3]

Wichtigste Norm des IPR im Bereich internationaler Verträge ist nunmehr die Verordnung (EG) Nr. 593/2008 über das auf vertragliche Schuldverhältnisse an-

[1] *Sonnenberger*, in: MüKo-BGB, Einleitung IPR Rn. 3.

[2] *Sonnenberger*, in: MüKo-BGB, Einleitung IPR Rn. 261.

[3] *Rauscher*, Internationales Privatrecht, S. 12 ff.

C. Grau, K. Markwardt, *Internationale Verträge*,
DOI 10.1007/978-3-642-05350-4_1, © Springer-Verlag Berlin Heidelberg 2011

zuwendende Recht[4] (Rom I-VO), die mit ihrem Inkrafttreten am 17.12.2009 die Regeln des EGBGB hinsichtlich internationaler Schuldverträge ersetzt.

1. Allgemeine Vorschriften

Die zentrale Norm der allgemeinen Vorschriften befindet sich nunmehr[5] in Art. 3 Abs. 1 EGBGB, wonach sich das anzuwendende Recht bei Sachverhalten mit Auslandsbezug nach den nachfolgenden Vorschriften des Internationalen Privatrechts richtet – für vertragliche Schuldverhältnisse also in erster Linie nach den Art. 3 ff. Rom I-VO. Es handelt sich gem. Art. 20 Rom I-VO bei allen Verweisen der Rom I-VO um Sachnormverweisungen unter Ausschluss des fremden IPRs. Eine Schranke besteht für die Anwendung ausländischer Rechtsnormen gemäß Art. 21 Rom I-VO, wenn deren Anwendung mit der öffentlichen Ordnung („*ordre public*“) des Staates des angerufenen Gerichts offensichtlich unvereinbar ist. Dies setzt voraus, dass das konkrete Ergebnis, d. h. die Anwendung des ausländischen Rechts (Prüfungsgegenstand), in dem zu beurteilenden Einzelfall gegen die Prüfungsmaßstäbe verstoßen würde. Ob ein solcher Verstoß vorliegt, kann nicht absolut, sondern nur relativ, also bezogen auf alle Umstände des zu entscheidenden Falles beurteilt werden und ist anhand einer umfangreichen Kasuistik nachzuprüfen.[6] Diese zur alten Rechtslage des EGBGB ergangene Kasuistik dürfte bis auf weiteres auch als Prüfungsmaßstab für die Rom-I VO heranzuziehen sein.[7]

2. Vorschriften über vertragliche Schuldverhältnisse

Seit dem 17.12.2009 gelten nun im Bereich des Internationalen Vertragsrechts die Regelungen der Rom I-Verordnung.[8] Innerhalb der EU-Mitgliedstaaten (mit Ausnahme Dänemarks) finden diese Vorschriften als Verordnung unmittelbare Anwendung (Art. 249 Abs. 2 EGV) und haben ab diesem Zeitpunkt Vorrang gegenüber kollidierenden nationalen Regeln,[9] so dass praxisrelevante Unterschiede im Verhältnis zum deutschen Kollisionsrecht mit dargestellt werden. Die Rom I-VO ist anwendbar auf alle Verträge, die nach dem 17.12.2009 geschlossen wurden und werden.[10]

---

[4] ABl. EU 2008, L 177/6.

[5] Art. 3 EGBGB wurde neu gefasst durch das Gesetz zur Anpassung der Vorschriften des Internationalen Privatrechts an die VO (EG) Nr. 864/2007 vom 10.12.2008 (BGBl. I S. 2401).

[6] *Sonnenberger*, in: MüKo-BGB, Einleitung Art. 6 Rom I-VO Rn. 59.

[7] *Palandt/Thorn*, BGB-Kommentar, 70. Auflage, München 2011, (IPR) Rom I 21 Rn. 1-5.

[8] Verordnung (EG) Nr. 593/2008 des Europäischen Parlaments und des Rates vom 17.6.2008 über das auf vertragliche Schuldverhältnisse anzuwendende Recht (ABl. EU 2008, L 177/6).

[9] Vgl. *Pfeiffer*, EuZW 2008, 622.

[10] Für alle anderen Verträge sind weiterhin die früheren Vorschriften des EGBGB (Art. 11, 12, 27-38 EGBGB) anwendbar.

a) Grundsatz der Rechtswahl, Art. 3 Rom I-VO

Art. 3 Abs. 1 Rom I-VO kodifiziert als zentrale Norm den Grundsatz der Parteiautonomie, wonach die Parteien das für ein Schuldverhältnis maßgebliche Recht durch Rechtswahl selbst bestimmen können. Bei der Rechtswahl handelt es sich um ein wichtiges Gestaltungsinstrument in internationalen Verträgen. Es ist von großer Bedeutung eine sach- und interessengerechte Rechtswahl zu treffen. Regelmäßig hat jede Vertragspartei ein Interesse an der Anwendung des ihr eigenen Rechts, da es ihr am Vertrautesten erscheint. Die Rechtswahl kann sich mangels Vorliegens einer ausdrücklichen Wahl auch eindeutig aus den Bestimmungen des Vertrages oder den Umständen des Falles ergeben, Art. 3 Abs. 1 Rom I-VO. Damit ist eine konkludente oder stillschweigende Rechtswahl möglich. Einzelne Faktoren einer konkludenten Rechtswahl werden zwar in der Rom I-VO nicht genannt, so dass es stets der Abwägung einzelner Indizien bedarf. Als solche wurden insbesondere der Vertragsschluss in deutscher Sprache, die Wahl eines deutschen Gerichtsstandes und die Verwendung deutscher Rechtsbegriffe angesehen.[11] Die neue Rom I-VO legt mit Erwägungsgrund 12 immerhin dar, dass eine Vereinbarung zwischen den Parteien, wonach ausschließlich ein Gericht oder mehrere Gerichte eines Mitgliedstaats für Streitigkeiten aus einem Vertrag zuständig sein sollen, bei der Feststellung, ob eine Rechtswahl eindeutig getroffen wurde, einen zu berücksichtigenden Faktor darstellt. Die Indizwirkung der Wahl des Gerichtsstandes für eine konkludente Rechtswahl ist somit nunmehr rechtlich verankert. Allerdings konnte sich ein weitergehender Vorschlag der Kommission, die Vermutung aufzustellen, dass eine Gerichtsstandsvereinbarung auch die Wahl des Rechts am Gerichtsort enthält, nicht durchsetzen.[12]

Aufgrund der Vielzahl der in Betracht kommenden Indizien sollte daher die Rechtswahl – wie dies zumeist ohnehin in internationalen Verträgen der Fall ist – ausdrücklich vorgenommen werden, um Rechtsunsicherheiten zu vermeiden.

Auch die Rom I-VO sieht weiterhin keine Möglichkeit vor, internationale oder auf Gemeinschaftsebene anerkannte Grundsätze und Regeln nichtstaatlicher Art (wie die UNIDROIT Principles of International Commercial Contracts) unabhängig von den kollisionsrechtlichen Vorschriften zu wählen.[13] Wie bisher können Verweisungen auf ein nichtstaatliches Regelwerk oder ein internationales Übereinkommen nur im Rahmen der vom internen Recht gewährten Vertragsfreiheit, also auf sachrechtlicher Ebene vorgenommen werden.[14]

---

[11] BGH, NJW 2004, 3706 (3708); vgl. *Althammer*, JA 2008, 772 f.

[12] Vgl. *Wagner*, IPRax 2008, 377 (379).

[13] *Clausnitzer/Woopen*, BB 2008, 1798 (1799); Der Vorschlag der Kommission zur Ausweitung der Rechtswahlmöglichkeit auf anerkannte Rechtsgrundsätze wurde nach umfassender Abwägung nicht umgesetzt.

[14] Vgl. *Wagner*, IPRax 2008, 377 (379 f.) mit Nachweisen zu einem diesbezüglichen Kommissionsvorschlag; ebenso *Althammer*, JA 2008, 772 (774); *Pfeiffer*, EuZW 2008, 622 (624).

b) Mangels Rechtswahl anwendbares Recht, Art. 4 Rom I-VO

Sofern nach Art. 3 Rom I-VO keine Rechtswahl getroffen wurde, bestimmt Art. 4 Rom I-VO das anwendbare Recht. Art. 4 Abs. 1 Rom I-VO enthält nunmehr für die wichtigsten speziellen Vertragstypen feste Regelungen unter Ausformung des Prinzips der charakteristischen Leistung (etwa: Recht des Staates, in dem der Verkäufer einer beweglichen Sache seinen gewöhnlichen Aufenthalt hat oder Recht des Belegenheitsortes bei Verträgen, die ein dingliches Recht an unbeweglichen Sachen sowie die Miete oder Pacht unbeweglicher Sachen zum Gegenstand haben).[15]

Für Verträge, die nicht in Art. 4 Abs. 1 Rom I-VO aufgezählt sind, oder die mehr als einem Buchstaben unterliegen, bleibt gem. der Auffangklausel in Art. 4 Abs. 2 Rom I-VO das Kriterium der charakteristischen Leistung anwendbar. Bei gegenseitigen Verträgen handelt es sich bei der charakteristischen Leistung um die „Nicht-Geldleistung“. Maßgeblich bleibt damit die Erbringung der charakteristischen Leistung, die dem Vertragstyp seine Eigenheit verleiht.

Bestehen bleibt die „Ausweichklausel“, wonach bei einer sich aus der Gesamtheit der Umstände ergebenden „offensichtlich engeren Verbindung“ zu einem anderen Staat dessen Recht anwendbar ist (Abs. 3). Die engsten Verbindungen bestehen zum Recht des Staates, in dem der Vertrag bei Würdigung aller Umstände des Einzelfalls seinen räumlichen Schwerpunkt hat.[16] Dazu kann etwa die gemeinsame Staatsangehörigkeit der Parteien zählen.[17] Die engste Verbindung bleibt Maßstab der Rechtsbestimmung, wenn sich der Vertrag keinem der Vertragstypen zuordnen lässt, für die es spezielle Kollisionsnormen in Abs. 1 gibt und sich eine charakteristische Leistung nach Abs. 2 nicht bestimmen lässt (Abs. 4).

c) Prüfungsschemata nach Art. 4 Rom I-VO

Das Prüfungsschema, sofern eine bestimmte Rechtsordnung – entgegen der Empfehlung – nicht ausdrücklich gewählt ist, stellt sich nach der Rom I-VO folgendermaßen dar:[18]

- Ausgangspunkt: Greift eine der *konkreten Kollisionsnormen* für bestimmte Vertragstypen? (Art. 4 Abs. 1 Rom I-VO) Bei einer offensichtlich engeren Verbindung zu einem anderen Staat greift ausnahmsweise dessen Recht (Abs. 3).
- Greift keine der konkreten Kollisionsnormen ein oder würden mehrere passen, ist die charakteristische Leistung zu bestimmen:

---

[15] Zu den einzelnen Kollisionsnormen vgl. *Wagner*, IPRax 2008, 377 (382 ff.).

[16] *Palandt/Thorn,* BGB-Kommentar, 70. Auflage, München 2011, Art. 4 Rom I-VO Rn. 29.

[17] BGH, WM 1977, 793.

[18] Vgl. dazu bereits die Ausführungen unter A I. 2.

- Lässt sich die *charakteristische Leistung* bestimmen, unterliegt der Vertrag dem Recht des Staates, in dem die Leistung erbringende Partei ihren gewöhnlichen Aufenthalt hat (wobei auch hier ausnahmsweise das Recht des Staates zur Anwendung kommt, zu dem eine engere Verbindung besteht).
- Kann die charakteristische Leistung nicht bestimmt werden, unterliegt der Vertrag dem Recht des Staates, zu dem er die *engste Verbindung* aufweist (Abs. 4).

d) Sonstige beachtenswerte Normen

Während die Art. 5 bis 8 Rom I-VO Sonderregelungen für Beförderungs-, Verbraucher-, Versicherungs- und Arbeitsverträge enthalten, beanspruchen die Art. 10–13 Rom I-VO allgemeinere Geltung.

Hervorzuheben ist dabei insbesondere Art. 10 Abs. 1 Rom I-VO. Er legt fest, dass das Zustandekommen sowie die Wirksamkeit des Vertrags oder einer seiner Bestimmungen sich nach dem Recht beurteilen, das anzuwenden wäre, wenn der Vertrag oder die Bestimmung wirksam wäre. Für die Anknüpfung dieser Fragen gelten also auch die Art. 3 ff. Rom I-VO.

Bedeutsam sind ferner die Regelungen des Art. 14 Rom I-VO zur Forderungsübertragung und Art. 9 Rom I-VO, der klarstellt, dass zwingende nationale Rechtsvorschriften berücksichtigt werden müssen.

Auf einzelne Normen wird an den maßgeblichen Stellen noch zurückzukommen sein.

3. Kollisionsrecht und Gemeinschaftsrecht im Allgemeinen

Hingewiesen werden soll noch auf die besondere Beziehung zwischen Kollisionsrecht und Europarecht – in der Form primären oder sekundären Gemeinschaftsrechts, auch wenn diese noch nicht vollständig geklärt ist.[19] Zunächst ist darauf hinzuweisen, dass mit der subjektiven oder objektiven Wahl der Rechtsordnung eines Mitgliedstaates als Teil derselben stets auch das Gemeinschaftsrecht mit gewählt wird – sofern es in der jeweiligen Rechtsordnung gilt. Wie in anderen Rechtsbereichen auch, beansprucht das Gemeinschaftsrecht auch gegenüber nationalem Kollisionsrecht einen Anwendungsvorrang,[20] woraus sich einige kollisionsrechtliche Konsequenzen ergeben. Zum einen bedeutet dies, dass zwingende nationale Vorschriften, die etwa über Art. 9 oder Art. 21 Rom I-VO zu berücksichtigen wären, gegebenenfalls gemeinschaftsrechtlich zu modifizieren sind. Darüber hinaus muss

[19] Vgl. *Magnus*, in: Staudinger, BGB, Vorbem. Art. 27 bis 37 EGBGB a.F. Rn. 4.

[20] *Reithmann/Martiny*, Internationales Vertragsrecht, Rn. 36; vgl. auch *Magnus*, in: Staudinger, BGB, Vorbem. Art. 27 bis 37 EGBGB a.F. Rn. 5 m.w.N.

auch die Frage beantwortet werden, ob und inwieweit zwingende gemeinschaftsrechtliche Vorschriften als Teil der nationalen Rechtsordnung auf Grund der Art. 9 oder Art. 21 Rom I-VO zu berücksichtigen sind. Überdies hat die Ausgestaltung der Kollisionsregeln insbesondere den Grundfreiheiten und dem Diskriminierungsverbot Rechnung zu tragen.[21] Soweit möglich, sind europarechtliche Vorgaben auch durch eine gemeinschaftsrechtskonforme Auslegung der Kollisionsnormen zu berücksichtigen.

II. UN-Kaufrecht (CISG)

Soweit Waren über die Grenzen verkauft werden, findet häufig das Übereinkommen der Vereinten Nationen über Verträge über den internationalen Warenkauf (UN-Kaufrecht oder United Nations Convention on Contracts for the International Sale of Goods – CISG)[22] Anwendung. Das UN-Kaufrecht geht als international vereinheitlichtes Sachrecht den nationalen Regelungen vor und ist als solches unmittelbar anwendbar. Kollisionsrecht ist in dem Fall nicht mehr zu beachten. Das UN-Kaufrecht ist weit verbreitet, insgesamt sind dem Abkommen 74 Staaten beigetreten, unter anderem sind dies neben Deutschland (zum 1.1.1991), China, die USA, Kanada, Russland, Japan, Frankreich und Italien.[23]

Das UN-Kaufrecht findet Anwendung, wenn die Parteien ihre Niederlassungen bzw. ihren Aufenthalt – für die Parteien erkennbar – in verschiedenen Staaten haben, Art. 1 Abs. 1, 2, Art. 10 b) CISG. Diese Staaten müssen entweder beide Vertragsstaaten des UN-Kaufrechts sein oder über ihre Kollisionsnormen auf das Recht eines Vertragsstaats verweisen, Art. 1 Abs. 1 a) und b) CISG.

In sachlicher Hinsicht ist das UN-Kaufrecht nur auf bewegliche Sachen anwendbar. Darunter kann auch der Verkauf von Software und Tieren in den Grenzen des Art. 3 Abs. 2 CISG fallen.[24] Nicht erfasst sind jedoch erkennbar zum persönlichen Gebrauch vorgenommene Käufe sowie die weiteren in Art. 2 CISG zusammengefassten Ausnahmen. Das UN-Kaufrecht gilt gleichermaßen für Werklieferungsverträge, es sei denn, der Käufer erbringt wesentliche Zusatzleistungen, Art. 3 Abs. 1 CISG. Sofern in Mischverträgen kaufvertragliche Elemente nur von untergeordneter Bedeutung sind, ist das UN-Kaufrecht nicht anwendbar, Art. 3 Abs. 2 CISG. Das UN-Kaufrecht gilt auch für über das Internet abgeschlossene Geschäfte.

Das UN-Kaufrecht regelt neben dem Zustandekommen von Verträgen auch die kaufrechtlichen Rechte (Erfüllung, Ersatzlieferung, Nachbesserung) und Pflichten (insbesondere Kaufpreiszahlung, unverzügliche Rügepflicht). Insgesamt ist das

---

[21] Dazu noch unter A V. 2.

[22] Wiener Übereinkommen der Vereinten Nationen über den internationalen Warenkauf vom 11. April 1980, in Deutschland am 1.1.1991 in Kraft getreten, BGBl. 1989 II, S. 586 (588), berichtigt BGBl. 1990 II, S. 1699, abrufbar unter <http: //www.uncitral.org>.

[23] Eine Liste der beigetretenen Staaten findet sich unter <http: //www.uncitral.org>.

[24] *Piltz*, NJW 2005, 2126 (2127) m.w.N.

UN-Kaufrecht für den Warenlieferanten vorteilhaft und daher empfiehlt es sich für einen Lieferanten, einem Kaufvertrag UN-Kaufrecht zu Grunde zu legen.[25] Ein Importeur von Waren sollte in den Verhandlungen darauf Wert legen, dass die zu liefernde Ware den Produktanforderungen des Inlandes zu entsprechen hat.[26] Parteiunabhängig liegen die Vorteile des UN-Kaufrechts darin, dass es in viele Sprachen übersetzt ist und als „neutrale Rechtsordnung“ eher die Zustimmung der Parteien findet als wenn dem Vertrag das Recht eines Vertragspartners zu Grunde gelegt wird.

Wenn die Parteien UN-Kaufrecht ausschließen wollen, muss dies explizit erfolgen. Verbindlich ist der Originaltext in sechs gleichberechtigten Sprachen, darunter insbesondere Englisch. Die deutsche Übersetzung des UN-Kaufrechts ist lediglich eine unverbindliche Anwendungshilfe.[27]

III. INCOTERMS 2000

Von der International Chamber of Commerce (ICC) in Paris werden die International Commercial Terms, kurz: Incoterms, herausgegeben. Diese internationalen Handelsklauseln werden in unregelmäßigen Abständen angepasst und durch Zusatz der Jahreszahl gekennzeichnet; die aktuelle Fassung gilt seit dem 1.1.2000. Bei internationalen Kaufverträgen spielen sie eine wichtige Rolle, da sie Schwierigkeiten beseitigen können, die sich ergeben, weil vertragliche Bestimmungen nicht einheitlich verstanden werden.

1. Kein staatliches Recht

Bei den Incoterms handelt es sich nicht um staatliches Recht, sondern um rein privatrechtliche Regelungen. Vertragsinhalt werden sie daher nur, wenn ihre Einbeziehung vereinbart wird. Die Einbeziehung erfolgt in aller Regel durch ausdrückliche Vereinbarung. Möglich ist aber auch ausnahmsweise eine stillschweigende Einbeziehung durch Handelsbrauch.[28] Dafür ist dann zu klären, ob die Klauseln einen Handelsbrauch bildeten. Die Incoterms beanspruchen nur Geltung zwischen den Vertragsparteien, Dritten gegenüber, etwa Frachtführern oder Versicherungen, wirken sie nicht. Bei der Verwendung von Incoterms sollte zur Vermeidung von Unklarheiten stets auf die aktuelle Fassung etwa durch die Formulierung CFR

---

[25] Vgl. nur *Piltz*, in: *Büchting*, Beck'sches Rechtsanwaltshandbuch, Rn. 38.

[26] So auch *Piltz*, in: *Büchting*, Beck'sches Rechtsanwaltshandbuch, Rn. 38.

[27] Vgl. zum UN-Kaufrecht: *Schlechtriem/Schwenzer*, Kommentar zum einheitlichen UN-Kaufrecht; *Schlechtriem*, Internationales UN-Kaufrecht; *Honsell* (Hrsg.), Kommentar zum UN-Kaufrecht; *Piltz*, NJW 2003, 2056; *ders.*, NJW 2005, 2126.

[28] *Baumbach/Hopt*, HGB, Einleitung Incoterms u. a. Handelskaufklauseln (6) Rn. 7.

Hamburg „gemäß Incoterms 2000“ hingewiesen werden, da sich ältere Versionen nicht unwesentlich von der aktuellen Fassung unterscheiden. Bei den Incoterms handelt es sich nach überwiegender Auffassung um Allgemeine Geschäftsbedingungen (AGB),[29] so dass Individualvereinbarungen gemäß § 305b BGB stets Vorrang haben. Werden die Incoterms – wie in der Regel – zwischen Unternehmern verwendet, findet gemäß § 310 Abs. 1 S. 1 BGB eine Einbeziehungskontrolle nach § 305 Abs. 2, 3 BGB und eine Inhaltskontrolle nach §§ 308, 309 BGB nicht statt. Allerdings wird die Wirksamkeit der Klausel an der Generalklausel des § 307 BGB geprüft.

2. *Wichtigste Inhalte und einzelne Klauseln*

In internationalen Verträgen besteht eine breite Marktakzeptanz für die Einbeziehung von Incoterms, sie sind die bekanntesten und verbreitetsten internationalen Handelsklauseln. Inhaltlich handelt es sich um eine Reihe internationaler Regeln zur Definition spezifizierter Handelsbedingungen im Außenhandel. Sie regeln vor allem die Art und Weise der Lieferung von Gütern und legen damit die Pflichten des Käufers und des Verkäufers, insbesondere durch Bestimmung von Ort und Zeitpunkt des Gefahrübergangs fest. Der Gefahrübergang legt den Zeitpunkt fest, ab welchem der Verkäufer bei Untergang der Ware von seiner Leistungspflicht frei wird, ohne dass er seinen Anspruch auf den Kaufpreis verliert. Darüber hinaus enthalten die Incoterms Bestimmungen darüber, welche Partei die Transportkosten zu tragen hat. Sie treffen hingegen keine Aussagen zur Eigentumsübertragung, anderen Rechten aus dem Eigentum, Vertragsbrüchen und deren Folgen sowie Haftungsausschlüssen. Diese Fragen müssen daher anderweitig geregelt werden und richten sich mangels Bestimmung nach dem Sachrecht, auf das die Kollisionsnormen der Art. 3 ff. Rom I-VO verweisen.

Die Incoterms bieten ein System von 13 Klauseln, die in vier Gruppen aufgeteilt sind: Gruppe E, F, C und D. Die Pflichten des Exporteurs (Verkäufers) sind bei der Gruppe E am Geringsten und steigern sich jeweils in den darauf folgenden Gruppen. In allen Klauseln sind die Ortsbestimmungen durch exakte Ortsangaben zu konkretisieren.[30] Folgende 13 Klauseln existieren gemäß den Incoterms 2000:

Gruppe E: EXW (**„ex works“ = „ab Werk“) + benannter Ort**

Gruppe F: FCA (**„free Carrier“ = „frei Frachtführer“) + benannter Ort**

FAS (**„free alongside ship“ = „frei Längsseite Schiff“) + benannter Verschiffungshafen**

FOB (**„free on board“ = „frei an Bord“) + benannter Verschiffungshafen**

[29] *Baumbach/Hopt*, HGB, Einleitung Incoterms u. a. Handelskaufklauseln (6) Rn. 7, 16.

[30] Homepage des ICC Deutschland abrufbar unter <http: //www.icc-deutschland.de/index.php?id=139>.

Gruppe C: CFR („**cost and freight**" = „**Kosten und Fracht**") + **benannter Bestimmungshafen**
CIF („**cost, insurance, freight**" = „**Kosten, Versicherung und Fracht**") + **benannter Bestimmungshafen**
CPT („**carriage paid to**" = „**frachtfrei**") + **benannter Bestimmungsort**
CIP („**carriage and insurance paid to**" = „**frachtfrei versichert**") + **benannter Bestimmungsort**

Gruppe D: DAF („**delivered at frontier**" = „**geliefert Grenze**") + **benannter Ort**
DES („**delivered ex ship**" = „**geliefert ab Schiff**") + **benannter Bestimmungshafen**
DEQ („**delivered ex quai**" = „**geliefert ab Kai**") + **benannter Bestimmungshafen**
DDU („**delivered duty unpaid**" = „**geliefert unverzollt**") + **benannter Bestimmungsort**
DDP („**delivered duty paid**" = „**geliefert verzollt**") + **benannter Bestimmungsort**

Die Bandbreite möglicher Klauseln bewegt sich zwischen den Klauseln EXW und DDP: Bei der Mindestverpflichtung des Verkäufers EXW („ab Werk"), liefert dieser dann, wenn er die Ware dem Käufer auf dem Gelände des Verkäufers oder einem anderen benannten Ort zur Verfügung stellt, bei der Maximalverpflichtung DDP („geliefert verzollt") hat der Verkäufer die Verpflichtung, die zur Einfuhr freigemachte Ware an den benannten Bestimmungsort zu liefern und alle Kosten und Gefahren bis dorthin, insbesondere alle Abgaben wie Zölle, zu tragen. Dazwischen liegt ein weites Spektrum möglicher Ausgestaltungen der Lieferung.

3. Auswahl des passenden Incoterms

Die Entscheidung zur Verwendung eines bestimmten Incoterms hängt davon ab, wie die vertraglichen Pflichten der Parteien verteilt werden sollen. Neben wirtschaftlichen Gesichtspunkten sind auch rechtliche und faktische Möglichkeiten zu berücksichtigen. So ist z. B. bei den Gruppe D-Klauseln zu bedenken, ob dem Verkäufer die Beschaffung einer notwendigen Einfuhrbewilligung überhaupt möglich ist.

Darüber hinaus erfolgt die Auswahl des Incoterms auch unter Berücksichtigung der geplanten Transportart. Dabei ist zu bedenken, dass nicht alle Incoterms für sämtliche Transportarten verwendet werden können. So macht etwa die Vereinbarung EXW („ab Werk") für den Luft- oder Schifftransport keinen Sinn, wenn auf dem Werk oder Gelände des Verkäufers keine Anlegemöglichkeit beziehungsweise kein Flugfeld vorhanden ist. Für alle Transportarten geeignet sind grundsätzlich nur die Terms EXW, FCA, CPT, CIP, DAF, DDU, DDP, für den Luft- oder Eisenbahntransport zusätzlich FCA, für den See- und Binnenschiffstransport zusätzlich FAS, FOB, CFR, CIF, DES und DEQ.[31]

[31] Vgl. *Baumbach/Hopt*, HGB, Einleitung Incoterms u.a. Handelskaufklauseln (6) Rn. 10.

Des Weiteren ist zu berücksichtigen, dass Incoterms zwar keine Geltung für Dritte entfalten, aber auf die Vertragsgestaltung mit Dritten Einfluss haben. In besonderem Maße gilt dies für Speditions- und Versicherungsverträge. Diese sind daher auf jene abzustimmen – und umgekehrt. Sofern diese Verträge bereits vorhanden sind, sollten die Incoterms entsprechend dazu ausgewählt werden.

IV. UNIDROIT

Regelmäßig sind in internationalen Verträgen auch die UNIDROIT-Grundregeln zu beachten. Bei dem von dem Internationalen Institut für Privatrechtsvereinheitlichung (UNIDROIT) entwickelten Grundregeln handelt es sich um Grundsätze internationaler Handelsverträge (UNIDROIT-Grundregeln).[32] Sie stehen nicht im Range staatlichen Rechts, sondern stellen rein privatrechtliche Regeln dar, deren Geltung von den Parteien vereinbart werden muss.[33] Außer vor Schiedsgerichten bleiben die Parteien daher weiterhin auch den zwingenden Regelungen des staatlichen Rechts unterworfen.[34]

An der Erstellung der UNIDROIT-Grundregeln waren Wissenschaftler aus der ganzen Welt beteiligt, unter anderem aus allen Mitgliedstaaten der Europäischen Gemeinschaft.[35] UNIDROIT hat sich zum Ziel gesetzt, Regeln für internationale Handelsverträge zu erarbeiten, die weltweit anwendbar sind, weil sie die wichtigsten Rechtsformen der Welt widerspiegeln.[36] Dabei beschränkt sich das Projekt nicht auf Rechtsvergleichung; vielmehr hat die UNIDROIT-Kommission in Fällen, in denen die Rechtsordnungen zu sich widersprechenden Ergebnissen kommen, die effizienteste Lösung ausgewählt, zuweilen gelangt das Projekt auch zu neuen Rechtsschöpfungen.[37]

Die Vorteile der UNIDROIT-Grundregeln liegen darin, dass die darin zum Ausdruck kommenden Prinzipien einen weitgehenden Konsens unter den Rechtsordnungen finden. Sie sind – wie auch das UN-Kaufrecht – in zahlreiche Sprachen übersetzt und es lässt sich zur Auslegung umfangreiches Material der Verfasser finden, was die Rechtsunsicherheit im Umgang mit den UNIDROIT-Grundregeln reduziert. Es kann sich deshalb von Fall zu Fall empfehlen, einem Vertragsverhältnis die UNIDROIT-Grundregeln zu Grunde zu legen. Zumindest ist es empfehlenswert, bei der Vertragsgestaltung auch die UNIDROIT-Grundregeln zu Rate zu ziehen.

---

[32] Der Text der UNIDROIT Principles of International Commercial Contracts ist abrufbar unter <http://www.unidroit.org/english/principles/contracts/main.htm≥.

[33] *Zweigert/Kötz*, Einführung in die Rechtsvergleichung auf dem Gebiete des Privatrechts, S. 511.

[34] *Kropholler*, Internationales Privatrecht, § 52 II. e).

[35] *Tilmann*, ZEuP 1995, 539.

[36] *Bonell*, RabelsZ 56 (1992), S. 277.

[37] *Bonell*, RabelsZ 56 (1992), S. 281.

V. Europäische Grundfreiheiten und Diskriminierungsverbot

Neben der bereits angesprochenen Einwirkung auf das nationale Kollisionsrecht kommen dem Gemeinschaftsrecht weitere wichtige Funktionen für internationale Verträge zu.

1. Einführung

Grundsätzlich richten sich Grundfreiheiten und das Diskriminierungsverbot an die Mitgliedstaaten der Europäischen Gemeinschaften und den Gemeinschaftsrechtsgeber. Nationale Vorschriften, die gegen die Grundfreiheiten verstoßen, sind aufgrund des Vorrangs des Gemeinschaftsrechts unanwendbar. Sowohl Privatpersonen als auch Unternehmen können sich unmittelbar auf die Grundfreiheiten berufen und die Unanwendbarkeit nationaler Regelungen gegebenenfalls vor den Gerichten durchsetzen.

2. Grundfreiheiten und Diskriminierungsverbot

Bevor auf die Grundfreiheiten eingegangen wird, soll kurz das allgemeine Diskriminierungsverbot des Art. 12 Abs. 1 EGV in das Blickfeld rücken, wonach eine Diskriminierung aus Gründen der Staatsangehörigkeit grundsätzlich verboten ist.

Nach überwiegender Auffassung bezieht sich das Diskriminierungsverbot lediglich auf grenzüberschreitende Sachverhalte. Es kommt damit vor allem den ausländischen Marktbürgern zugute. Es verbietet den Mitgliedstaaten andererseits nicht, ihre Staatsangehörigen strenger beziehungsweise schlechter als die Ausländer zu behandeln (erlaubte „Inländerdiskriminierung").

Beispiel:[38] Das Reinheitsgebot des Bieres gilt allein für deutsche Bierbrauer und kann daher weiter bestehen. Ausländischen Bieren, die dessen Voraussetzungen nicht erfüllen, den Zugang zum Markt zu verbieten, war hingegen gemeinschaftsrechtswidrig.

Mittelbaren Einfluss auf Verträge mit internationalem Bezug nehmen auch die Grundfreiheiten des Vertrags über die Gründung der Europäischen Gemeinschaft (EGV). Diese wirken zwar nicht direkt gegenüber einen privaten Vertrag schlie-

---

[38] Nach EuGH, NJW 1987, 1133 („*Deutsches Reinheitsgebot für Bier*").

ßenden Parteien, beanspruchen wohl aber gegenüber den Mitgliedstaaten Geltung. Inwiefern die Regelungen der Mitgliedstaaten die Grundfreiheiten wahren oder verletzen entscheidet der Europäische Gerichtshof (EuGH) mit Sitz in Luxemburg. Aufgrund von Urteilen des EuGH waren die Mitgliedstaaten in der Vergangenheit mehrfach gezwungen, bestehendes nationales Recht zu modifizieren. Folgende Grundfreiheiten kennt das Gemeinschaftsrecht:

- Freiheit des Warenverkehrs (Art. 23 bis 31 EGV),
- Freiheit des Personenverkehrs und der Niederlassung (Art. 39 bis 48 EGV),
- Dienstleistungsfreiheit (Art. 49 bis 55 EGV), und
- Freiheit des Kapital- und Zahlungsverkehrs (Art. 56 bis 60 EGV).

Deren Grundzüge sollen kurz dargestellt werden.

a) Freiheit des Warenverkehrs

Im Bereich des Warenverkehrs sind insbesondere Ein- und Ausfuhrzölle und Abgaben gleicher Wirkung zwischen den Mitgliedstaaten verboten (Art. 25 EGV).

Darüber hinaus sind mengenmäßige Einfuhr- und Ausfuhrbeschränkungen zwischen den Mitgliedstaaten untersagt (Art. 28, 29 EGV).

Beispiel:[39] Ein Verbot der Lieferung verschreibungspflichtiger, im Einfuhrland zugelassener, Arzneimittel durch eine Apotheke eines anderen Mitgliedstaates auf Grund von Bestellungen im Internet stellt eine verbotene Maßnahme gleicher Wirkung dar. Diese kann allerdings nach Art. 30 EGV gerechtfertigt sein. Art. 30 EGV rechtfertigt hingegen kein Verbot des Versandhandels mit zugelassenen, nicht verschreibungspflichtigen Arzneimitteln.

b) Freiheit des Personenverkehrs und der Niederlassung

Nach Art. 39 Abs. 1 EGV ist die Freizügigkeit der Arbeitnehmer gewährleistet. Aus Art. 39 EGV leiten sich sowohl Gleichbehandlungsrechte hinsichtlich des Zugangs zur Beschäftigung und deren Ausübung als auch klassische Freiheitsrechte der Freizügigkeit ab, wie etwa das Recht auf freie Einreise sowie Aufenthalt in einem anderen Mitgliedstaat.[40] Nähere Ausführungen gehören in das Arbeitsrecht.

Inhaltlich mit der Freiheit des Personenverkehrs verbunden ist die Niederlassungsfreiheit. Dabei geht es um die Freizügigkeit der Selbständigen, unselbständig

---

[39] EuGH, EuZW 2004, 21 („*Doc Morris*").

[40] *Brechmann*, in: *Calliess/Ruffert*, EUV/EGV, Art. 39 EGV Rn. 3.

Beschäftigte sind bereits von der Vorschrift des Art. 39 EGV erfasst.[41] Anders als bei abhängig Beschäftigten haben die Mitgliedstaaten jedoch die selbständigen Berufe weit stärker reguliert als die unselbständigen Berufe.

Beispiel:[42] Der *EuGH* entschied, dass die Regelung des deutschen Apothekengesetzes in § 2 Abs. 1 Nr. 3 i.V.m. §§ 7, 8 ApoG, wonach nur Pharmazeuten mit Kammerzulassung Eigentümer und Betreiber einer Apotheke und von maximal drei Filialapotheken sein dürfen (Fremdbesitzverbot), mit der Niederlassungsfreiheit vereinbar ist.

C) Dienstleistungsfreiheit

Die Dienstleistungsfreiheit verbietet gemäß Art. 49 EGV hingegen Beschränkungen des freien Dienstleistungsverkehrs für Angehörige von Mitgliedstaaten, die in einem anderen Staat der Gemeinschaft als demjenigen des Leistungsempfängers ansässig sind. Die Dienstleistungsfreiheit ergänzt somit insbesondere die Niederlassungs- und die Warenverkehrsfreiheit.

Der grundlegende Unterschied zur Niederlassungsfreiheit wird darin gesehen, dass der Leistungserbringer sich nicht in dem anderen Mitgliedstaat niederlässt, es somit an der Dauerhaftigkeit fehlt.[43] Der freie Warenverkehr wird insofern ergänzt, als es sich hier wie dort um grenzüberschreitende Leistungen (im weiteren Sinne) handelt.[44]

d) Freiheit des Kapital- und Zahlungsverkehrs

Verboten sind gemäß Art. 56 EGV auch Beschränkungen des Kapitalverkehrs (Abs. 1) und des Zahlungsverkehrs (Abs. 2) zwischen den Mitgliedstaaten sowie zwischen den Mitgliedstaaten und dritten Ländern. Mit dem Begriff des Kapitalverkehrs sind alle auf Geld oder Sachkapital bezogenen Transaktionen erfasst, die nicht direkt durch den Waren- oder Dienstleistungsverkehr bedingt sind.[45] Kapitalbewegungen stellen hingegen keinen Kapitalverkehr dar, wenn sie als Gegenleistung erbracht werden; in diesem Fall handelt es sich um eine Zahlung.[46]

---

[41] Vgl. *Bröhmer*, in: *Calliess/Ruffert*, EUV/EGV, Art. 39 EGV Rn. 1.

[42] EuGH, EuZW 2009, 409 („*Apothekerkammer des Saarlandes u.a./Saarland u.a.*").

[43] *Hakenberg*, in: *Lenz/Borchardt*, EU- und EG-Vertrag, Vor Art. 49–55 EGV Rn. 2.

[44] *Geiger*, EUV/EGV, Art. 49 EGV Rn. 1.

[45] *Geiger*, EUV/EGV, Art. 49 EGV Rn. 3.

[46] *Geiger*, EUV/EGV, Art. 49 EGV Rn. 5.

3. Unmittelbare Drittwirkung?

Im Ausgangspunkt richten sich die Grundfreiheiten an die Mitgliedstaaten und betreffen somit Maßnahmen der Exekutive, Legislative und der Judikative. Bisher nicht umfassend geklärt ist demgegenüber die Frage, ob die Grundfreiheiten auch insoweit unmittelbar wirken, dass sie privatem Verhalten Grenzen setzen und privaten Marktteilnehmern verbieten, ausländische Personen oder Produkte zu diskriminieren beziehungsweise den innergemeinschaftlichen Handel durch privatautonom veranlasste Beschränkungen zu behindern. Zumindest für Diskriminierungsverbote ist dies zum Teil anerkannt.[47]

Beispiel:[48] Als nicht mit Art. 39 EGV vereinbar hat es der *EuGH* angesehen, wenn der Nachweis einer Sprachqualifikation für eine Bewerbung nur durch ein einziges in einer einzigen Provinz ausgestelltes Diplom möglich ist.

4. Vorgehensweise

Eine umfassende Darstellung der Rechtsprechung des Europäischen Gerichtshofes würde den Rahmen dieses Kapitels sprengen. Der Rechtsberater bei internationalen Verträgen sollte sich jedoch darüber im Klaren sein, dass nationale Regelungen mit Gemeinschaftsrecht unvereinbar sein können und in Ausnahmefällen auch die Grundfreiheiten unmittelbare Geltung beanspruchen können.

Sofern eine Gemeinschaftsrechtswidrigkeit nach Prüfung der einschlägigen EuGH-Rechtsprechung nahe liegt, kann es durchaus geraten sein, die Europäische Kommission zu kontaktieren und als Verbündete zu gewinnen.[49] Dies kann etwa im Wege einer Beschwerde (Art. 226 EGV) über die Verletzung von Grundfreiheiten durch nationale Vorschriften oder Maßnahmen der Exekutive eines Mitgliedstaates erfolgen. Die Kommission als „Herrin der Verträge“ wird in diesem Fall zunächst eine Stellungnahme des Mitgliedstaates einholen und hat sodann die Möglichkeit, gegebenenfalls ein Vertragsverletzungsverfahren gegen den betreffenden Mitgliedstaat einzuleiten.

Im Rahmen eines Rechtsstreites vor einem staatlichen Gericht kommt ein Vorlageverfahren nach Art. 234 EGV in Betracht, Das innerstaatliche Gericht kann danach die Sache mit entsprechenden Auslegungsfragen zum Gemeinschaftsrecht dem EuGH zur Vorabentscheidung vorlegen.

---

[47] Vgl. dazu insbesondere die Urteile EuGH, NJW 1975, 1093 („*Walrave*“) zum heutigen Art. 12 EGV und EuGH, NJW 1996, 505 („*Bosman*“) zu Art. 39 EGV (Art. 48 a.F.).

[48] EuGH, EuZW 2000, 468 („*Angonese*“).

[49] Vgl. *Williamson*, in: *Heussen* (Hrsg.), Handbuch Vertragsverhandlung und Vertragsmanagement, Teil 8 Rn. 101 f.

B Grundlagen des internationalen Vertragsrechts

In diesem Kapital werden einige Grundlagen des internationalen Vertragsrechts vorgestellt, die in unterschiedlichem Maße bei jedem Vertrag zu berücksichtigen sind. Dabei beschränkt sich die Darstellung auf Besonderheiten in Verträgen mit internationaler Berührung. Selbst in diesem Bereich musste allerdings eine Auswahl im Hinblick auf grundsätzlich zu beachtende Fragestellungen getroffen werden, da praktisch jeder Vertragstyp in einem internationalen Kontext geschlossen werden kann.

I. Zustandekommen des Vertrages

1. Einführung

Das Zustandekommen des Vertrages setzt in jeder Rechtsordnung eine Einigung zwischen den Parteien voraus.[1] Am einfachsten kommt es zu einer Einigung durch Angebot und Annahme. Von dem Zustandekommen eines Vertrages zu unterscheiden ist, ob der Vertrag wirksam wird. Für das Wirksamwerden eines Vertrages ist häufig die Einhaltung von Formvorschriften notwendig[2] oder im anglo-amerikanischen Rechtskreis ist als allgemeines Erfordernis eine „*Consideration*" vorgesehen.[3] Danach setzt ein bindendes Schuldversprechen voraus, dass der Vertragspartner eine Gegenleistung erbringt, die in einer Leistung, Handlung oder Unterlassung bestehen kann. In normalen Austauschverträgen ist dies unproblematisch, Schwierigkeiten können sich im Zusammenhang mit Nachtrags- oder Zusatzvereinbarungen ergeben.

Im Grundsatz beherrscht das Zustandekommen des Vertrages und damit auch die daraus resultierenden Probleme das ggf. vereinbarte oder *ex lege* geltende Vertragsstatut. In der vor dem Zustandekommen des Vertrages liegenden Phase ist hin-

---

[1] *Kötz/Flessner* (Hrsg.), European Contract Law, Vol. 1: Formation, Validity, and Content of contracts; Contracts and Third Parties, S. 16.

[2] Vgl. *Jauernig* (Hrsg.), BGB, Vor § 104 Rn. 3.

[3] Vgl. dazu *Müller*, in *Sandrock* (Hrsg.), Handbuch der internationalen Vertragsgestaltung, Bd. 1, § 11 Rn. 235 ff. (Großbritannien) und 613 ff. (USA).

C. Grau, K. Markwardt, *Internationale Verträge*,
DOI 10.1007/978-3-642-05350-4_2, © Springer-Verlag Berlin Heidelberg 2011

sichtlich der Frage, ob dem Verhalten des „Annehmenden", insbesondere seinem Schweigen, rechtsgeschäftliche Bedeutung beizumessen ist, auf dessen „Umweltrecht", nicht jedoch sein „Heimatrecht",[4] Rücksicht zu nehmen. Allerdings findet eine Berücksichtigung des „Umweltrechts" nach der Rechtsprechung des Bundesgerichtshofes nicht statt, wenn die schweigende Partei hierauf nicht vertrauen konnte. In diesem Fall gilt wiederum das allgemeine Vertragsstatut.[5]

Beispiel:[6] Die klagende Küchenmöbelherstellerin in Berlin hatte der französischen Beklagten das Alleinvertriebsrecht für Frankreich eingeräumt. Die deutsche Klägerin belieferte die französische Beklagte etwa zwei Jahre lang mit Küchenmöbeln. Die einzelnen Sendungen bestellte die Beklagte jeweils bei der Klägerin. Diese bestätigte jede Bestellung durch eine formularmäßige Auftragsbestätigung, in der auf die rückseitig abgedruckten Verkaufsbedingungen hingewiesen wurde. Die Bedingungen enthielten u. a. eine Klausel, wonach Berlin der ausschließliche Gerichtsstand für die Entscheidung aller Streitigkeiten aus den beiderseitigen Verpflichtungen sein sollte. Die Beklagte nahm die Ware jeweils widerspruchslos ab. Mit der Klage verlangte die deutsche Klägerin Bezahlung des Kaufpreises für einzelne Leistungen.

In diesem Fall war entscheidend, ob die Verkaufsbedingungen wirksamer Vertragsbestandteil geworden sind. Nach deutschem Recht wäre aufgrund der widerspruchslosen Abnahme der Ware dieses neue Angebot angenommen und damit auch die Gerichtsstandsklausel wirksam geworden. Der Bundesgerichtshof weist darauf hin, dass der Grundsatz, maßgeblich sei das Wirkungsstatut, der Einschränkung bedarf, wenn streitig ist, ob einem bestimmten Verhalten einer Partei (insbesondere dem Schweigen) überhaupt rechtsgeschäftliche Bedeutung zukommt. In einem solchen Fall sei auf das Wohnsitzrecht dessen Rücksicht zu nehmen, dessen Verhalten rechtsgeschäftliche Bedeutung beigemessen werden soll.

2. Angebot

a) Bestimmtheit

Ein Angebot muss, damit es wirksam angenommen werden kann, hinsichtlich der *essentialia negotii* – also der wesentlichen Vertragsinhalte – so hinreichend bestimmt sein, dass es mit einem bloßen „Ja" angenommen werden kann. Bei einem

---

[4] *Reithmann/Martiny*, Internationales Vertragsrecht, Rn. 268: das „Umweltrecht" wird in einigen der diesbezüglich folgenden Quellen noch missverständlich als „Heimatrecht" bezeichnet.

[5] BGHZ 123, 380 (383); BGHZ 57, 72 (77); *Martiny*, in: MüKo-BGB, Art. 10 Rn. 212; *Spickhoff*, in: *Bamberger/Roth* (Hrsg.), BeckOK-BGB, Art. 27 EGBGB a.F. Rn. 30 f.

[6] BGHZ 57, 72 ff. Diese Rechtsprechung hat Eingang gefunden in die Rom I – Verordnung, Art. 3 Abs. 5 in Verbindung mit Art. 10 Abs. 2.

Kaufvertrag ist ein Angebot hinreichend bestimmt, wenn Kaufgegenstand und Kaufpreis geregelt sind.[7]

b) Rechtsbindungswille

Das Angebot muss mit dem Willen abgegeben werden, rechtlich daran gebunden zu sein. Dies ist zu verneinen, wenn die Erklärung in der Absicht abgegeben wird, den Gegenüber aufzufordern, ein Angebot zu unterbreiten (*invitatio ad offerendum*). Sofern die Erklärung explizit als „*freibleibend*", „*without obligation*"oder „*subject to agreement*" gekennzeichnet wird, ist ohne weiteres ersichtlich, dass ein Rechtsbindungswille fehlt. Fehlen derartige Klarstellungen, ist maßgeblich, wie ein objektiver Dritter die Erklärung verstehen würde. Ist die Erklärung z. B. gegenüber einer Vielzahl von Personen abgegeben worden, wird regelmäßig ein Rechtsbindungswille nicht anzunehmen sein.[8]

c) Wirksamwerden

Das Angebot wird in dem Augenblick wirksam, in dem es von seinem Empfänger angenommen werden kann und ein Vertrag zustande kommt. Ausreichend ist, dass das Angebot in den Machtbereich des Adressaten gelangt und dieser die Möglichkeit der Kenntnisnahme hat.[9] Als allgemeiner Grundsatz ist ferner anerkannt, dass ein Angebot unwirksam wird, wenn dem Empfänger ein Widerruf zugeht, bevor der Empfänger das Angebot empfangen konnte.[10]

d) Unwirksamwerden des Angebotes

Das Angebot wird unwirksam, sobald es von dem Adressaten zurückgewiesen wird[11] oder nachdem die von dem Anbieter gesetzte Frist für die Annahme abgelaufen ist. Weiterhin wird ein Angebot unwirksam, wenn es nicht in einem Zeitraum angenommen wird, in dem eine Annahme vernünftigerweise zu erwarten ist.[12] In welchem Zeitraum eine Annahme vernünftigerweise zu erwarten ist, hängt von der Interessenlage der Parteien ab.

---

[7] *Kötz*, in: European Contract Law, Vol. 1, S. 18.

[8] Artikel 14 Abs. 2 CISG; Art. 7 Abs. 2 Schweizer Obligationenrecht; Art. 71 des polnischen Zivilgesetzbuches. Von diesem in vielen Rechtsordnungen geltenden Grundsatz gibt es einige Ausnahmen, so nach französischem Recht, vgl. *Kötz*, in: European Contract Law, Vol. 1, S. 20 m.w.N.

[9] Art. 15 Abs. 1 CISG; § 130 BGB; Art. 167 griechisches Gesetzbuch; Art. 224 portugiesisches Gesetzbuch; Art. 61 Abs. 1 polnisches Gesetzbuch; vgl. auch Art. 2.3 (1) UNIDROIT-Grundregeln.

[10] Art. 15 Abs. 2 CISG; § 130 Abs. 2 BGB; § 7 schwedisches Zivilgesetzbuch.

[11] Art. 17 CISG; § 146 BGB; Art. 187 Greek Civil Code; Art. 6:221 (2) NBW; § 5 schwedisches Zivilgesetzbuch.

[12] Art. 18 Abs. 2 S. 2 CISG; Art. 2.7 UNIDROIT-Grundregeln; § 146 BGB.

Zu prüfen ist jeweils, ob nach dem anwendbaren Recht ein Widerruf oder eine Rücknahme des Angebotes möglich ist, wenn das Angebot bereits dem Adressaten zugegangen ist. Im deutschen, österreichischen und schweizer Recht wird ein Angebot bindend, sobald das Angebot dem Adressaten zugegangen ist. Nach UN-Kaufrecht wird das Angebot unwirksam, wenn der Widerruf des Angebotes den Adressaten vor Absendung einer Annahme erreicht.[13] Nach englischem Recht ist eine Rücknahme grundsätzlich möglich, solange das Angebot noch nicht angenommen worden ist, selbst wenn das Angebot an sich für einen längeren Zeitraum angenommen werden kann.[14] Anders ist dies zu beurteilen, wenn dem Adressaten ausdrücklich eine Option eingeräumt wird, die innerhalb einer bestimmten Frist ausgeübt werden kann.[15] Eine Option kann nach englischem Recht allerdings nur wirksam eingeräumt werden, wenn eine Gegenleistung („*consideration*") vereinbart wurde.[16] Im französischen Recht kann sich der Anbieter nicht ohne weiteres von seinem Angebot lösen. Die Rücknahme des Angebotes darf für den Empfänger nicht unangemessen erscheinen, z. B. weil die Rücknahme vor Ablauf der von dem Anbieter gesetzten Frist erfolgt oder aber die Rücknahme zu einer Unzeit erfolgt, d. h. ein nach den Umständen angemessener Zeitraum wird nicht abgewartet.[17]

3. Annahme

a) Erklärung

Die Annahme muss von dem Angebotsempfänger erklärt werden. Nicht ausreichend ist es, wenn der Zugang des Angebots bestätigt wird, vielmehr muss die Annahme mit dem Willen erklärt werden, damit vertraglich gebunden zu sein.[18] Sind die anbietende und annehmende Partei nicht anwesend, wird die Annahmeerklärung wirksam, wenn sie dem Anbieter in der Weise zugeht, dass die Möglichkeit der Kenntnisnahme besteht.[19] Auch für die Annahmeerklärung gilt nach der Mehrheit der Rechtsordnungen, dass sie zurück genommen werden kann, solange sie dem Anbieter nicht zugegangen ist.[20] Nach schweizer Recht soll es nicht darauf ankommen, wann ein Widerruf der Annahmeerklärung dem Erklärungsempfänger zugegangen ist, sondern ob der Erklärungsempfänger zunächst von dem Widerruf Kenntnis nimmt.[21] Ob die Annahmeerklärung rechtzeitig erfolgt, hängt nach Art. 18

[13] Art. 16 Abs. 1 CISG.

[14] *Kötz*, in: European Contract Law, Vol. 1, S. 22.

[15] *Kötz*, in: European Contract Law, Vol. 1, S. 22.

[16] Siehe dazu unter B I. 1.

[17] *Kötz*, in: European Contract Law, Vol. 1, S. 22 f.

[18] *Kötz*, in: European Contract Law, Vol. 1, S. 25.

[19] Art. 18 Abs. 2 und Art. 24 CISG; § 130 BGB; § 2 Abs. 3 S chwedisches Zivilgesetzbuch; Art. 3:37 Abs. 3 NBW; Art. 2.6 Abs. 2 UNIDROIT-Grundregeln.

[20] Art. 22, 24 CISG; § 130 Abs. 1, 2 BGB; Art. 3:37 Abs. 5 NBW; § 7 Schwedisches Zivilgesetzbuch.

[21] Art. 9 Abs. 2 Swiss Law of Obligations.

Abs. 2 UN-Kaufrecht davon ab, ob es innerhalb der von dem Anbieter gesetzten Frist oder, bei Fehlen einer solchen Frist, innerhalb einer angemessenen Frist zugeht; dabei sind die Umstände des Geschäfts einschließlich der Schnelligkeit der vom Anbietenden gewählten Übermittlungsart zu berücksichtigen.

b) Konkludente Annahme, Annahme durch Schweigen

Nach Art. 18 Abs. 3 UN-Kaufrecht wie auch nach den meisten Rechtsordnungen kann ein Angebot auch dadurch angenommen werden, dass eine Handlung vorgenommen wird, der nach den zwischen den Parteien entstandenen Gepflogenheiten und Gebräuchen die Bedeutung einer Zustimmung beigemessen werden kann, z. B. die Absendung der Ware nach Zugang eines entsprechenden Auftrages oder die Zahlung des Kaufpreises. In diesem Fall ist die Annahme gem. Art. 18 Abs. 3 UN-Kaufrecht im Zeitpunkt der Handlung wirksam. Dies kann vertraglich ausdrücklich ausgeschlossen werden, indem in dem Angebot gefordert wird, dass die Annahme explizit erfolgen und dem Anbieter zugehen muss.[22]

Als ein auch international anerkannter Grundsatz gilt, dass dem Schweigen kein Erklärungsinhalt beigemessen werden darf.[23] In Ausnahmefällen sehen Gesetze jedoch vor, dass dem Schweigen ein Erklärungsgehalt zukommen kann. So sieht das französische Recht vor, dass ein Versicherungsnehmer davon ausgehen darf, dass sein schriftliches Angebot, eine Versicherungspolice zu ändern oder zu verlängern, angenommen wird, wenn dieses Angebot nicht binnen zehn Tagen nach Zugang zurückgewiesen wird.[24] In ähnlicher Weise misst auch § 362 HGB dem Schweigen eines Kommissionärs Erklärungsgehalt zu, wenn er den Auftrag seines Geschäftskunden nicht erwidert.

Beispiel:[25] Der Verkäufer hat einen Kaufpreis in Höhe von DM 4.850 vorgesehen für eine Lieferung in vier Monaten, mit dem Vorbehalt, dass der Preis sich erhöhen könne, sofern sich die Lohn- oder Transportkosten in der Zwischenzeit erhöhen würden. Nachdem die vier Monate abgelaufen waren, schrieb der Verkäufer, dass er bereit sei, die Ware für einen Preis von DM 6.845 zu liefern, aber der Käufer hat hierauf nicht reagiert. Nachdem der Verkäufer die Ware geliefert hatte, machte er die Zahlung des Kaufpreises geltend, und das Gericht gab ihm Recht. Das Schreiben enthielt ein Angebot, dass der Käufer durch Schweigen angenommen hat. Dies ergebe sich aus den Grundsätzen von Treu und Glauben, angemessen wäre es gewesen, wenn der Käufer das Angebot unverzüglich zurückgewiesen hätte. Dies gilt in besonderem Maße, wenn es sich um eine laufende Geschäftsbeziehung handelt,

[22] Art. 2.1.6 Abs. 3 UNIDROIT-Grundregeln.

[23] Art. 18 Abs. 1 S. 2 CISG; Art. 2.1.6 Abs. 1 S. 2 UNIDROIT-Grundregeln.

[24] *Kötz*, in: European Contract Law, Vol. 1, S. 28.

[25] BGHZ 1, 353 (355 f.); *Schmidt*, Handelsrecht, § 18 II. 1.

wenn der Vertrag bereits länger in Kraft ist und schließlich, wie im vorliegenden Fall, wenn der Käufer erkennen musste, dass der Verkäufer eine prompte Reaktion erwarten darf.

Es macht einen Unterschied, ob ein Vertragsverhältnis bereits länger besteht oder ob neue Vertragsbedingungen in einer Rechnung oder in einem Lieferschein erscheinen. Zwar können hierdurch Vertragsbedingungen geändert werden, Stillschweigen hierauf hat aber nicht unbedingt eine Vertragsänderung zur Folge.[26] Anderes gilt, wenn die Bedingungen bereits zuvor zwischen den Parteien gegolten haben.

In diesem Zusammenhang nicht unerwähnt bleiben soll das kaufmännische Bestätigungsschreiben, eine Besonderheit nach deutschem Recht,[27] die ähnlich auch im österreichischen Recht gilt. Voraussetzung ist, dass die Parteien Verhandlungen geführt haben und dass in dem kaufmännischen Bestätigungsschreiben die Eckpunkte der Vereinbarung einmal zusammengefasst, klar gestellt, spezifiziert und allenfalls in Teilen leicht abgewandelt werden. Wenn der Empfänger Zweifel an der korrekten Wiedergabe der vereinbarten Eckpunkte hat, muss dieser widersprechen, anderenfalls gelten die Eckpunkte nach dem kaufmännischen Bestätigungsschreiben als vereinbart. Jeweils notwendig ist, dass die Eckpunkte zumindest angesprochen wurden. So ist die Aufnahme einer Vertragsstrafenklausel, über die nicht verhandelt wurde, unwirksam.

Abschließend soll noch eine Besonderheit des englischen Rechts erläutert werden: Jede nachträgliche Änderung einer Vereinbarung bedarf zu ihrem Wirksamwerden einer sog. „*consideration*".[28] D. h. die Bindungswirkung gegenüber der anderen Partei setzt voraus, dass die Partei, welche die Änderung veranlasst, eine Gegenleistung anbieten muss, was in den seltensten Fällen anzunehmen sein wird.[29]

c) Annahme mit Änderungen, verspätete Annahme

Die Erklärung einer Annahme unter Änderung der angebotenen Bedingungen, führt nicht dazu, dass ein Vertrag zustande kommt. Es ist als Ablehnung des Angebotes anzusehen, mit dem ein Gegenangebot unterbreitet wird.[30] Sofern allerdings hiermit

---

[26] *Kötz*, in: European Contract Law, Vol. 1, S. 29.

[27] Ausführlich hierzu unter Kapitel B. VI.; BGHZ 7, 187; BGHZ 40, 42; BGHZ 54, 236; BGHZ 93, 338; zurückhaltender bei der Annahme einer Erklärung sind demgegenüber die österreichischen Gerichte, vgl. OGH, JBL. 1975, 89. Das UN- Kaufrechtsieht ein kaufmännisches Bestätigungsschreiben nicht vor: *Schlechtriem/Schwenzer*, UN-Kaufrecht, Art. 14–24 Rn. 18 ff.

[28] Vgl. dazu unter B I. 1.

[29] Vgl. hierzu *Müller*, in: Handbuch der internationalen Vertragsgestaltung, Bd. 1, § 11 Rn. 235 ff. und *Kötz*, in: European Contract Law, Vol. 1, S. 29.

[30] Art. 19 Abs. 1 CISG; Art. 2.1.11 Abs. 1 UNIDROIT-Grundregeln; § 150 Abs. 2 BGB; Art. 6:225 Abs. 1 NBW.

die Bedingungen des Angebotes nicht wesentlich geändert werden, kommt ein Vertrag zu den geringfügig geänderten Bedingungen zustande, sofern der Anbietende das Fehlen der Übereinstimmung nicht unverzüglich beanstandet.[31]

Auch wenn die Annahme verspätet ist, kommt ein Vertrag grundsätzlich nicht zustande.[32] Etwas anderes kann gelten, wenn ersichtlich ist, dass bei normalen Umständen die Erklärung dem Anbietenden rechtzeitig zugegangen wäre. In diesem Fall kommt nach Art. 21 Abs. 2 UN-Kaufrecht ein Vertrag zustande, wenn der Anbietende nicht unverzüglich den Annehmenden mündlich davon unterrichtet, dass er sein Angebot als erloschen betrachtet.[33] In Betracht kommt auch, dass der Anbietende entweder durch ausdrückliche Erklärung oder aber konkludent, z. B. durch Lieferung der Waren, den Annehmenden informiert, dass die Annahme als wirksam gelten soll.[34]

II. Auslegungsmethoden

1. Ausgangsbefund

Für die Gestaltung internationaler Vertragstexte ist es wichtig, die Sachverhalte in einer Weise zu regeln, dass dies aus sich heraus klar und verständlich ist. Je umfassender das Regelungsregime des Vertragstextes ist, desto geringer ist die Wahrscheinlichkeit, dass es auf das neben dem Vertrag geltende – sog. dispositive – Recht ankommt. Das bedeutet aber auch, dass das jeweils dispositiv geltende nationale Recht in geringerem Maße relevant ist. Beschränkt sich der Vertragstext demgegenüber auf das Wesentliche, auf die *essentialia negotii*, gewinnt das daneben zur Anwendung kommende nationale Recht ungleich größere Bedeutung.

Beispiel: Die US-Gesellschaft Miller Corporation erwirbt von der deutschen Schneider Fabrikation AG die Tochtergesellschaft Schneider Vertriebs GmbH mit Sitz in Dortmund. Die Parteien sehen einen umfassenden Garantiekatalog in dem Geschäftsanteilskaufvertrag vor, jedoch fehlt eine Regelung zur Frage, welche Rechte dem Käufer in dem Fall zustehen, dass die Garantien nicht korrekt sind. In diesem Fall käme es auf das dispositiv zur Anwendung kommende allgemeine Zivilrecht an, da eine Gesellschaft mit Sitz in Deutschland gekauft wird, beurteilt sich der Fall nach deutschem Recht. Nach deutschem Recht steht einem Käufer ein mehrfaches Wahlrecht zur Seite: Nachbesserung, Minderung, Rückgängigmachung, Schadensersatz.

---

[31] Art. 19 Abs. 2 CISG; Art. 2.22 Abs. 2 UNIDROIT-Grundregeln; Art. 6:225 Abs. 2 NBW.

[32] *Kötz*, in: European Contract Law, Vol. 1, S. 33.

[33] So auch Art. 2.1.9 Abs. 2 UNIDROIT-Grundregeln.

[34] Art. 21 Abs. 1 CISG; Art. 2.1.9 Abs. 1 UNIDROIT-Grundregeln.

Abwandlung: Hätten die Parteien demgegenüber in dem Vertrag ebenfalls geregelt, welche Rechte dem Käufer bei einer nicht korrekt abgegebenen Garantie zustehen, insbesondere dass eine Rückgängigmachung des Kaufvertrages ausgeschlossen ist oder dass der Schadensersatzanspruch der Höhe nach beschränkt ist, käme es für diese Fragen grundsätzlich nicht auf das dispositiv zur Anwendung kommende nationale – hier deutsche – Recht an.

In den vorgenannt beschriebenen umfassend formulierten Vertragstexten hat das nationale Recht grundsätzlich keine Bedeutung. Bedeutung hat das nationale Recht jedoch noch insoweit, als jedes nationale Recht der Vertragsgestaltung immer gewisse Grenzen setzt.

- So gibt es die Grenze der Sittenwidrigkeit. Danach dürfen die gegenseitigen Leistungen der Vertragspartner nicht in einem Missverhältnis zueinander stehen. Dies ist nur in extremen Ausnahmefällen anzunehmen. Soweit die Parteien über den jeweiligen Vertragspunkt verhandeln, ist es nahezu ausgeschlossen, dass das Verhandlungsergebnis als sittenwidrig anzusehen ist, es sei denn, eine Partei steht mit der anderen Partei in einem besonderen Abhängigkeitsverhältnis. Problematisch kann dies in aller Regel nur in solchen Fällen sein, in denen eine Vertragspartei den Vertragstext vorgibt.
- Außerdem sehen die nationalen Rechtsordnungen in aller Regel eine Inhaltskontrolle vorformulierter Vertragsbedingungen vor. Eine derartige Inhaltskontrolle hat nur eine Relevanz, wenn der Vertragstext nicht im Einzelnen ausgehandelt wurde, sondern eine Partei den Vertragstext vorgegeben hat und hierüber nicht weiter verhandelt wird. Als ein Maßstab für die Inhaltskontrolle vorformulierter Bedingungen ist das ansonsten anwendbare – dispositive – Recht denkbar. Sofern die vertraglichen Bestimmungen von dem dispositiven Recht in der Weise abweichen, dass der Vertragspartner gegenüber dem Verwender des vorformulierten Vertragstextes in unangemessener Weise benachteiligt wird, hat dies zur Folge, dass die Bestimmungen nicht durchsetzbar sind.

Zwischenergebnis: Für internationale Vertragstexte gilt in noch stärkerem Maße als für nationale Verträge, dass die Vertragstexte die Sachverhalte möglichst ausführlich regeln sollten, damit sich auf diese Weise denkbare Konfliktsituationen ohne Rekurs auf das ansonsten anwendbare Recht lösen lassen. Auf diese Weise hat die Frage nach der richtigen Auslegung des Vertragstextes überragende Bedeutung.

2. *Auslegungsmethoden*

a) Einführung

Zur Anwendung des Vertragstextes auf den konkreten Sachverhalt bedarf der Vertragstext stets einer Auslegung. Der Vertragstext muss verstanden werden, damit er auf die Sachverhalte angewendet werden kann. Die Auslegungsmethodik richtet sich nach dem anwendbaren Recht. Für die Auslegung des Vertragstextes ist in erster Linie der Wortlaut maßgeblich. Bei einem gut formulierten Vertragstext ergibt sich die Lösung einer Fallkonstellation aus dem Wortlaut. Der Wortlaut ist bei internationalen Vertragstexten der verlässlichste Maßstab für die Auslegung. Je nach Rechtsordnung ist der Wortlaut aber nicht der ausschlaggebende Maßstab. Dies soll nachfolgend beispielhaft durch einen Vergleich des deutschen mit dem US-amerikanischen Recht verdeutlicht werden.

b) Auslegungsgrundsätze im deutschen Zivilrecht

Im deutschen Zivilrecht bildet der **Wortlaut** des Vertragstextes den Ausgangspunkt jeder Auslegung. Maßgeblich ist im Zweifel der allgemeine Sprachgebrauch.[35] Sofern sich die Vertragstexte an Fachleute richten, ist die fachsprachliche Bedeutung maßgeblich.[36] Sofern Begriffe von dem betroffenen Verkehrskreis in einer bestimmten Weise verstanden werden, ist dies für die Auslegung entscheidend.[37]

Über den Wortsinn hinaus sind die außerhalb des Vertragstextes liegenden **Begleitumstände** in die Auslegung einzubeziehen, soweit sie einen Schluss auf den Sinngehalt des Vertragstextes zulassen.[38] Als Begleitumstände ist in erster Linie die für die Vertragsparteien geltende *Verkehrssitte* relevant, sofern sich eine Verkehrssitte feststellen lässt.[39] Eine Verkehrssitte ist erst dann anzunehmen, wenn die Verhaltensregeln von einem bestimmbaren Kreis von Personen, dem die Vertragspartner angehören müssen, ganz überwiegend befolgt werden. Werden die Verkehrsregeln häufig auch nicht befolgt, handelt es sich um keine Verkehrssitte.[40] Daneben ist die *Entstehungsgeschichte* des Vertrags relevant.[41] Aus der Abwicklung früherer Geschäfte oder den Vorverhandlungen kann sich ergeben, welche Bedeutung dem auslegungsbedürftigem Vertragstext zukommen soll. Ein Indiz für die Auslegung von Vertragstexten kann das *spätere Verhalten der Vertragsparteien* sein.[42] In ähnlicher Weise können die zwischen den Vertragsparteien gebildeten Usancen bedeutsam werden.[43] Schließlich sind für die Auslegung von Vertragstexten der damit verfolgte Zweck und die im Zusammenhang damit stehende Interessenlage relevant.[44]

Grundsätzlich darf eine Auslegung auch nicht gegen den eindeutigen Wortlaut des Vertragstextes erfolgen. Von diesem Grundsatz gibt es allerdings eine Ausnah-

---

[35] Vgl. *Ellenberger*, in: Palandt, BGB, § 133 Rn. 14.

[36] BGH, NJW-RR 1994, 1108; *Ellenberger*, in: Palandt, BGB, § 133 Rn. 14.

[37] BGH, NJW-RR 1995, 364; *Ellenberger*, in: Palandt, BGB, § 133 Rn. 14.

[38] BGH, NJW 1971, 639; *Ellenberger*, in: Palandt, BGB, § 133 Rn. 15.

[39] *Ellenberger*, in: Palandt, BGB, § 133 Rn. 21.

[40] RGZ 75, 340; BGH, NJW-RR 1994, 659.

[41] *Ellenberger*, in: Palandt, BGB, § 133 Rn. 16.

[42] BGH, NJW 1988, 2878.

[43] *Müller-Graff*, Auswirkungen einer laufenden Geschäftsbeziehung, 1974, S. 134.

[44] BGHZ 20, 110 zum Zweck; BGH, NJW 1981, 1549, 2295.

me, nämlich, wenn die Parteien übereinstimmend etwas anderes gewollt haben.[45] So soll nach Maßgabe von § 133 BGB der Wille der Parteien für eine Auslegung maßgeblich sein. In die deutsche Rechtsgeschichte ist in diesem Fall die folgende Reichsgerichtsentscheidung eingegangen.[46]

Beispiel: K bestellt bei V 214 Fässer „Haakjöringsköd". K und V nehmen bei Vertragsschluss an, Haakjöringsköd sei Walfischfleisch. Tatsächlich ist Haakjöringsköd aber der norwegische Ausdruck für Haifischfleisch. Die Parteien sind sich aber einig, dass Walfischfleisch geliefert werden soll, deshalb ist dies auch Vertragsgegenstand geworden.

In der Praxis wird es in solchen dem Reichsgericht zugrunde liegenden Sachverhaltskonstellationen in aller Regel schwierig sein zu beweisen, was der übereinstimmende Wille der Parteien gewesen ist, wenn dieser von dem eindeutigen Wortlaut abweicht.[47] In diesem Zusammenhang wird man sich auf außervertragliche Unterlagen beziehen müssen, aus denen eindeutig hervorgehen sollte, was die Parteien gewollt haben.

Damit hat der Wille der Parteien für die Auslegung nach dem deutschen Recht eine überragende Bedeutung. Dies spricht dafür, jedem Vertragstext voranzustellen, was die Parteien mit der Regelung beabsichtigen.

c) Auslegungsgrundsätze anglo-amerikanischer Gerichte

Anders als im deutschen Recht hält sich die Auslegung anglo-amerikanischer Gerichte viel enger an den Wortlaut des Vertrages (so genannte „*ejusdem-generis-Regel*")[48]. Nur Bedingungen, die in dem Vertragstext vollständig und klar gefasst sind, englisch „*of the same kind, class or nature*", haben Gewicht. Wenn z. B. ein Vertragstext zur Beschreibung eines Tatbestandes eine Aufzählung enthält, sind Sachverhalte, die nicht ausdrücklich in der Aufzählung benannt werden, nicht unter den Tatbestand zu subsumieren. Diesem Umstand ist es zu verdanken, dass anglo-amerikanische Vertragstexte sehr viel umfangreicher gestaltet sind und jeden denkbaren Fall, selbst wenn dieser als selbstverständlich angesehen werden sollte, aufzählen. In der anglo-amerikanischen Vertragspraxis wird diese Auslegungsregel durch Formulierungen wie „*without limitation*", „*without limit* beschrieben."

[45] *Ellenberger*, in: Palandt, BGB, § 133 Rn. 8: *falsa demonstratio non nocet: das übereinstimmend Gewollte hat Vorrang vor einer irrtümlichen oder absichtlichen Falschbezeichnung*; BGH, NJW 2008, 1658 (1659) Tz. 12.

[46] RGZ 99, 147 (148).

[47] Vgl. Art. 4.1, der UNIDROIT Principles 2004, S. 118, 119.

[48] Supreme Court of India, Civil Appeal No. 2050 of 2010, Rn. 26 ff.

Ein häufig zitierter Fall ist der „The Bernina Distributors v. Bernina Sewing Machines“ – Fall[49] aus dem Jahre 1981.

Beispiel: In diesem Fall hatte ein Importeur von Nähmaschinen mit Sitz in den USA eine Vereinbarung mit einer Vertriebsgesellschaft ebenfalls mit Sitz in den USA. Der Importeur bezog die Nähmaschinen aus der Schweiz und zahlte hierfür Schweizer Franken. Die Vertriebsgesellschaft erwarb aufgrund der Vereinbarung die Nähmaschinen in US-Dollar. Die Vereinbarung hatte eine Laufzeit von sieben Jahren. In den 80er Jahren kam es zu einem exorbitanten Verfall des US-Dollars gegenüber dem Schweizer Franken. Damit nahm der Preis für den Importeur der Nähmaschinen signifikant zu, ohne dass die Vereinbarung explizit eine Anpassung des Preises in US-Dollar vorsah. Die Vereinbarung sah zur Preisanpassung lediglich folgende Bestimmung vor: *„Prices are automatically subject to change when factory costs are increased. Importer shall be entitled to increase the price as follows: (1) to the extent of any increase in duty charges, and (2) to the extent of increases in insurance, freight, handling, broker and port fees, or other similar charges, increases of duty or factory invoice costs shall be adjusted as they occur. Increases to all other charges shall be adjusted at the commencement of each calendar year.“* Der Importeur machte geltend, dass das Währungsrisiko in dem Vertrag unberücksichtigt geblieben sei. Daher müsse die Preisanpassungsklausel nach gerichtlichem Ermessen derart angepasst werden, dass der veränderte Wechselkurs auch zu einem höheren Kaufpreis in US-Dollar führen müsse. Darüber hinaus machte der Importeur geltend, dass der Vertrag aufgrund der Wechselkursentwicklung nicht mehr erfüllbar sei. Das Gericht wies die Klage ab. Die vertraglichen Bedingungen ließen keine anderen Rechtssätze zur Anwendung kommen, das Risiko gehe allein zu Lasten des Importeurs. Auch eine Unerfüllbarkeit sei nicht anzunehmen, da die Schadensmöglichkeit bei Vertragsschluss vorhersehbar war. Allein erhöhte Kosten führten ferner noch nicht zu einer Unerfüllbarkeit des Vertrages.

d) UNIDROIT-Grundregeln zur Auslegung von Vertragstexten

Die UNIDROIT-Grundregeln sind im Hinblick auf die Auslegung von Vertragstexten dem deutschen Recht sehr ähnlich. In den Artikeln 4.1 bis 4.8 geben sie die Auslegungsgrundsätze wieder. Auch danach ist maßgeblich der gemeinsame Wille der Vertragsparteien. Nur soweit sich ein solcher Wille nicht feststellen lässt, wird der Vertrag nach der Bedeutung ausgelegt, die ihm vernünftige Personen gleicher Art wie die Parteien unter gleichen Umständen geben würden. Damit in Bezug genommen sind die Verkehrssitte, aber auch die im Übrigen oben genannten Be-

[49] 689 F2d 903 (C.A. 10th Circ.), Docket no. 78–1934, June 24, 1981.

gleitumstände. Dazu folgendes Beispiel aus der Kommentierung der UNIDROIT Grundregeln:

Beispiel[50]**:** Eine Vereinbarung bezogen auf das Verfassen eines Buches zwischen A und B, einem Verlag, enthielt eine Bestimmung, nach der das Buch „ungefähr 300 Seiten" umfassen sollte. Während der Verhandlungen versicherte B gegenüber A, dass eine etwaige Festlegung der Seitenzahl aus verwaltungstechnischen Gründen notwendig sei und dass A nicht verpflichtet sei, die vereinbarte Seitenzahl exakt zu erreichen, sondern er sie auch überschreiten kann, wenn dies erforderlich sein sollte. A legte ein Manuskript mit 500 Seiten vor. Bei der Auslegung des Vertragstextes „ungefähr 300 Seiten" sind die Verhandlungen im Vorfeld des Vertragsschlusses zu berücksichtigen. In dem konkreten Fall war die Abgabe des viel umfangreicheren Manuskriptes vertragsgemäß.

e) Unklarheitenregel (Contra proferentem rule)

Von grundlegender Bedeutung ist der international anerkannte Rechtssatz, die so genannte „*Contra proferentem – Regel*" (Art. 4.6):

> Sind die von einer Seite verwendeten Vertragsbedingungen unklar, so wird eine Auslegung zu Lasten dieser Partei bevorzugt.

Daraus lässt sich schlussfolgern, dass der Verwender von vorformulierten Vertragsbedingungen ein besonderes Interesse daran haben muss, die Vertragstexte klar und verständlich zu formulieren. Der Grundsatz der Transparenz hat insbesondere aufgrund des europäischen Zivilrechts überragende Bedeutung gewonnen.[51]

Beispiel[52]**:** Eine Vereinbarung zwischen A, einem Generalunternehmer, und B zur Erstellung einer Industrieanlage enthält eine seitens A vorformulierte und in den Verhandlungen nicht weiter verhandelte Bestimmung mit folgendem Inhalt: *„the Contractor shall be liable for and shall indemnify the Purchaser for all losses, expenses and claims in respect of any loss of or damage to physical property (other than the works), death or personal injury caused by negligence of the Contractor, its employees and agents"*. Einer von A's Mitarbeitern beschädigte bei einem Spiel außerhalb der Arbeitszeiten die Materialien des B. A lehnt eine Haftung hierfür ab, denn der Vertragstext habe lediglich Sachverhalte erfassen wollen, die während der Arbeitszeiten geschehen. In Abwesenheit irgendwelcher Indizien, die für das Gegenteil

[50] Vgl. Art. 4.3 der UNIDROIT Principles 2004, S. 121 f.

[51] Vgl. zum Transparenzgebot auch *Grüneberg*, in: Palandt, BGB, § 307 Rn. 16 ff. m.w.N.

[52] Vgl. Art. 4.6 der UNIDROIT Principles 2004, S. 125.

sprechen, wird man die Bestimmung allerdings in der Weise zu verstehen haben, wie sie für A nachteilig ist, so dass davon auch der beschriebene Sachverhalt zu erfassen wäre.

III. Formvorschriften

Die zentrale Norm im Hinblick auf Formvorschriften befindet sich in Art. 11 Rom I-VO. Gemäß Art. 11 Abs. 1 Rom I-VO gilt für die Teilfrage der Formwirksamkeit eines Rechtsgeschäfts nicht automatisch das Recht, das – beispielsweise gemäß Art. 3 ff. Rom I-VO – auf das Rechtsgeschäft anzuwenden wäre. Vielmehr eröffnet Art. 11 Rom I-VO für Formvorschriften grundsätzlich eine **alternative Anknüpfung**. Die Formgültigkeit beurteilt sich danach entweder nach den Regelungen des **Vertragsstatuts**, die sich aus den Art. 3 ff. Rom I-VO ergeben, **oder** nach den Vorschriften am **Ort der Vornahme** – *lex loci actus*. Es gilt damit der Grundsatz: „Ortsform genügt“[53] beziehungsweise das Recht, das der Formwirksamkeit günstiger ist.[54]

1. Abdingbarkeit

Klarheit besteht darüber, dass Art. 11 Abs. 1 Rom I-VO dahingehend abdingbar ist, dass die alternative Anwendung des Ortsrechts ausgeschlossen werden kann.[55] In diesem Fall richten sich die Formvorschriften allein nach den Formerfordernissen des kollisionsrechtlich anzuwendenden Sachrechts.

In der Literatur umstritten und bisher nicht gerichtlich entschieden ist die Frage, ob das Recht des Geschäftsstatuts ausgeschlossen werden kann, womit die Formwirksamkeit allein nach dem Ortsrecht zu beurteilen wäre.[56] Von einem Teil der Literatur wird sogar noch weitergehend vertreten, die Geltung eines dritten Rechts als ausschließliches Formstatut könne vereinbart werden. Dies wird mit der Zu-

[53] Bsp.: RGZ 121, 154: Veräußerung eines in Deutschland belegenen Grundstücks, Vertragsschluss in der CSR; KG Berlin, IPRspr 1931, Nr. 21: Veräußerungsvollmacht über ein in Deutschland belegenes Grundstück, erteilt in den USA; BGH, IPRspr 1970, Nr. 17: Veräußerung eines in Deutschland belegenen Grundstücks, Vertragsschluss in Belgien.

[54] *Thorn*, in: Palandt, BGB, Art. 11 Rom I-VO Rn. 8.

[55] BGHZ 57, 337 = BGH, NJW 1972, 385 (386); *Reithmann*/Martiny, Internationales Vertragsrecht, Rn. 762.

[56] Dafür einerseits etwa *Thorn* in: Palandt, BGB, Art. 11 Rom I-VO Rn. 4; *Spellenberg*, in: Mü-Ko-BGB, Art. 11 Rom I-VO Rn. 40; dagegen andererseits etwa *Winkler v. Mohrenfels*, in: Staudinger, BGB, Art. 11 EGBGB a.F. Rn. 210.

lässigkeit der Teilrechtswahl in Art. 3 Abs. 1 S. 3 Rom I-VO begründet.[57] Dem hält die abweichende Meinung entgegen, dass Art. 3 Rom I-VO die Rechtswahl für einen Teil des Vertrages gestatte, nicht aber für einen Teil des anwendbaren Rechts, was durch Art. 3 Abs. 2 S. 2 Rom I-VO bestätigt werde, der von der Einheit von Wirkungsstatut und Formstatut ausgehe.[58] Im Hinblick auf die Zulässigkeit der direkten, d. h. von Art. 3 ff. Rom I-VO unabhängigen, Wahl des Formstatuts besteht demnach noch Unklarheit. Ebenso ist die Abdingbarkeit der Formvorschriften des Geschäftsstatuts noch nicht abschließend geklärt.

Ausdrückliche Vereinbarungen bezüglich des Rechts für die Formwirksamkeit dürften in der Praxis selten sein. Die nach der maßgeblichen BGH-Entscheidung zulässige Abwahl des Ortsrechts kann indes auch konkludent erfolgen[59] – vergleichbar der Regelung des Art. 3 Abs. 1 S. 2 Rom I-VO. Die Frage, ob in der Vereinbarung des Geschäftsstatuts regelmäßig auch ein konkludenter Ausschluss des Ortsrechts zu sehen ist, wurde vom BGH in der Vergangenheit nicht immer einheitlich beantwortet.[60] Bereits im angesprochenen Urteil geht das Gericht allerdings davon aus, dass ein stillschweigender Ausschluss des Ortsrechts zwar möglich ist, dass daran aber ein strenger Maßstab anzulegen ist, damit der Zweck des Art. 11 Abs. 1 Rom I-VO, der unvorhergesehenen Nichtigkeit von Rechtsgeschäften wegen Formmangels vorzubeugen und damit die Rechtssicherheit zu gewährleisten, nicht ungebührlich eingeengt wird.[61]

2. Distanzgeschäfte und Vertretung

Für Distanzverträge, bei denen die Vertrag schließenden Personen sich in verschiedenen Staaten befinden, genügt es gemäß Art. 11 Abs. 2 Rom I-VO, wenn der Vertrag die Formerfordernisse eines dieser Staaten erfüllt – alternativ genügt auch, wenn die Formerfordernisse des etwa über Art. 3 ff. Rom I-VO anwendbaren, davon abweichenden, Sachrechts erfüllt werden.

Beispiel:[62] Eine per Telefax abgegebene Bürgschaftserklärung genügte nicht der Schriftform des § 766 BGB, dennoch war der Bürgschaftsvertrag formgültig, da die Bürgschaftserklärung per Fax nach Spanien gerichtet war und nach dortigem Recht diese Form genügte.

---

[57] *Spellenberg*, in: MüKo-BGB, Art. 11 Rom I-VO Rn. 40.

[58] *Winkler v. Mohrenfels*, in: Staudinger, BGB, Art. 11 EGBGB a.F. Rn. 210.

[59] BGH, NJW 1972, 385 (386).

[60] Vgl. *Spellenberg*, in: MüKo-BGB, Art. 11 Rom I-VO Rn. 41 m.w.N.

[61] BGH, NJW 1972, 385 (386).

[62] BGHZ 121, 224 = BGH, NJW 1993, 1126.

Wenn die Formvorschrift am Aufenthaltsort einer der Parteien milder ist, genügt diese.

Diesbezüglich enthält allerdings die seit kurzem wirksame Rom I-Verordnung eine Neuerung: Zusätzlich genügt auch die Wahrung der Form am gewöhnlichen Aufenthaltsort einer Partei (Art. 11 Abs. 2 Rom I-VO). Diese Regelung trägt der Überlegung Rechnung, dass es bei der elektronischen Kommunikation oft zufällig erscheint, wo sich eine Partei gerade befindet.[63]

Wird der Vertrag hingegen durch einen (oder mehrere) Vertreter geschlossen, so kommt es gemäß Art. 11 Abs. 1 und Abs. 2 Rom I-VO auf den Staat an, in dem sich der Vertreter befindet oder zu diesem Zeitpunkt seinen gewöhnlichen Aufenthalt hat.

3. Heilung

Zur Frage einer möglichen Heilung bei Nichteinhaltung der notwendigen Form nimmt Art. 11 Rom I-VO keine Stellung. Einigkeit herrscht darüber, dass sich die Heilung nach den Vorschriften des Geschäftsstatuts richtet. Umstritten ist, ob die Frage der Heilung ausschließlich nach dem maßgeblichem Schuldstatut zu beantworten ist[64] oder ob eine Heilung darüber hinaus aufgrund der Vorschriften des Ortsrechts möglich ist – beziehungsweise bei Distanzgeschäften, wenn nur eines der Ortsstatute eine Heilung zulässt.[65]

Nach deutschem Schuldrecht geht es für Fragen der Heilung insbesondere um zwei Fälle:

- § 311b Abs. 1 (§ 313 a. F.) BGB schreibt die notarielle Beurkundung für einen Vertrag vor, durch den sich der eine Teil verpflichtet, das Eigentum an einem Grundstück zu übertragen oder zu erwerben.
- § 15 Abs. 4 GmbHG schreibt die notarielle Form für eine Vereinbarung vor, durch welche die Verpflichtung eines Gesellschafters zur Abtretung eines Geschäftsanteils begründet wird.

In beiden Fällen ist eine Heilung der Formnichtigkeit vorgesehen.

a) Grundstückskaufverträge

Gemäß § 311b Abs. 1 S. 2 BGB wird ein ohne Beachtung der notariellen Form geschlossener Vertrag gültig, wenn die Auflassung und die Eintragung in das Grundbuch erfolgen. Die Auflassung muss hingegen ihrerseits gemäß § 925 BGB bei

---

[63] *Pfeiffer*, EuZW 2008, 622 (629).

[64] So etwa *Reithmann*/Martiny, Internationales Vertragsrecht, Rn. 773.

[65] So etwa *Spellenberg*, in: MüKo-BGB, Art. 11 Rom I-VO Rn. 47, 48 i.V.m. Art. 11 EGBGB Rn. 72 f.

gleichzeitiger Anwesenheit vor einer zuständigen Stelle, etwa einem Notar erfolgen.[66]

Bei der Auslegung des § 311b BGB wird nun für ausländische Grundstücke nicht verlangt, dass die Voraussetzungen wörtlich erfüllt sind („Auflassung und Eintragung"). Es genügt vielmehr im Wege der Substitution der dem deutschen Sachenrecht entsprechende ausländische Übereignungstatbestand.

Beispiel:[67] Bei einem privatschriftlichen Kaufvertrag über eine Eigentumswohnung in Spanien wird deutsches Schuldstatut vereinbart. Die wegen § 311b Abs. 1 S. 1 (§ 313 a. F.) BGB bestehende Formnichtigkeit wird sodann nicht erst mit Eintragung des Eigentumsübergangs in das „Registro de la Propriedad", sondern bereits durch die den Eigentumsübergang bewirkende „Escritura" geheilt.

Die Rechtsprechung stellt damit in der Regel darauf ab, ob die Formvorschriften des Geschäftsstatuts für eine Heilung durch die dem deutschen Recht entsprechende ausländische Übereignungsnorm erfüllt werden. Aus diesem Grund musste zur Frage der Heilung nach dem Ortsrecht bisher keine Stellung bezogen werden.

b) Schuldrechtliche Verträge über GmbH-Geschäftsanteile

Nach § 15 Abs. 4 S. 2 GmbHG wird eine ohne die notarielle Form getroffene Vereinbarung durch den nach Maßgabe des vorigen Absatzes geschlossenen Abtretungsvertrag gültig. Dieser verlangt gemäß § 15 Abs. 3 GmbHG allerdings seinerseits eine notarielle Beurkundung. Hinsichtlich der Verträge über GmbH-Geschäftsanteile besteht die bereits beschriebene Unsicherheit bezüglich der Frage, ob die Heilungsmöglichkeit sich auch nach dem Ortsstatut richten kann.

4. Grundstücksverträge, Art. 11 Abs. 5 Rom I-VO

Abweichend von Art. 11 Abs. 1 bis 4 Rom I-VO unterliegen Schuldverträge über ein dingliches Recht an einem Grundstück oder ein Recht zur Nutzung eines Grundstücks den zwingenden Formvorschriften des Belegenheitsstaates (*lex rei sitae*), sofern diese ohne Rücksicht auf den Abschlussort und das anzuwendende Sachrecht Anwendung fordern. Ob das jeweilige *lex rei sitae* ausschließliche Geltung beansprucht, ist sodann zu prüfen. Das deutsche Recht erhebt jedenfalls für schuld-

---

[66] Dazu sogleich unter B III. 4.

[67] BGHZ 73, 391 = BGH, NJW 1979, 1773.

rechtliche Verträge über inländische Grundstücke (§ 311b BGB) diesen Anspruch nicht.[68]

5. *Verfügungsverträge, Art. 11 Abs. 4 EGBGB*

Für Verfügungsverträge über bewegliche und unbewegliche Sachen – nicht aber für die ihnen zugrunde liegenden schuldrechtlichen Verpflichtungsverträge – regelt darüber hinaus Art. 11 Abs. 4 EGBGB, dass sie nur gültig sind, wenn sie die Formerfordernisse des Rechts erfüllen, die auf das seinen Gegenstand bildende Rechtsverhältnis anzuwenden sind. Es handelt sich hierbei also um eine Ausnahme von der in Art. 11 Abs. 1 EGBGB vorgesehenen grundsätzlich alternativen Anknüpfung an das Geschäftsrecht oder das Ortsrecht. Die Ausnahme ordnet die ausschließliche Maßgeblichkeit der Formerfordernisse des Geschäftsstatuts an.

Praktisch bedeutet dies, dass es in der Regel auf das Sachrecht des Belegenheitsortes (*lex rei sitae*) ankommt – was im deutschen IPR Art. 43 Abs. 1 EGBGB anordnet.

Für Verfügungen über Rechte an Grundstücken schreibt § 873 BGB die Einigung über die Rechtsänderung („Auflassung") sowie die Eintragung der Rechtsänderung ins Grundbuch vor. Die Auflassung hat gemäß § 925 Abs. 1 S. 1 BGB in „gleichzeitiger Anwesenheit beider Teile vor einer zuständigen Stelle" zu erfolgen. Gemäß § 925 Abs. 1 S. 2 BGB ist „jeder Notar" zuständig, wobei hiermit nach ständiger Rechtsprechung und herrschender Meinung im Schrifttum alle Notare mit Sitz im Geltungsbereich des Grundgesetzes gemeint sind.[69]

Beispiel:[70] Die Beurkundung einer Auflassung durch einen schweizerischen Notar wird regelmäßig nicht von der Rechtsprechung anerkannt.

Sofern eine Auflassung im Ausland vorgenommen werden soll, bleibt danach nur der Gang zu deutschen Konsularbeamten möglich, die Auflassungen gemäß § 12 Nr. 1 KonsG entgegen nehmen können.

Sofern man mit der wohl überwiegenden Meinung davon ausgeht, dass eine Heilbarkeit formnichtiger schuldrechtlicher Verträge nur nach den Vorschriften des Geschäftsstatuts möglich ist, sind dafür ebenfalls die oben beschriebenen Vorschrif-

---

[68] *Thorn*, in: Palandt, BGB, Art. 11 Rom I-VO Rn. 16 unter Verweis auf die Gesetzesbegründung, BT-Drs. 10/504 S. 49.

[69] KG Berlin, DNotZ 1987, 44; OLG Köln, DNotZ 1972, 489; LG Ellwangen/Jagst, BWNotZ 2000, 45; *Pfeifer*, in: Staudinger, BGB, § 925 BGB Rn. 80; *Kanzleiter*, in: MüKo-BGB, § 925 Rn. 14.

[70] KG Berlin, DNotZ 1987, 44 (zu Art. 11 Abs. 2 a.F. = Art. 11 Abs. 4 n.F.); OLG Köln, DNotZ 1972, 489.

ten zu beachten, da § 311b Abs. 1 S. 2 BGB für eine Heilung die Auflassung und die Eintragung ins Grundbuch fordert.

6. *Gesellschaftsrechtliche Vorgänge*

Gesondert sind gesellschaftsrechtliche Vorgänge zu beachten: Inwieweit gesellschaftsrechtliche Vorgänge den allgemeinen Vorschriften des Art. 11 Abs. 1 EGBGB folgen, ist gesetzlich bisher nicht geregelt und daher grundsätzlich und im Detail umstritten. Auf diese praxisrelevanten Fragen ist daher etwas umfassender einzugehen.

a) Gesellschaftsbeteiligungen

Hinsichtlich der Veräußerung und der Verfügung über Gesellschaftsbeteiligungen sollte sinnvoller Weise zwischen deutschen und ausländischen Beteiligungen unterschieden werden.

aa) Verpflichtung und Veräußerung von Geschäftsanteilen an deutschen Gesellschaften

Für das Verpflichtungsgeschäft gilt Art. 11 Abs. 1 Fall 2 Rom I-VO. Danach genügt die Wahrung der Ortsform unbestritten.

Dasselbe gilt nun für die Übertragung von GmbH-Anteilen gem. Art. 11 EGBGB. Hier lässt die Rechtsprechung die Ortsform genügen, da der Geschäftsanteil an einer deutschen GmbH keine Sache im Sinne von Art. 11 Abs. 4 EGBGB ist.

> **Beispiel:**[71] Für eine in der Schweiz vorgenommene Übertragung des Geschäftsanteils an einer deutschen GmbH genügt die Einhaltung der Ortsform.

Die Praxis behilft sich dennoch meist damit, dass sie die Formvoraussetzungen des Geschäftsstatuts einzuhalten versucht. Es wird dafür der Versuch unternommen, die Form der notariellen Beurkundung durch die Gleichwertigkeit einer ausländischen Beurkundung (Substitution) zu erreichen. Bei der Feststellung der Gleichwertigkeit handelt es sich um eine Auslegung der in Frage stehenden Vorschrift des Sach-

[71] OLG Frankfurt/Main, DNotZ 1982, 186; BayObLG, DNotZ 1978, 170.

rechts, nicht um eine Frage des Art. 11 EGBGB.[72] Die Gleichwertigkeit einer ausländischen Beurkundung ist nach der Rechtsprechung dann gegeben, „wenn die ausländische Urkundsperson nach Vorbildung und Stellung im Rechtsleben eine der Tätigkeit des deutschen Notars entsprechende Funktion ausübt und für die Errichtung der Urkunde ein Verfahrensrecht zu beachten hat, das den tragenden Grundsätzen des deutschen Beurkundungsrechts entspricht".[73] Insbesondere für den praxisrelevanten Fall der Schweiz schien diese Frage bis vor Kurzem geklärt.

Der *Bundesgerichtshof* ging nach hergebrachter Auffassung davon aus, dass bei Beurkundung durch einen Schweizer Notar (Notariat Zürich Altstadt) auch das in deutschen Gesetzesvorschriften aufgestellte Formerfordernis der notariellen Beurkundung erfüllt ist.[74]

Unter Geltung des MoMiG äußerte jedoch Ende 2009 das *LG Frankfurt* in einem *obiter dictum*, dass eine andere Einschätzung der Wirksamkeit Schweizer Beurkundungen in Deutschland durch das MoMiG bzw. § 40 Abs. 2 GmbHG n. F. „nicht nur möglich, sondern sehr wahrscheinlich" sei. Der in § 40 Abs. 2 GmbHG n. F. aufgestellten Verpflichtung des an der Anteilsübertragung beteiligten Notars zur Einreichung einer Gesellschafterliste zum Handelsregister werde ein Baseler Notar wegen Fehlens von Amtsbefugnissen in Deutschland nicht nachkommen können.[75]

Die Folgen dieses *obiter dictum* sind bisher ungeklärt. Derzeit muss es zumindest aber als riskant angesehen werden, gesellschaftsrechtliche Beurkundungen in der Schweiz vorzunehmen. Schlimmstenfalls droht die Formunwirksamkeit, welche unter Umständen zu erheblichen steuerrechtlichen Nachteilen führen kann. Selbst wenn in naher Zukunft ein oberinstanzliches Gericht zu einer anderen Bewertung kommen sollte, schließt dies nicht aus, dass sich weitere Gerichte der Auffassung des *LG Frankfurt* anschließen. Die preisgünstige notarielle Beurkundung in der Schweiz steht damit vorerst auf der Kippe.

Als nicht dem deutschen Recht gleichwertig wurde hingegen schon vor dem MoMiG ein privatschriftlicher Vertrag mit Beglaubigung durch einen *notary public* in Kalifornien angesehen.[76]

---

[72] *Reithmann*/Martiny, Internationales Vertragsrecht, Rn. 810.

[73] BGHZ 80, 76 (77).

[74] BGH, ZIP 1989, 1052 (1055); ebenso OLG München, ZNotP 1998, 120 (Beurkundung vor Notar in Basel).

[75] LG Frankfurt, BB 2009, 2500.

[76] OLG Stuttgart, MittRheinNot 2000, 351.

bb) Geschäftsanteile an ausländischen Gesellschaften

Für die Verpflichtung, Anteile an einer ausländische Gesellschaft zu übertragen, gilt Art. 11 Abs. 1 Rom I-VO. Es gilt daher die Regel, dass die Einhaltung der **Ortsform genügt**. Im internationalen Recht sind allerdings Formvorschriften für Verpflichtungsgeschäfte über Gesellschaftsbeteiligungen selten.[77] Sofern das deutsche Recht als Ortsrecht oder als über Art. 3 ff. EGBGB anzuwendendes Sachrecht für die Verfügung maßgeblich ist, ist an die Formvorschrift des § 15 Abs. 4 GmbHG zu denken, die oft auf ausländische Gesellschaften ähnlicher Art angewendet wird. Gleichzeitig ist allerdings zu berücksichtigen, dass die Verpflichtung zur Abtretung von Gesellschaftsanteilen auch nach deutschem Recht nur ausnahmsweise – für GmbH-Anteile gemäß § 15 Abs. 4 GmbHG – formbedürftig ist. Der Verkauf von GbR-, OHG- oder KG-Anteilen, ja auch der von Anteilen an Aktiengesellschaften, ist formfrei möglich. Es muss daher jeweils geprüft werden, ob § 15 GmbHG auf die ausländische Gesellschaft anzuwenden ist. Die Rechtsprechung hat dies mehrfach in der Vergangenheit angenommen.

Beispiel:[78] So wurde etwa auf einen Vertrag über den Erwerb eines Anteils an einer polnischen Gesellschaft § 15 Abs. 4 GmbHG angewendet und der Vertrag wegen fehlender notarieller Beurkundung für nichtig erklärt.

Andererseits wurde für die Übertragung von Anteilen an einer kanadischen *Limited* die Anwendung der § 15 Abs. 3, 4 GmbHG abgelehnt.[79]

Man könnte daher mit einer Literaturmeinung darauf abstellen, ob die ausländische Gesellschaft im Wesentlichen einer deutschen GmbH entspricht.[80] Eine Gegenmeinung hält die Anwendung des § 15 GmbH stets für auf nach deutschem Recht gegründete Gesellschaften begrenzt.[81] Letzterer Auffassung neigt in einem *obiter dictum* bezüglich der Anwendung des § 15 GmbHG auf einen Treuhandvertrag über einen Gesellschaftsanteil an einer polnischen GmbH der Bundesgerichtshof zu.[82] Abschließend geklärt ist die Frage, wann die Formvorschrift des § 15 Abs. 4 GmbHG auf die Verpflichtung zur Veräußerung ausländischer Gesellschaften herangezogen wird, bisher jedoch nicht.

---

[77] Vgl. die Nachweise bei *Reithmann*/Martiny, Internationales Vertragsrecht, 6. Aufl., Rn. 672.

[78] OLG Celle, NJW-RR 1992, 1126.

[79] OLG München, NJW-RR 1993, 998.

[80] So etwa *Winkler v. Mohrenfels*, in: Staudinger, BGB, Art. 11 EGBGB a.F. Rn. 310.

[81] OLG München, NJW-RR 1993, 998 (999); *Reithmann*/Martiny, Internationales Vertragsrecht, Rn. 789.

[82] BGH, BB 2004, 2707 (2709).

Für das Verfügungsgeschäft kommt es hingegen auf das Gesellschaftsstatut an. Die Frage, ob § 15 Abs. 3 GmbHG bei Anwendung deutschen Gesellschaftsrechts auf ausländische Gesellschaften Anwendung findet, ist – wie gezeigt – umstritten.

b) Konstituierende Gesellschaftsakte

Praktisch im Vordergrund stehen Rechtsakte deutscher Gesellschaften, insbesondere von GmbHs, die im Ausland stattfinden. Dabei geht es in der Regel um die notarielle Beurkundung des Gründungsvertrages (§ 2 Abs. 1 S. 1 GmbHG), von Satzungsänderungen (§ 53 GmbHG), Umwandlungen durch Verschmelzungen (§§ 6, 13 UmwG) oder der bereits besprochenen Kauf- und Veräußerungsverträge (§ 15 GmbHG).

Gemäß Art. 1 Abs. 2 lit. f) Rom I-VO findet die Rom I-VO auf das Gesellschaftsrecht keine Anwendung. Ob hingegen Art. 11 EGBGB auf Abschluss des Gesellschaftsvertrages, Satzungsänderung, Verschmelzung, Vermögensübertragung und Abschluss eines Unternehmensvertrages Anwendung findet, ist umstritten. Sofern man Art. 11 Abs. 1 EGBGB anwenden möchte, sind all diese Akte nach den Formvorschriften des Ortsrechts möglich, in dem sie jeweils vorgenommen werden.[83] Existiert eine Ortsform nicht oder ist sie nicht eingehalten, kann auf das deutsche Wirkungsstatut (Gesellschaftsstatut) zurückgegriffen werden. Die von diesem vorgeschriebene Beurkundung kann nach positiver Gleichwertigkeitsprüfung auch durch einen ausländischen Notar im Wege der oben beschriebenen Substitution erfolgen. In der Rechtsprechung wird häufig direkt auf die Gleichwertigkeit der Beurkundung abgestellt, womit die Frage der Anwendbarkeit des Ortsrechts umgangen wird.[84] In folgenden Fällen wurde die ausländische Beurkundung als wirksam erachtet:

- Beurkundung einer Satzungsänderung in Zürich (BGHZ 70, 76 = DNotZ 1981, 451);
- Beurkundung eines Verschmelzungsvertrages zwischen zwei deutschen GmbHs in Zürich (OLG Köln, NJW 1989, 1769);
- Beurkundung einer Satzungsänderung in der Schweiz (OLG Karlsruhe, AWD 1979, 563);
- Beurkundung einer Satzungsänderung in der Schweiz (OLG Stuttgart, NJW 1981, 1176);
- Beurkundung einer Satzungsänderung in Zürich (OLG Hamm, NJW 1974, 1058);
- Beurkundung eines Kapitalerhöhungsbeschlusses in den Niederlanden (OLG Düsseldorf, NJW 1989, 2200);
- Beurkundung eines Unternehmenskaufvertrages durch einen Notar in Basel (OLG München, NJW-RR 1998, 758).

---

[83] OLG Stuttgart, NJW 1981, 1176 (für eine Satzungsänderung); OLG Düsseldorf, NJW 1989, 2200 (betreffend Kapitalerhöhungsbeschluss); *Thorn*, in: Palandt, BGB, Art. 11 EGBGB Rn. 13.

[84] So etwa OLG München, NJW-RR 1998, 758.

Nach der in der Rechtsprechung sporadisch vertretenen Gegenmeinung findet Art. 11 EGBGB keine Anwendung auf das Gesellschaftsrecht, so dass sich die Formvorschriften stets aus dem anzuwendenden Sachrecht ergeben, wobei die Beurkundung im Ausland (Schweiz) den Anforderungen der §§ 6, 13 UmwG nicht genügen soll.[85]

Die vermittelnde Meinung im Schrifttum geht davon aus, dass Art. 11 EGBGB mit der Alternativität der Formvorschriften von Ortsrecht und Gesellschaftsstatut zwar nicht für die Gesellschaftsverfassung betreffende Angelegenheiten (Feststellung der Verfassung und Satzungsänderung), wohl aber im Übrigen (insbesondere für die oben beschriebene Veräußerung von Gesellschaftsanteilen) gelte. Uneinigkeit herrscht innerhalb dieser Meinung darüber, ob die nach dem Gesellschaftsstatut erforderliche Form der Beurkundung auch im Ausland erfüllt werden kann.[86]

Aus Gründen der Kostenersparnis werden beurkundungsbedürftige Gesellschaftsakte gern vor einem schweizerischen Notar vollzogen, da dieser seine Gebühren nicht nach dem Gegenstandswert, sondern nach dem Verwaltungsaufwand berechnet. Die Tendenz der Rechtsprechung geht eindeutig dahin, dass derartige Beurkundungen regelmäßig als gleichwertig und damit als formwirksam angesehen werden. Für die Praxis bedeutet dies dennoch, dass in Fällen, die nicht eindeutig präjudiziert sind, eine gewisse Rechtsunsicherheit besteht, zumal das die Beurkundung einer Satzungsänderung in Zürich ablehnende LG Augsburg eine Änderung der grundlegenden BGH-Entscheidung erwartet, indem es die im Ausland nicht erfüllbare, aber in der BGH-Rechtsprechung zunehmend wichtigere Prüfungs- und Belehrungsfunktion des Notars hervorhebt.[87]

IV. Besonderheiten bei Allgemeinen Geschäftsbedingungen

Allgemeine Geschäftsbedingungen (AGB) weisen im internationalen Handel weite Verbreitung auf. Entsteht Streit, geht es letztlich um die Frage ihrer Geltung. Ob eine AGB Vertragsbestandteil geworden ist, hängt davon ab, ob sie zum einen wirksam einbezogen wurde und zum anderen einer inhaltlichen Kontrolle standhalten kann. Hierbei ist zwischen AGBs im Geltungsbereich des CISG und sonstigen AGBs zu unterscheiden.

---

[85] LG Augsburg, NJW-RR 1997, 420 (Beurkundung einer Satzungsänderung in Zürich genügt den Anforderungen der §§ 6, 13 UmwG nicht).

[86] *Mäsch*, in: Bamberger Roth (Hrsg.), BeckOK-BGB, Art. 11 EGBGB Rn. 65.

[87] LG Augsburg, NJW-RR 1997, 420.

1. Geltungsbereich des CISG

Eine Besonderheit besteht zunächst im Geltungsbereich des CISG. Zwar ist die Einbeziehung von AGB im UN-Kaufrecht nicht gesondert geregelt, gleichwohl richtet sich die Einbeziehung von AGB in einen dem UN-Kaufrecht unterliegenden Vertrag nach den allgemein geltenden Vertragsabschlussvorschriften (Art. 14, 18 CISG) unter Berücksichtigung der Auslegungsregeln der Art. 8 und 9 CISG; ein Rückgriff auf das kollisionsrechtlich berufene nationale Recht wird abgelehnt.[88] Die Einbeziehung von Allgemeinen Geschäftsbeziehungen in einen Vertrag ist durch Auslegung zu ermitteln. Gemäß Art. 8 Abs. 1 CISG setzt eine wirksame Einbeziehung voraus, dass für den Empfänger des Angebots der Wille des Anbietenden erkennbar ist, dieser wolle seine Bedingungen in den Vertrag einbeziehen. Er muss von ihnen in zumutbarer Weise Kenntnis nehmen können.[89] Maßgeblich ist dafür, dass der Anbietende dem Erklärungsgegner deren Text übersendet oder anderweitig zugänglich macht.[90]

Entscheidend ist demnach, dass sowohl der Hinweis auf die allgemeinen Geschäftsbedingungen als auch deren Übermittlung zum Zeitpunkt der Vertragsannahme abgeschlossen sein müssen. Eine erstmalige Übersendung mit der Rechnung kommt darum zu spät.[91]

Beispiel:[92] Ein deutscher Verkäufer verkauft gebrauchte Maschinen nach Spanien. Die AGB des Verkäufers, auf die in der Auftragsbestätigung Bezug genommen wird, die aber nicht beigefügt waren, enthalten einen Gewährleistungsausschluss. Keine wirksame Einbeziehung in den Kaufvertrag, da die AGB nicht übersandt oder auf andere Weise zugänglich gemacht wurden.

Auch für kollidierende allgemeine Geschäftsbedingungen fehlt es an einer speziellen Regelung. Soweit die Parteien kollidierende AGB verwenden, kommt es daher gemäß Art. 19 Abs. 1, 3 CISG darauf an, ob der Vertragsschluss scheitert, weil eine vom Angebot wesentliche Abweichung vorliegt. Art. 19 Abs. 3 CISG stellt klar, dass Ergänzungen und Abweichungen, die sich insbesondere auf Preis, Bezahlung, Qualität und Menge der Ware, Ort und Zeit der Lieferung, den Haftungsumfang oder Streitbeilegungen beziehen, als wesentliche Änderungen angesehen werden. Handelt es sich hingegen um eine nicht wesentliche Ergänzung oder Abweichung stellt die Antwort eine Annahme dar. Der Vertrag kommt dann gemäß Art. 19 Abs. 2

[88] BGH, NJW 2002, 370 (371) m.w.N.

[89] *Magnus*, in: Staudinger, BGB, Art. 14 CISG Rn. 41; *Ferrari*, in: MüKo-HGB, Art. 14 CISG Rn. 39; *Dornis*, in: Honsell (Hrsg.), UN-Kaufrecht, Vorbem. Art. 14– 24 Rn. 7.

[90] BGH, NJW 2002, 370 (371); Reithmann/*Martiny*, Internationales Vertragsrecht, Rn. 918.

[91] *Dornis*, in: Honsell (Hrsg.), UN-Kaufrecht, Vorbem. Art. 14 – 24 Rn. 9.

[92] BGH, NJW 2002, 370.

CISG mit den in der Annahme enthaltenen Änderungen zustande, sofern der Anbietende das Fehlen der Übereinstimmung nicht mündlich oder schriftlich erklärt.

Nach dem puren Wortlaut des Art. 19 Abs. 1 CISG kommt der Vertrag demnach nicht zustande, wenn sich die AGB wesentlich widersprechen. Die Ablehnung stellt dann ein neues Vertragsangebot dar und bringt gemäß Art. 17 CISG das ursprüngliche Angebot zum Erlöschen. Bei unwesentlichem Widerspruch und fehlender Rüge würden gemäß Abs. 2 die Geschäftsbedingungen des Annehmenden gelten.

Da wegen Art. 6 CISG diese Regeln abdingbar sind, vertritt die wohl herrschende Meinung die sog. **Restgültigkeitstheorie**, nach der (teilweise) voneinander abweichende Geschäftsbedingungen (nur) insoweit Vertragsbestandteil werden, als sie sich nicht widersprechen; im Übrigen gelten die Vorschriften des CISG oder des anwendbaren nationalen Rechts.[93] Dass die Regelung des Art. 19 CISG von den Parteien abbedungen wurde, zeige sich jedenfalls dann, wenn ein Vertrag trotz bestehender Diskrepanz von den Parteien einvernehmlich durchgeführt wurde.[94] Dieser Ansicht scheint auch der BGH nahe zu stehen, ohne ihr ausdrücklich zuzustimmen.[95] Folgt man der Theorie des letzten Wortes bleibt es hingegen bei der wörtlichen Anwendung des Abs. 2, wonach im Konfliktfall die letzte Verweisung auf die Geschäftsbedingungen entscheidend ist, sofern ihr nicht widersprochen wird.[96] Diese soll dann vom Vertragspartner stillschweigend gebilligt sein.

Die Frage der Inhaltskontrolle richtet sich gemäß Art. 4 S. 2 lit. a) CISG dagegen nach nationalem Recht.[97] Sofern bei der inhaltlichen Kontrolle auf der Grundlage nationalen Rechts aber Wertungen vorzunehmen sind, muss nach der überwiegenden Meinung in der Literatur auf die im UN-Kaufrecht enthaltenen Wertungsmaßstäbe abgestellt werden.[98]

2. *Allgemeines*

Allgemein sind die Voraussetzungen in den europäischen Ländern hinsichtlich der Einbeziehung von AGB in Verträge unterschiedlich ausgestaltet. Insbesondere stellen andere Rechtsordnungen zum Teil strengere Anforderungen an die Einbeziehung von AGB[99] als das deutsche Recht, nach dem im kaufmännischen Geschäfts-

[93] *Magnus*, in: Staudinger, BGB, Art. 19 CISG Rn. 23 ff.; Reithmann/*Martiny*, Internationales Vertragsrecht, Rn. 918.

[94] *Dornis*, in: Honsell (Hrsg.), UN-Kaufrecht, Art. 19 Rn. 41.

[95] BGH, NJW 2002, 1651 (1652 f.).

[96] So *Ferrari*, in: MüKo-HGB, Art. 19 CISG Rn. 15, 18 f.; jüngst aber auch OLG Köln, IHR 2006, 147.

[97] Vgl. *Magnus*, in: Staudinger, BGB, Art. 19 CISG Rn. 20.

[98] Vgl. z. B. *Ferrari*, in: MüKo-HGB, Art. 14 CISG Rn. 41 m.w.N.

[99] Vgl. die Nachweise zu einzelnen Ländern bei Reithmann/*Martiny*, Internationales Vertragsrecht, Rn. 282.

verkehr für die Einbeziehung einer AGB einer Partei die stillschweigende Unterwerfung der anderen Partei unter diese AGB ausreicht.[100] Daher kommt es wesentlich darauf an, nach welchem Recht sich die Einbeziehung der AGB beurteilt. Diese kollisionsrechtlichen Fragen beantwortet für das deutsche Recht Art. 10 Rom I-VO:

> Art. 10 Rom I-VO: Einigung und materielle Wirksamkeit
> (1) Das Zustandekommen und die Wirksamkeit des Vertrages oder einer seiner Bestimmungen beurteilen sich nach dem Recht, das nach dieser Verordnung anzuwenden wäre, wenn der Vertrag oder die Bestimmung wirksam wäre.
> (2) Ergibt sich jedoch aus den Umständen, dass es nicht gerechtfertigt wäre, die Wirkung des Verhaltens einer Partei nach dem in Absatz 1 bezeichneten Recht zu bestimmen, so kann sich diese Partei für die Behauptung, sie habe dem Vertrag nicht zugestimmt, auf das Recht des Staates ihres gewöhnlichen Aufenthalts berufen.

Nach Art. 10 Abs. 1 Rom I-VO sind Geschäftsbedingungen (einzelne Bestimmungen des Vertrages) nach dem für den Hauptvertrag maßgeblichen Vertragsstatut gemäß Art. 3 bis 8 Rom I-VO zu beurteilen. Dies gilt sowohl für die Einbeziehung als auch für die Inhaltskontrolle von AGB.[101]

a) Einbeziehung

Sowohl für den Fall der ausdrücklichen Einbeziehung Allgemeiner Geschäftsbedingungen als auch für den Fall, dass eine Partei zu den Geschäftsbedingungen der anderen Partei schweigt, bildet das gemäß Art. 10 Abs. 1 Rom I-VO maßgebliche Vertragsstatut den Ausgangspunkt der Überlegung.

Nach deutschem Recht würde indes regelmäßig erwartet, dass die annehmende Partei den Geschäftsbedingungen ihres Vertragspartners widerspricht, wenn sie mit deren Geltung nicht einverstanden ist. Da dies in anderen nationalen Rechtsordnungen nicht notwendigerweise ebenso ist, kann der Anwendungsbereich der ergänzenden Sonderanknüpfung des Art. 10 Abs. 2 Rom I-VO eröffnet sein. Kumulative Voraussetzungen für die Anwendbarkeit des Abs. 2 sind:[102]

- Das nach Art. 3 bis 8 Rom I-VO anwendbare Vertragsstatut weicht von dem Recht am gewöhnlichen Aufenthaltsort der schweigenden Partei ab,
- der Vertrag ist – insbesondere nach dem Vertragsstatut – wirksam geschlossen und
- die Umstände des Einzelfalles ergeben, dass es unbillig wäre, die Zustimmung der Partei ausschließlich an dem ihr fremden Vertragsstatut zu messen.

Sofern diese Voraussetzungen vorliegen, kann sich die schweigende Partei hinsichtlich der Bewertung ihres Verhaltens auf das Recht ihres gewöhnlichen Aufenthalts

[100] BGHZ 42, 53 (55) = NJW 1962, 1788; BGHZ 102, 293 (304) = NJW 1988, 1210.

[101] *Thorn*, in: Palandt, BGB, Art. 10 Rom I-VO Rn. 3.

[102] Vgl. *Thron*, in: Palandt, BGB, Art. 10 Rom I-VO Rn. 4; *Staudinger*, in: Schulze/Dörner/Ebert, BGB, Art. 31 EGBGB a.F. Rn. 7.

berufen, an dem das Schweigen auf Geschäftsbedingungen des Vertragspartners nicht als Zustimmung gewertet wird.

Beispiel:[103] Das Schweigen eines österreichischen Kaufmannes zu Rechnungen, die fortlaufend einen Hinweis auf die auf der Rechnungsrückseite abgedruckten Allgemeinen Geschäftsbedingungen enthielten, genügte nicht um die AGBs in den bereits geschlossenen Vertrag einzubeziehen.

aa) Streitfälle einer Sonderanknüpfung gemäß Art. 10 Abs. 2 Rom I-VO

Ob das Schweigen einer Partei zur Einbeziehung der AGB der anderen Partei führt, beurteilt sich also nicht immer nach dem Vertragsstatut, sondern in Fällen des Abs. 2 nach dem Recht des gewöhnlichen Aufenthaltsortes.

(1) Unternehmer

Selbstverständlich kann eine Interessenabwägung der Gesamtumstände auch ergeben, dass es nicht unbillig wäre, für die Einbeziehung der AGB auf das Vertragsstatut abzustellen und das Ortsstatut der schweigenden Partei unberücksichtigt zu lassen. Daran ist insbesondere im kaufmännischen Verkehr zu denken.

Die Schwierigkeit besteht nun darin, die Gesamtumstände herauszuarbeiten und zu bewerten, nach denen die Anwendbarkeit des Vertragsstatuts unbillig wird. Hierfür wird eine Reihe von Kriterien vorgeschlagen.

- Eine Korrektur des Art. 10 Abs. 1 Rom I-VO wird etwa dann abgelehnt, wenn sich die ausländische Partei nach Deutschland begeben hat und damit ein sog. Inlandsgeschäft abgeschlossen hat, bei dem der in Frage stehende Vertrag in dem Land geschlossen wurde, in dem der Verwender der AGB seine geschäftliche Niederlassung hat.[104]
- Die Geltung des Ortsstatuts soll etwa dann angemessen sein, wenn die ausländische Partei (nach ihrem Umweltrecht) nicht mit einer rechtsgeschäftlichen Bedeutung ihres Schweigens zu rechnen brauchte.[105]

Beispiel:[106] Eine französische GmbH bestellte Küchenmöbel bei einer deutschen Herstellerin, die jede Bestellung unter Verweis auf ihre umseitig abge-

---

[103] OLG Karlsruhe, NJW-RR 1993, 567.

[104] Reithmann/*Martiny* Internationales Vertragsrecht, Rn. 285.

[105] BGHZ 57, 77 = NJW 1972, 391 (394).

[106] BGHZ 57, 77 = NJW 1972, 391 (394).

druckten AGB bestätigte. Trotz fehlenden Widerspruchs der Auftraggeberin wurden die AGB nicht Vertragsbestandteil.

Dieser Grundsatz findet indes dann keine Anwendung, wenn der Ausländer nach den Umständen des Einzelfalls nicht darauf vertrauen kann, dass sein Verhalten nach den Regeln seines Umweltrechts beurteilt wird.[107]

- Nach der deutschen Rechtsprechung kommt es grundsätzlich darauf an, ob der Vertragspartner von der Einbeziehung der AGB Kenntnis hatte oder hätte haben müssen. Auch gegenüber ausländischen Vertragspartnern genügt die Kenntnis oder das Kennenmüssen davon, dass der deutsche Vertragspartner alle Geschäfte nach bestimmten AGB (hier ADSp) ausführen werde, für die Einbeziehung der Geschäftsbedingungen.[108] Mangels Widerspruchs gelten dann die allgemeinen Voraussetzungen.

Beispiel:[109] Ein italienischer Spediteur beauftragte einen deutschen Spediteur. Dieser verwies auf die ADSp, die mangels Widerspruch des Auftraggebers galten.

Insbesondere muss ein im Inland ansässiger ausländischer Kaufmann wissen, dass deutsche Spediteure nur nach den ADSp arbeiten.[110] Eine stillschweigende Einbeziehung Allgemeiner Geschäftsbedingungen wurde in der Vergangenheit insbesondere bei den ADSp und den AGB-Banken bejaht;[111] wohl, weil es sich dabei um branchenübliche Geschäftsbedingungen handelt. Andererseits kann von einem Kennenmüssen nicht ohne Weiteres ausgegangen werden, wenn der ausländische Vertragspartner kein Spediteur, sondern branchenfremd ist und bisher keine Vertragsbeziehungen mit deutschen Partnern unterhielt.[112]

Im Ergebnis sind daher stets die maßgeblichen Faktoren des Einzelfalles zu betrachten. Zentrale Punkte sind die Branchenüblichkeit der Geschäftsbedingungen, bestehende geschäftliche Beziehungen der Partei nach Deutschland und die allgemeine Erfahrung der Partei und ihre Zugehörigkeit zur maßgeblichen Branche.[113]

Auf Fragen im Zusammenhang mit einzelnen Klauseltypen ist an anderer Stelle noch näher einzugehen (etwa Gerichtsstands- und Rechtswahlklauseln).

---

[107] BGH, NJW 1976, 2075.

[108] BGH, NJW 1976, 2075; BGH, RIW 1982, 55; BGH, VersR 1971, 619; BGH, NJW 1973, 2154.

[109] BGH, NJW 1973, 2154.

[110] BGH, RIW 1982, 55.

[111] BGH, NJW 1976, 2075 (ADSp); BGH, NJW 1971, 2126 (AGB-Banken); BGH, EWiR 1987, 425 (AGB-Banken).

[112] BGH, NJW 1976, 2075.

[113] Vgl. zu weiteren Faktoren, die zum Teil von der Rechtsprechung aufgegriffen wurden, *Spellenberg*, in: MüKo-BGB, Art. 31 Rn. 99 ff.

(2) Rechtsverkehr mit Verbrauchern

Für den Rechtsverkehr mit Verbrauchern gelten die Sonderregeln der Art. 6 Rom I-VO und Art. 46a EGBGB so dass ihnen praktisch immer die eigenen Regeln der Einbeziehung von Allgemeinen Geschäftsbedingungen gewährt werden.

(3) Prozessuales

Nach dem Wortlaut des Art. 10 Abs. 2 Rom I-VO muss der Schweigende behaupten, er habe dem Vertrag (beziehungsweise der Geschäftsbedingung) nicht zugestimmt. Er muss dafür lediglich geltend machen, dass sein Verhalten nicht als Zustimmung gewertet werden kann; ein Berufen auf das Aufenthaltsrecht ist nicht erforderlich.[114]

bb) Besonderheiten der Einbeziehung in internationale Verträge

Sofern demnach deutsches Sachrecht zur Anwendung kommt, richtet sich die Einbeziehung und die inhaltliche Kontrolle nach den §§ 305 ff. BGB. Ansonsten gilt das AGB-Recht des gewählten ausländischen Vertragsrechts.[115]

Kleinere Besonderheiten bestehen auch bei den Normen des deutschen Sachrechts. Nach den allgemeinen Regelungen des § 305 Abs. 2 BGB setzt die Einbeziehung Allgemeiner Geschäftsbedingungen in einen Vertrag mit Verbrauchern voraus, dass auf diese hingewiesen wird (Nr. 1), die Möglichkeit verschafft wird, in zumutbarer Weise von ihrem Inhalt Kenntnis zu nehmen (Nr. 2) und die andere Partei mit deren Geltung einverstanden ist. Diese gelten jedoch gemäß § 310 Abs. 1 S. 1 BGB nicht für Verträge mit Unternehmern.

b) Inhaltskontrolle

Gemäß Art. 10 Abs. 1 Rom I-VO sind auch Fragen der Wirksamkeit des Vertrages, mithin auch der Inhaltskontrolle von AGB erfasst. Hierfür gelten die allgemeinen Regeln, nach denen auch für Unternehmer eine Inhaltskontrolle gemäß § 307 BGB stattfindet (§ 310 BGB). Keine Inhaltskontrolle beinhaltet hingegen Art. 10 Abs. 2 Rom I-VO, der nur die Einbeziehungsregeln betrifft.[116]

In diesem Zusammenhang ist allerdings zu bedenken, dass die Auslegung ausländischer Allgemeiner Geschäftsbedingungen durch den Tatrichter grundsätzlich nicht revisibel ist, da sie Bestandteil einer ausländischen Rechtsordnung sind.[117]

---

[114] *Thorn*, in: Palandt, BGB, Art. 10 Rom I-VO Rn. 4.

[115] Vgl. *Kieninger*, in: MüKo-BGB, § 307 Rn. 265; Reithmann/*Martiny*, Internationales Vertragsrecht, Rn. 285.

[116] Vgl. *Spellenberg*, in: MüKo-BGB, Art. 10 Rom I-VO Rn. 273.

[117] BGHZ 112, 204 = NJW 1991, 36 (37).

V. Kaufmännisches Bestätigungsschreiben

Nach deutschem Recht kann ein Vertrag gewohnheitsrechtlich dadurch zustande kommen, dass eine Vertragspartei in einem Bestätigungsschreiben eine Vereinbarung als zwischen den Parteien getroffen wiedergibt und der Empfänger nicht unverzüglich widerspricht. Es handelt sich um den (rechtlich) seltenen Fall des Schweigens als Zustimmung. Voraussetzungen dafür sind:

- Das Vorausgehen von (mündlichen oder fernmündlichen) Verhandlungen zwischen Absender und Empfänger,
- die Bestätigung des Inhalts der Verhandlungen durch das Schreiben des Absenders, von welcher der Empfänger redlicherweise ausgehen durfte,
- Versendung des Schreibens unmittelbar nach den Vertragsverhandlungen und Zugang des Schreibens beim Erklärungsempfänger,
- kein Widerspruch des Empfängers,
- Kaufmannseigenschaft des Empfängers oder Teilnahme am Geschäftsverkehr ähnlich einem Kaufmann.

Grundsätzlich kann man das echte Bestätigungsschreiben und die Auftragsbestätigung unterscheiden. Bei letzterem kommt der Vertrag durch die Auftragsbestätigung des Annehmenden erst zustande. Beim echten Bestätigungsschreiben ist dies zwar auch der Fall, jedoch geht der Bestätigende subjektiv davon aus, er bestätige bereits einen (mündlich) geschlossenen Vertrag. Allerdings differenziert die Rechtsprechung zumeist nicht zwischen beiden,[118] so dass die nachfolgenden Ausführungen beide Fälle erfassen, zumal in der Praxis oft auch schwierig zu klären ist, ob die bestätigende Partei subjektiv schon von einem geschlossenen Vertrag ausgegangen ist. Die Regelungen können aber auch für die Änderung oder Ergänzung bereits geschlossener Verträge zur Anwendung kommen, so dass der Terminus „Kaufmännisches Bestätigungsschreiben" nicht nur das Zustandekommen von Verträgen betrifft.[119]

1. CISG

Für das kaufmännische Bestätigungsschreiben bestehen – wie für die Einbeziehung Allgemeiner Geschäftsbedingungen – keine Sonderregelungen im UN-Kaufrecht. Es ist daher von der Anwendung der allgemeinen Vertragsschlussregeln, insbesondere der Art. 14, 19 CISG auszugehen. Ein Schweigen stellt nach Art. 18 Abs. 1 S. 2

[118] Vgl. Reithmann/*Martiny*, Internationales Vertragsrecht, 6. Aufl., Rn. 218.

[119] Vgl. *Hausmann*, in: Staudinger, BGB, Art. 31 EGBGB a.F. Rn. 91.

CISG grundsätzlich keine Annahme dar. Insofern finden also die Grundsätze des deutschen Rechts über kaufmännische Bestätigungsschreiben keine Anwendung.[120]

Die Grundsätze über die Wirkung kaufmännischer Bestätigungsschreiben können jedoch gemäß Art. 9 Abs. 2 CISG gegebenenfalls als internationaler Brauch angewendet werden.[121]

2. Allgemeines

Soweit es sich um internationale Verträge handelt, auf die das UN-Kaufrecht nicht anwendbar ist, ist die Lösung im Kollisionsrecht zu suchen. Gemäß dem bereits angesprochenen Art. 10 Abs. 1 Rom I-VO beurteilt sich das Zustandekommen eines Vertrages nach dem Recht, das anzuwenden wäre, wenn der Vertrag wirksam wäre, mithin also insbesondere nach den Art. 3, 4 Rom I-VO. Sofern danach deutsches Sachrecht zur Anwendung käme, könnten auch die Grundsätze über das kaufmännische Bestätigungsschreiben zur Anwendung kommen.

Dies wirft – ähnlich wie bei den Regeln über die Einbeziehung von Allgemeinen Geschäftsbedingungen die Frage auf, ob dies gegenüber ausländischen Vertragspartnern in allen Fällen eine sachgerechte Lösung darstellt. Während zwar die vertragsmodifizierende Bedeutung des kaufmännischen Bestätigungsschreibens etwa in den Niederlanden auch bekannt ist, kommt dem kaufmännischen Schweigen in anderen Rechtsordnungen keine oder eine weit geringere Bedeutung zu.[122]

Ähnlich wie bei dem Schweigen auf Allgemeine Geschäftsbedingungen wird daher die Sonderanknüpfung des Art. 10 Abs. 2 Rom I-VO auch auf das Schweigen im kaufmännischen Verkehr angewendet:[123] Unter den kumulativen Voraussetzungen, dass das anwendbare Vertragsstatut von dem Recht am gewöhnlichen Aufenthaltsort der schweigenden Partei abweicht, der Vertrag nach dem Recht des Vertragsstatuts geschlossen ist, und die Umstände des Einzelfalles ergeben, dass es unbillig wäre, die Zustimmung der Partei ausschließlich an dem ihr fremden Vertragsstatut zu messen, kommt zusätzlich das Recht des gewöhnlichen Aufenthaltsortes der schweigenden Partei zur Anwendung. Inwiefern es unbillig ist, das Verhalten einer Partei allein nach dem Vertragsstatut zu beurteilen, welches ein kaufmännische Bestätigungsschreiben kennt, bemisst sich nach denselben Grundsätzen wie die Einbeziehung Allgemeiner Geschäftsbedingungen.[124]

Selbstverständlich gilt Art. 10 Abs. 2 Rom I-VO im umgekehrten Fall auch dann, wenn das Vertragsstatut dem Schweigen auf ein Bestätigungsschreiben eine über

[120] *Dornis*, in: Honsell (Hrsg.), UN-Kaufrecht, Art. 18 Rn. 28.

[121] *Magnus*, in: Staudinger, BGB, Art. 19 CISG Rn. 26 i.V.m. Art. 9 Rn. 21 ff., 27; *Ferrari*, in: MüKo-HGB, Art. 19 CISG Rn. 17 i.V.m. Art. 9 Rn. 17; *Dornis*, in: Honsell (Hrsg.), UN-Kaufrecht, Art. 18 Rn. 29.

[122] *Hausmann*, in: Staudinger, BGB, Art. 31 EGBGB a.F. Rn. 91.

[123] BGHZ 135, 124 = NJW 1997, 1697; vgl. *Thorn*, in: Palandt, BGB, Art. 10 Rom I-VO Rn. 5.

[124] Vgl. dazu B IV. 2. a) aa).

das deutsche Recht hinausgehende Rechtswirkung zugesteht. In diesem Fall kann sich etwa der deutsche Vertragspartner auf das Recht seines gewöhnlichen Aufenthaltsortes berufen.

Beispiel:[125] In Dänemark bindet das Schweigen auf ein Bestätigungsschreiben auch Nichtkaufleute. Diese Wirkung tritt gegenüber einem deutschen Kunden, der diese Wirkung weder gekannt noch fahrlässig verkannt hat, und der gegenüber einer dänischen Werft schweigt, nicht ein. ***Anm.:***

VI. Währungsfragen

1. Ausgangsbefund

Die Währungsfragen im Zusammenhang mit internationalen Verträgen haben zwei Aspekte, einerseits einen privatrechtlichen und andererseits einen öffentlichrechtlichen. Nach privatrechtlichen Grundsätzen ist zu entscheiden, welches die maßgebliche Währung für das Vertragsverhältnis ist. Der auch insoweit grundsätzlich weitgehenden privatautonomen Gestaltung setzt das öffentliche Recht in Form des internationalen Devisenrechts Grenzen.

2. Privatrechtlich: Vertragswährung

a) Ausdrücklich geregelt

Es empfiehlt sich, die Währung, in der die Zahlungen geschuldet sind, vertraglich zu vereinbaren. Sofern es das maßgebliche Recht zulässt, kann die Zahlung einer anderen Währung als der des Vertragsstatuts vereinbart werden.[126] In der Regel hat bei Warenlieferungen bzw. Serviceleistungen der Lieferant bzw. der Dienstleister ein Interesse daran, als Vertragswährung diejenige zu vereinbaren, zu der er auch Personal- und Materialaufwand zu bezahlen hat. Für den Abnehmer empfiehlt es sich, das Währungsrisiko durch entsprechende Devisentermingeschäfte abzusichern.

---

[125] OLG Schleswig, IPRspr. 1989 Nr. 48; vgl. Reithmann/*Martiny*, Internationales Vertragsrecht, Rn. 272.

[126] *Thorn*, in: Palandt, BGB, Art. 12 Rom I-VO Rn. 6.

Beispiel: In einem Servicevertrag zur Pflege eines IT-Programms haben die Parteien für eine Laufzeit von fünf Jahren umfassende Dienstleistungen zur Pflege und Erweiterung des IT-Programms vereinbart. Als Vergütung haben die Parteien – der Dienstleister hat seinen Sitz in den USA – jährlich 1,5 Mio. USD vereinbart, die Vergütung ist jeweils halbjährlich zum 30.06. und 31.12. fällig. Der Auftraggeber hat seinen Sitz in Hamburg. Nach aktuellem Wechselkursverhältnis entsprechen 1,50 USD 1 €. Abwertungen des Euros gegenüber dem USD können sich auf die Ertragslage des Auftraggebers erheblich auswirken. Um sich gegen Abwertungen des Euros gegenüber dem USD abzusichern, kann der Auftraggeber für den Zeitraum von fünf Jahren Devisentermingeschäfte abschließen. Danach erwirbt er jeweils zum 30.06. und 31.12. des Jahres Optionen, für 0,5 Mio. € 0,75 Mio. USD zu erwerben. Selbst wenn der Euro gegenüber dem USD abgewertet werden sollte, kann sich der Auftraggeber darauf verlassen, dass er jährlich 1 Mio. € zu kalkulieren hat.

b) Währungsstatut richtet sich grundsätzlich nach Vertragsstatut

Ergibt sich aus dem Vertrag nicht ausdrücklich eine Währung, in welcher die Leistungen geschuldet sind, richtet sich das Währungsstatut grundsätzlich nach dem Vertragsstatut.[127]

3. *Öffentlichrechtlich: Internationales Devisenrecht*

Bei internationalen Zahlungstransaktionen ist das internationale Devisenrecht einschlägig. Für das Devisenrecht gilt eine Sonderregelung gemäß Art. VIII Abschn. 2b des Abkommens über den Internationalen Währungsfonds (Abkommen von Bretton Woods).[128] Das Abkommen kommt über das Recht der Vertragsstaaten (in Deutschland über Art. 59 Abs. 2 S. 1 GG) zur Geltung. Nach dieser Regelung kann aus vertraglichen Bestimmungen, die gegen Devisenkontrollbestimmungen einzelner Mitgliedstaaten verstoßen, in den Hoheitsgebieten dieser Mitgliedsstaaten nicht geklagt werden. Erforderlich für die Anwendbarkeit der Sonderregelung ist erstens, dass der Vertrag Verpflichtungen enthalten muss, die sich auf die Zahlungsbilanz des Erlassstaates auswirken. Es muss sich um Transaktionen handeln, die nicht der Übertragung von Kapital dienen, auf jeden Fall Geschäfte wie Außenhandels- und Zinszahlungen, Darlehenstilgung oder Unterhaltsleistung.[129]

---

[127] BGH, FamRZ 1987, 370; *Maier-Reimer*, NJW 1985, 2055.

[128] BGBl. 52 II, S. 637.

[129] Martiny, in Münchener Kommentar zum BGB, Anhang II zu Art. 9 Devisenrecht, Rn. 31.

Beispiel[130]**:** In einem das bulgarische Devisenrecht betreffenden Sachverhalt hatte sich die Beklagte mit Sitz in Bulgarien an einer Kommanditgesellschaft mit Sitz in Deutschland beteiligt. Der Kläger machte die Zahlung in Höhe von 6,8 Mio. DM im Zusammenhang mit einer Erhöhung der Kommanditeinlage geltend. Die Beklagte wandte ein, die Vereinbarung über die Erhöhung der Kommanditeinlage verstoße gegen bulgarisches Devisenrecht. Der Bundesgerichtshof sah den Sachverhalt dagegen nicht im Anwendungsbereich des IWF-Abkommens, weil es sich nicht um eine Zahlung auf ein laufendes Geschäft handele, sondern um die Übertragung von Kapital im Wege einer Auslandsinvestition.

Der Devisenkontrakt muss zweitens gegen Devisenkontrollbestimmungen verstoßen. Unter Devisenkontrollbestimmungen sind Vorschriften zu verstehen, die die Bewegung von Geld, Vermögen oder Dienstleistungen zum Schutz der Zahlungsbilanz eines Landes zwingend regeln.[131] In Deutschland sind dies z. B. das Außenwirtschaftsgesetz und die Außenwirtschaftsverordnung, die nur noch in seltenen Ausnahmefällen den Devisenverkehr reglementieren.[132] Sobald ausländische Rechtsordnungen außerhalb der Europäischen Gemeinschaft betroffen sind, sollte jeweils die Hausbank zu Rate gezogen werden, die einem verlässlich Auskunft geben kann, ob es in einem der betreffenden Staaten Devisenkontrollbestimmungen gibt, die der Transaktion entgegenstehen. Verträge stehen dann im Gegensatz zu Devisenkontrollbestimmungen, wenn sie diese Vorschriften verletzen. Der Schutzumfang richtet sich nach den Gesetzen des Landes, dessen Zahlungsbilanz berührt wird. Zu prüfen ist also stets nach ausländischem Recht, ob es den Vorgang verbietet oder einem Genehmigungserfordernis unterwirft.[133]

Beispiel:[134] In einem Verfahren vor dem *OLG Frankfurt am Main* verlangte ein Kläger Zahlung von Zinsen auf Grund von Teilschuldverschreibungen aus argentinischen Staatsanleihen. In Argentinien war der nationale Notstand ausgerufen worden, der Schuldendienst für sämtliche in Schuldverschreibungen verbrieften Auslandsverbindlichkeiten wurde seit einer Resolution ausgesetzt. Die Beklagte machte unter anderem geltend, die Klage sei im Hinblick auf die Bestimmungen des Übereinkommens über den Internationalen Währungsfonds (IWF) unzulässig. Das Gericht ließ die Anwendung des IWF-

[130] BGH NJW 1994, 390.

[131] BGH, NJW 1993, 1070 – Griechisches Devisenrecht; BGH, NJW 1994, 390 – Bulgarisches Devisenrecht; *Martiny*, in: MüKo-BGB, Anhang II zu Art. 34 Devisenrecht, Rn. 30.

[132] *Grüneberg*, in: Palandt, BGB, § 245 Rn. 24.

[133] Martiny, in: Münchener Kommentar zum BGB, Anhang II zu Art. 9 Devisenrecht, Rn. 37.

[134] OLG Frankfurt/Main, NJW 2006, 2931 – Berufung der Republik Argentinien auf Staatsnotstand.

Abkommens bereits an dem Tatbestand des Devisenkontrakts scheitern, weil Staatsanleihen langfristige und (für den Emittenten) wirtschaftlich bedeutende Kreditverpflichtungen begründen und deshalb als Kapitalverkehrsgeschäfte anzusehen sind.[135]

VII. Sprachrisiko

Mit dem Begriff „Sprachrisiko“" ist die Fragestellung aufgeworfen, welche Partei bei Abgabe rechtsgeschäftlicher Erklärungen oder Übersendung von Allgemeinen Geschäftsbedingungen die Rechtsfolgen zu tragen hat, die sich aus sprachlichen Missverständnissen ergeben.[136] Dieses Problem kann sich nicht nur beim Vertragsschluss über Ländergrenzen hinweg stellen, sondern auch bei Inlandsgeschäften mit Ausländern, die der deutschen Sprache nicht mächtig sind. Man kann dieses Problem in einen kollisionsrechtlichen Teil, also der Frage, nach welchem Sachrecht das Sprachrisiko zu lösen ist, und einen sachrechtlichen Bereich untergliedern, der klärt, wie das Sprachrisiko nach dem anwendbaren, insbesondere dem deutschem Recht, verteilt ist.

1. Anwendbares Recht

Welche Partei das Sprachrisiko trägt, entscheidet sich grundsätzlich über die Regelung des Art. 10 Abs. 1 Rom I-VO, also nach dem Vertragsstatut.[137]

Vereinzelt wird in der Literatur eine Sonderanknüpfung befürwortet, wofür dann Art. 10 Abs. 2 Rom I-VO zur Anwendung kommen soll.[138]

Eine eigene Sonderanknüpfung wird allerdings mehrheitlich abgelehnt, da sie zu einer Zersplitterung der Regeln über den Vertragsschluss führen und Verkehrsinteressen nicht ausreichend berücksichtigen würde.[139] Zumindest bei Inlandsgeschäften, wo sich der Sprachunkundige in Deutschland befindet und nach dem Vertragsstatut deutsches Recht anwendbar ist, besteht Einigkeit darüber, dass in jedem

[135] So auch für Einlageverpflichtungen in einer Kommanditgesellschaft – BGH, NJW 1994, 390 – Bulgarisches Devisenrecht; anders bei der Gewährung eines Betriebsmittelkredits, BGH, NJW 1993, 1070 – Griechisches Devisenrecht.

[136] Vgl. *Hausmann*, in: Staudinger, BGB, Art. 31 EGBGB a.F. Rn. 97.

[137] OLG Stuttgart, RiW 1989, 56.

[138] Vgl. die Nachweise bei *Spellenberg*, in: MüKo-BGB, Art. 10 Rom I-VO Rn. 40.

[139] Reithmann/*Martiny* Internationales Vertragsrecht, Rn. 278; *Spellenberg*, in: MüKo-BGB, Art. 10 Rom I-VO Rn. 39 ff.

Fall deutsches Recht gilt, weil dies aus Gründen des Verkehrsschutzes geboten sein soll.[140]

2. Sprachrisiko im deutschen Recht

Eine gesetzliche Regelung des Sprachrisikos kennt das deutsche Recht nicht. Es ist daher nach den allgemeinen Regelungen des Vertragsschlusses, der Auslegung und gegebenenfalls über die Anfechtung zu lösen.

a) Sonderfall: Sprachzwang bei Teilzeit-Wohnrechteverträgen

Den seltenen Fall eines Sprachenzwanges für ein Rechtsgeschäft enthält § 483 BGB. In § 483 Abs. 1 n. F. BGB ist für Teilzeit-Wohnrechteverträge, durch die ein Unternehmer einem Verbraucher gegen Zahlung eines Gesamtpreises das Recht verschafft oder zu verschaffen verspricht, für die Dauer von mindestens drei Jahren ein Wohngebäude für einen bestimmten Zeitraum zu nutzen, vorgesehen, dass der Vertrag in einer der Amtssprachen des Mitgliedstaats der EU (oder des Vertragsstaats des EWR) abzufassen ist, in dem der Verbraucher seinen Wohnsitz hat. Sofern der Verbraucher Angehöriger eines anderen Mitgliedstaates ist, kann er statt der Sprache seines Wohnsitzstaates auch eine Amtssprache des Staates wählen, der er angehört (S. 2). Sofern diese Formvorschrift nicht eingehalten wird, ist der Vertrag nichtig (Abs. 3).

Da die Sprachvorschrift überwiegend als Formvorschrift aufgefasst wird, soll hierauf auch Art. 11 Rom I-VO Anwendung finden. Es kommt also alternativ das Sprachstatut des Vornahmeortes zur Anwendung, wobei die Vorschrift des Art. 10 i. V. m. Art. 6 Rom I-VO zu berücksichtigen ist.[141]

b) Normalfall: Sprachrisiko

aa) Sprachvereinbarung

Möglich ist zunächst, eine Vereinbarung darüber zu schließen, welche Sprache verwandt und maßgeblich sein soll. Sprachvereinbarungen sind in der Praxis eher selten, werden aber zum Teil in einem vor den eigentlichen Vertragsverhandlungen unterzeichneten „letter of intent" oder „memorandum of understanding" vereinbart. In diesem Fall wird davon ausgegangen, dass ausschließlich in der vereinbarten Sprache abgegebene Erklärungen wirksam sind.[142]

---

[140] Reithmann/*Martiny*, Internationales Vertragsrecht, Rn. 278.

[141] Vgl. *Spellenberg*, in: MüKo-BGB, Art. 10 Rom I-VO Rn. 36 ff..

[142] *Hausmann*, in: Staudinger, BGB, Art. 31 EGBGB a.F. Rn. 101.

bb) Verträge im kaufmännischen Rechtsverkehr

Fehlt es an einer Sprachvereinbarung, muss das Sprachrisiko gegebenenfalls gerichtlich verteilt werden. Die bisher zu diesen Fragen ergangenen Urteile haben die Grundsätze, nach denen das Sprachrisiko zu verteilen ist, allerdings noch nicht abschließend herausgearbeitet:[143]

Sofern keine ausdrückliche Vereinbarung besteht, einigen sich die Parteien nach dem Verständnis der Rechtsprechung konkludent durch die Verwendung einer Verhandlungs- oder Vertragssprache: Vertragssprache ist die Sprache, in welcher der Vertrag geschlossen wurde, Verhandlungssprache diejenige, in der die Parteien die Verhandlungen mündlich oder schriftlich geführt haben. Ist ein Vertrag zweisprachig abgefasst, so sollen für den Vertragsinhalt beide Sprachen in gleicher Weise maßgeblich sein.[144] In einer von der Verhandlungs- und Vertragssprache abweichenden Sprache abgefasste Willenserklärungen sollen nicht zugehen können; auch die Anfechtung wegen sprachlicher Missverständnisse dürfte ausgeschlossen sein.[145]

Beispiel:[146] Ein kaufmännisches Bestätigungsschreiben in italienischer Sprache genügte nicht um den Abschluss eines Kaufvertrages zustande zu bringen, weil die Verhandlungssprache Deutsch war.

Noch nicht gerichtlich geklärt ist die Frage, ob dies auch für Willenserklärungen gilt, die zwar in einer von der Verhandlungs- oder Vertragssprache abweichenden Sprache abgegeben werden, die der Empfänger allerdings versteht. Die Literatur neigt dazu, bei tatsächlichem Verstehen der Sprache die Verwendung einer von der Verhandlungs- oder Vertragssprache abweichenden Sprache für Willenserklärungen zuzulassen.[147] Als Folgefrage muss diese Meinung sodann entscheiden, ob man heutzutage im internationalen Handel die Kenntnis bestimmter Sprachen, insbesondere der Weltsprache Englisch, möglicherweise aber auch weiterer Sprachen (Spanisch, Französisch), voraussetzen kann. Auch dies ist soweit ersichtlich von der jüngeren Rechtsprechung nicht geklärt worden,[148] wird aber von einigen Au-

---

[143] Vgl. OLG Köln, IHR 2006, 147.

[144] Reithmann/*Martiny*, Internationales Vertragsrecht, Rn. 278.

[145] *Spellenberg*, in: MüKo-BGB, Vor Art. 10 Rom I-VO Rn. 87, der allerdings in der bloßen Verwendung einer Verhandlungssprache keine bindende Vereinbarung zur Verwendung dieser Sprache sieht, a. a. O., Rn. 84.

[146] OLG Frankfurt, RIW 1981, 411; OLG Karlsruhe, NJW 1972, 2185; OLG Frankfurt, EWiR 1987, 631 (Deutschsprachige AGB sind auch bei einem Warenkaufvertrag unter Kaufleuten nicht zu berücksichtigen, wenn die Vertragsverhandlungen und der gesamte Schriftwechsel in englischer Sprache geführt wurden).

[147] Reithmann/*Martiny*, Internationales Vertragsrecht, Rn. 278; *Spellenberg*, in: MüKo-BGB, Vor Art. 10 Rom I-VO Rn. 72.

[148] Ablehnend hingegen noch OLG Düsseldorf, IPRspr 1973 Nr. 136 (AGB des deutschen Käufers auf Rückseite des Auftragsscheins in Englisch, Französisch und Italienisch genügten nicht, da Verhandlungssprachen mit dem niederländischen Verkäufer Deutsch und Niederländisch waren).

toren befürwortet.[149] Die Tragweite dieser Aussage ist ganz erheblich. Sofern man im internationalen Handel die Kenntnis dieser Sprachen voraussetzt, verlagert man das Risiko sprachlicher Missverständnisse auf die Partei, welche die Sprache – entgegen der Verkehrserwartung – nicht versteht. Ob die oberinstanzliche Rechtsprechung bereit ist, soweit von ihrer ursprünglichen Position (nur Erklärungen in der Verhandlungssprache sollen zulässig sein) abzurücken, bleibt abzuwarten.

Immerhin hat es die Rechtsprechung in der Vergangenheit genügen lassen, dass in der Verhandlungssprache auf anderssprachige Geschäftsbedingungen hingewiesen wurde[150] und dabei teilweise sogar betont, dass es nicht darauf ankommt, ob der Vertragspartner die Geschäftsbedingungen verstehen konnte.[151]

Beispiel:[152] Die Erfüllungsortvereinbarung eines deutschen Verkäufers gegenüber seinem italienischen Käufer auf Grund einer Klausel in der englischen Verhandlungssprache, die auf die auf der Rückseite abgedruckten deutschen Geschäftsbedingungen hinwies, wurde für wirksam erachtet.

Der Ansicht, dass ein Hinweis auf Allgemeine Geschäftsbedingungen in der Verhandlungs- und Vertragssprache genügt, wenn der Vertragspartner eine uneingeschränkte Annahmeerklärung abgegeben hat, hat sich auch der Oberste Gerichtshof Österreichs in Wien angeschlossen.[153]

Um auf der „sicheren Seite" zu stehen und rechtliche Risiken zu minimieren, ist zu empfehlen, Willenserklärungen ausschließlich entsprechend der Verhandlungs- beziehungsweise der Vertragssprache abzugeben.

Liegen zweisprachige, inhaltlich voneinander abweichende AGB-Fassungen vor, so ist nur die mit der Verhandlungssprache übereinstimmende AGB-Fassung Vertragsinhalt geworden.[154]

cc) Verbraucherverträge

Besonderheiten bestehen für die Einbeziehung Allgemeiner Geschäftsbedingungen in Verbraucherverträge. Dann ist in erster Linie daran zu denken, dass die Einbeziehung von Geschäftsbedingungen gemäß § 305 Abs. 2 BGB einen diesbezüglichen

---

149 Reithmann/*Martiny*, Internationales Vertragsrecht, Rn. 278; *Spellenberg*, in: MüKo-BGB, Vor Art. 10 Rom I-VO Rn. 70 ff.

150 OLG Hamm, IPRax 1991, 324; OLG Karlsruhe, IPRax 1993 Nr. 136.

151 OLG Hamm, IPRax 1991, 324.

152 OLG Karlsruhe, IPRspr. 1993 Nr. 136 (Frage: Was war Verhandlungssprache: Deutsch oder Englisch? Letzteres lässt Martiny vermuten).

153 Oberster Gerichtshof Wien, Urt. v. 14.7.1999, Az. 7 Ob 176/98b, zitiert nach Juris.

154 BGH, NJW 1996, 1819 (Bei voneinander abweichenden AGB-Fassungen in deutscher und englischer Sprache konnte nur die der Verhandlungssprache entsprechende englische Fassung in den Vertrag einbezogen sein).

Hinweis (Nr. 1), die Möglichkeit der Kenntnisnahme für die andere Partei (Nr. 2) und deren Einverständnis (Nr. 3) voraussetzt (keine Anwendung gegenüber Unternehmern wegen § 310 Abs. 1 BGB).

Zum einen ist somit die Frage aufgeworfen, welche Anforderungen an den Hinweis des Verwenders der AGB zu stellen sind. Es dürfte wohl genügen, wenn der Hinweis in der Verhandlungssprache erfolgt. Ein Hinweis in deutscher Sprache soll zumindest dann nicht ausreichen, wenn der AGB-Verwender erkennen musste, dass der Ausländer die deutsche Sprache nicht oder nicht hinreichend beherrschte.[155]

Die Möglichkeit zur Kenntnisnahme gemäß § 305 Abs. 2 Nr. 2 BGB setzt nach deutschem Recht grundsätzlich nicht voraus, dass die andere Vertragspartei die Sprache versteht, in der die Geschäftsbedingungen abgefasst sind.[156] Maßgeblich ist vielmehr, welche Sprache als Verhandlungs- und Vertragssprache diente, da für die Möglichkeit der Kenntnisnahme eine Abfassung der Geschäftsbedingungen in der Verhandlungssprache genügt.[157]

Beispiel:[158] Die „Abstandszahlung“ gegenüber einem ausländischen Käufer konnte als Allgemeine Geschäftsbedingung in deutscher Sprache vereinbart werden, da Deutsch als Verhandlungs- und Vertragssprache diente. In diesem Fall ist es dem ausländischen Vertragspartner zuzumuten, sich vor Abschluss des Vertrages eine erforderliche Übersetzung selbst zu beschaffen. In solchen Fällen muss der Verwender der AGB keine Übersetzung zur Verfügung stellen.

Liegen Allgemeine Geschäftsbedingungen nicht in der Verhandlungs- oder Vertragssprache vor, kann die Möglichkeit der Kenntnisnahme durch eine Übersetzung, die Erläuterung durch einen Dolmetscher oder eine andere Person erfolgen.[159]

---

155 Reithmann/*Martiny*, Internationales Vertragsrecht, Rn. 276.

156 BGH, NJW 1995, 190 (zu § 2 Abs. 1 AGBG).

157 BGHZ 87, 112 = NJW 1983, 1489; Reithmann/*Martiny*, Internationales Vertragsrecht, Rn. 276.

158 BGHZ 87, 112 = NJW 1983, 1489.

159 Reithmann/*Martiny*, Internationales Vertragsrecht, Rn. 276.

C Strategien und Taktiken der Verhandlungsführung

Auch bei internationalen Transaktionen ist eine erfolgreiche Verhandlungsführung davon abhängig, dass Verhandlungsziele von Vorne herein definiert werden und Strukturen entwickelt werden, mit denen diese Ziele erreicht werden können. Dabei sind die soften Faktoren von herausragender Bedeutung, die Kenntnis der Gepflogenheiten und der kulturellen Unterschiede sowie Einfühlungsvermögen können sich als kritische Erfolgsfaktoren herauskristallisieren.[1]

> Do some reading on the country – at least you'll know where it is. Know something about the history. Talk to someone who has done business there, an American businessman or someone from the Department of Commerce – find out who the trade specialist is in that country and talk to that person. And once you got there, don't hop off the plane and set up meetings .... Don't do the trilogy of hotels, restaurants and office buildings. Instead of staying in your hotel room answering e-mails, get up in the morning and walk around.[2]

Ziel der nachfolgenden Darstellung ist keine wissenschaftliche Aufarbeitung dieses Themas, vielmehr soll anhand einer klaren Struktur Hilfestellung für die Verhandlungsführung gegeben und dies an Beispielen veranschaulicht werden. Im Folgenden wird vereinfacht bei der Verhandlungsgegnerin/dem Verhandlungsgegner von dem Gegenüber gesprochen.

I. Tipps zur erfolgreichen Verhandlungsführung

1. Ausgangspunkt

Verhandlungen lassen sich in der Regel sehr erfolgreich gestalten, wenn einige wenige Grundsätze konsequent befolgt werden. Das gilt in gleicher Weise für die Verhandlung von internationalen Verträgen. Die Schwierigkeit besteht darin, diese Grundsätze in aller Konsequenz umzusetzen. Das erfordert einen starken Willen, Ausdauer und ein gutes Team.

---

[1] Vgl. *Kempe*, Das Geheimnis interkultureller Verhandlungen.

[2] Aus: *Dooley*, National Law Journal 1999, B1, B4.

C. Grau, K. Markwardt, *Internationale Verträge*,
DOI 10.1007/978-3-642-05350-4_3,

Jede Verhandlung lässt sich unter fünf Überschriften betrachten. Zunächst bedarf es einer gründlichen Vorbereitung, die je nach Komplexität des Verhandlungsgegenstandes mehr oder weniger Zeit in Anspruch nehmen wird.[3] Je besser das Team aufgestellt ist und je optimaler die Teammitglieder zusammenarbeiten, desto größer ist die Erfolgswahrscheinlichkeit.[4] Niemals sollte man in der Verhandlung die Führerschaft an den Gegenüber abgeben. Das beginnt bei Kleinigkeiten und hat Verhandlungserfolge des Gegenübers zur Folge.[5] Während der Verhandlungen gibt es Phasen, in denen man zurückhaltend agieren sollte (**sog. affektive Phasen**) und solche, in denen Ergebnisse erzielt werden können (**sog. kognitive Phasen**). Je nachdem, in welcher Phase man sich befindet, gibt es ganz klare Regeln, die es unbedingt einzuhalten gilt. Die Kunst des erfolgreichen Verhandelns besteht darin, zielorientiert im Rahmen der zeitlichen Vorgaben zu einem Ergebnis zu kommen, ohne dabei die Ziele offen zu legen.[6]

2. *Vorbereitungsphase*

a) Ausgangspunkt

Eine erfolgreiche Verhandlung setzt eine intensive Vorbereitung voraus. Dazu gehört neben der Aufstellung eines schlagkräftigen Verhandlungsteams eine gründliche Bestandsaufnahme der vorhandenen Informationen, ggf. die Einholung unabhängiger Expertenmeinungen. Ganz wesentlich ist es, Forderungen zu formulieren und diese mit guten Gründen vortragen zu können. Gerade im internationalen Rahmen ist es wichtig, über zentrale Themen und Begrifflichkeiten ein einheitliches Verständnis zu haben, damit die Parteien nicht aneinander vorbei verhandeln und Missverständnisse vermieden werden. Last but not least sollten Erkundigungen über den Gegenüber eingeholt werden, wie z. B. um welchen Typen handelt es sich dabei, wo könnten dessen Stärken, wo dessen Schwächen liegen. Diese Vorbereitung sollte in Ruhe und – ganz wichtig – ohne den Einfluss von irgendwelchen Stressfaktoren erfolgen.

b) Interessenlage analysieren, Abhängigkeiten ermitteln

Anhand einer umfassenden Bestandsaufnahme sollten die Interessen der verhandelnden Parteien analysiert werden. Es sollte im Detail verstanden werden, welches Interesse der Gegenüber an dem Abschluss des Vertrages hat. In diesem Zusammenhang ist zu fragen, ob der Gegenüber eine Alternative hat. Weiter gibt es Konstella-

[3] Im Detail dazu unter C I. 2.

[4] Im Detail dazu unter C I. 3.

[5] Im Detail dazu unter C I. 4.

[6] Im Detail dazu unter C I. 5.

tionen, in denen der Gegenüber unter einem hohen Druck steht, die Verhandlungen zu einem Erfolg zu führen, etwa um mit einer positiven Meldung in die Öffentlichkeit gehen zu können, die wiederum positive Effekte auf den Unternehmenswert und dieser erneut positive Auswirkungen auf das Rating des Unternehmens hat.

Dazu folgende Beispiele: Es gibt immer wieder Situationen, in denen Unternehmen bereits kommuniziert haben, dass sie in bestimmten Bereichen bis zu einem bestimmten Zeitpunkt expandieren möchten. Oder in anderen Fällen wird bereits ein neuer Name kommuniziert, unter welchem ein neues Produkt weltweit vertrieben werden soll. Erst danach stellt sich heraus, dass die Markenrechte nicht gesichert sind. Der Inhaber der Markenrechte ist natürlich in einer besonders guten Verhandlungsposition, die es auszunutzen gilt.

Ein besonders großes Interesse an einem Vertragsschluss ist dann anzunehmen, wenn es Abhängigkeiten gibt. Abhängigkeiten bestehen häufig im Zusammenhang mit Marktsituationen. In einem Verkäufermarkt ist vereinfacht der Produzent und Anbieter des knappen Gutes, in einem Käufermarkt der Vertrieb mit dem Zugang zu den Kunden in einer starken Position, in einem Monopol der Monopolist, weiterhin jemand mit einem ausgeprägten Know-how für Fragestellungen, für die andere eine Lösung suchen. Selten gibt es jedoch eine Abhängigkeit nur in eine Richtung, häufig bestehen Abhängigkeiten in beide Richtungen, beide Parteien sind in bestimmter Hinsicht von dem Gegenüber abhängig. Wichtig ist es in jedem Fall zu erkennen, ob der Gegenüber ebenfalls abhängig ist. In einer guten Verhandlungsposition befindet sich, wer selbst unabhängig ist, während der Gegenüber abhängig, also alternativlos ist. Wichtig ist, sich vor Verhandlungsbeginn darüber bewusst zu sein, ob eine Abhängigkeit besteht. Was sich einfach anhört, erfordert ungemein viel Kreativität und Vorstellungsvermögen. Bestandteil des Harvard-Konzeptes ist das BATNA, das Konzept des „Best Alternative To a Negotiated Agreement".[7] Danach ist zu ermitteln, in welcher Situation sich das Unternehmen befindet, wenn es zu keinem Vertragsschluss gelangt. Der Vorteil dieser Methodik ist, sich intensiv mit dieser Alternative auseinander zu setzen und auf diese Weise eine gewisse Distanz zu der Verhandlung zu gewinnen und mit einer gefühlten Unabhängigkeit in die Verhandlung zu starten. Gibt es jedoch tatsächlich nur eine katastrophale Alternative, lohnt es, sich auch dieses bewusst zu machen. Damit können Kräfte freigesetzt und der Kreativität ein Schub gegeben werden, weil es um das Ganze geht.

Die Macht in der Verhandlung hat schon halb verloren, wer meint, ein Win-Win-Verhandlungsergebnis erzielen zu müssen; viel wichtiger ist es zu wissen, wie sich Interessenkollisionen überwinden lassen, ohne Zugeständnisse machen zu müssen.

---

[7] *Fisher/Ury/Patton*, Das Harvard-Konzept, S. 141 ff.

c) Ziele setzen, Forderungen formulieren

Die Entscheidungsträgerin bzw. der Entscheidungsträger[8] (dazu mehr unter 3.) muss für die Verhandlungen strategische Ziele definieren, d. h. er muss das Maximalziel definieren, was es in den Verhandlungen zu erzielen gilt. Dieses Maximalziel muss klar kommuniziert werden. Der Entscheidungsträger muss außerdem das Minimalziel definieren, d. h. das Ziel, bei dessen Unterschreiten die Verhandlungen abgebrochen werden müssen. Dieses Ziel darf niemals kommuniziert werden, denn anderenfalls werden sich – das bestätigen Erfahrungen – die Verhandlungsergebnisse in aller Regel auf dieser kommunizierten Ziellinie einstellen.[9] Deshalb muss das kommunizierte Minimalziel gegenüber dem tatsächlichen Minimalziel einen komfortablen Spielraum lassen. Viele mögen dieses Vorgehen nicht aufrichtig finden, weil der Entscheidungsträger hier seinem Verhandlungsteam einen Spielraum nicht offen legt. Dieses Vorgehen dient im Ergebnis aber auch dem Selbstschutz des Verhandlungsteams und führt regelmäßig zu besseren Verhandlungsergebnissen.

In der Definition von Zielen liegt eine wesentliche Verantwortung. Die Ziele müssen im Einklang stehen mit dem für das Unternehmen geltenden Zielsystem. Wer die Ziele definiert, muss die Unternehmensplanung kennen, er muss mit der Kalkulation vertraut sein und er muss die Bedingungen des Marktes kennen, um nicht an der Realität vorbei zu handeln. Das Verhandlungsteam muss dem Entscheidungsträger vertrauen können, dass die gesetzten Ziele verantwortungsvoll ausgewählt und erreichbar sind.

d) Exkurs: Langfristige Vertragsbeziehungen

Bei langfristigen Vertragsbeziehungen gibt es eine Reihe von Punkten, die im Zusammenhang mit der Formulierung von Zielen besondere Aufmerksamkeit verdienen. Mit Blick auf die Vereinbarung von Preisen ist insbesondere darauf zu achten, in welcher Form Preise künftig angepasst werden können (*Preisanpassungsklauseln*). Im Zusammenhang mit Zinsen wird regelmäßig die Berechnung des Vertragszinses an einen Leitzins (Libor oder Euribor[10]) angelehnt. Die Höhe der zu zahlenden Miete wird häufig einem Inflationsausgleich unterzogen. Weiterhin sind bei Dauerschuldverhältnissen mögliche Exitszenarien zu betrachten. Gerade bei der Verhandlung eines Vertrages zur Begründung einer neuen Geschäftsbeziehung mag es grotesk sein, sich über Exitszenarien Gedanken zu machen. Dies ist aber wesentliche Grundlage für eine erfolgreiche Geschäftsbeziehung. Stellt sich beispielsweise heraus, dass die Leistungsbeziehungen nicht optimal sind, z. B. stimmt die Qualität nicht oder ist das Preis-/Leistungsverhältnis nicht mehr marktfähig, dann ist es wichtig, dass der Vertrag Exitszenarien vorsieht, bei denen ein Exit nicht ein

[8] Die Leserinnen mögen bitte nachsehen, dass aus Gründen der Lesbarkeit nur noch von dem Entscheidungsträger in der männlichen Form gesprochen wird.

[9] So auch *Schranner*, Teure Fehler, S. 74 ff.

[10] Aktueller Stand abrufbar unter <http://de.euribor-rates.eu/aktuelle-euribor-werte.asp>.

wirtschaftliches Desaster zur Folge hat. Wichtig kann es ferner sein, sich durch eine Kündigungsmöglichkeit weitere Optionen offen zu halten. Ein Kreditgeber hat ein großes Interesse daran, den Kredit bei schwindender Kreditwürdigkeit des Gegenübers zu kündigen, ohne zu einem Schadensersatz verpflichtet zu sein, selbst wenn die Kündigung den wirtschaftlichen Ruin des Gegenübers zu Folge hat. Liegt einem sehr viel an dem Gesellschafterkreis des Gegenübers, wird man im Hinblick auf die Veränderung des Gesellschafterkreises sog. Change-of-Control Klauseln vereinbaren, die ebenfalls bei derartigen Veränderungen zu einer fristlosen Kündigung berechtigen. Insbesondere bei Vertriebsverträgen stellt sich die Frage, wem die Kundenbeziehungen zuzuordnen sind. Derjenige, bei dem die Kundenbeziehungen verbleiben, wird dem Gegenüber einen entsprechenden Ausgleich bezahlen müssen.

3. Das Verhandlungsteam

a) Die Zusammenstellung des Teams

Die Zusammenstellung des Verhandlungsteams ist von herausragender Bedeutung. Je besser das Team harmoniert, desto höher ist die Wahrscheinlichkeit einer erfolgreichen Verhandlungsführung. Unter normalen Umständen ist es bei internationalen Transaktionen ausgeschlossen, dass das Verhandlungsteam bei Unternehmen aus einer Person besteht. Dabei gibt es Personen, die an den Verhandlungen direkt teilnehmen und andere, die im Hintergrund eine Rolle übernehmen. Das Verhandlungsteam vor Ort besteht aus einem Verhandlungsführer und – aus Gründen der Beweisbarkeit – mindestens einem weiteren Teammitglied, bei dem es sich um einen Experten handeln kann (dazu unter b). Ebenso wichtig, wenn er auch in den Verhandlungen selbst nie präsent sein sollte, ist der Entscheidungsträger (dazu unter c). Je nach Größe des Unternehmens gibt es zwischen dem Entscheidungsträger und dem Verhandlungsführer eine Führungskraft, die für den Verhandlungsführer Vorgaben macht, Orientierung gibt und zugleich Sparringspartner ist.

Wie groß jeweils ein Verhandlungsteam sein sollte, hängt von der Unternehmensgröße und der Komplexität der Transaktion ab. Erfahrungsgemäß ist das Team umso schlagkräftiger je kleiner das Team ist, je größer es ist, desto größer ist auch der Organisationsaufwand, der im Ergebnis sicher stellt, dass auch große Teams effizient und zielsicher verhandeln.

b) Der Verhandlungsführer

Am Verhandlungstisch hat der Verhandlungsführer das Sagen. Dabei sollte es sich um eine Person handeln, die intuitiv wahrnimmt, uneitel und unaufgeregt führen und ergebnisoffen reden kann, den Blick für das Wesentliche hat und vor allen Dingen unter Druck belastbar ist. Je nach Komplexität der Verhandlung benötigt der Verhandlungsführer Teammitglieder, die ihn z. B. bezogen auf die Details unterstützen können. Es gibt die unterschiedlichsten Wege der Typisierung von Verhandlungsführern. Dies soll nicht Gegenstand der Darstellung sein. Bei den Typisierungen handelt es sich um Extrembeispiele, sicherlich lassen sich bestimmte Wesenszüge von Personen der Wirklichkeit dem einen oder anderen Typus zuordnen. Entscheidend ist zweierlei: die Verhandlungsführer sollten sich ihrer Stärken und Schwächen bewusst sein, z. B. neigt jemand dazu, emotional zu werden, aus dem Bauch heraus zu entscheiden, tendiert ein anderer stärker dazu, alle Zahlen, Daten und Fakten parat haben zu müssen; der Entscheidungsträger (dazu später mehr) sollte die Wesenszüge „seines" Verhandlungsführers kennen und ihn je nach Verhandlungssituation einsetzen.

c) Der Entscheidungsträger

aa) Ausgangspunkt

Neben dem am Verhandlungstisch präsenten Team gibt es im Hintergrund Teammitglieder, die ebenfalls wichtig sind. An erster Stelle zu nennen ist der Entscheidungsträger, der – soweit sich dies vermeiden lässt – nicht am Verhandlungstisch sitzen sollte. Der Entscheidungsträger hat die Entscheidungsbefugnis, er kann und er wird entscheiden. Dabei kann es sich bei dem Entscheidungsträger auch um ein Gremium handeln, z. B. die Geschäftsleitung oder sogar – allerdings ist dies eher die Ausnahme, weil er in aller Regel ausschließlich beratende Funktionen wahrnimmt – der Aufsichtsrat eines Unternehmens.

bb) Ziele vorgeben

Der Entscheidungsträger muss für die Verhandlungen strategische Ziele definieren, d. h. er muss das Maximalziel und das Minimalziel definieren.[11]

cc) Taktische Vorgaben

Neben der Vorgabe von strategischen Zielen stellt der Entscheidungsträger das Verhandlungsteam zusammen, gibt eine Zeitplanung vor, bestimmt den „Point of no Return" und legt die Spielregeln fest. Auch für die Zeitplanung gilt das zu dem Minimalziel Gesagte. Verhandlungen mit komplexen Gegenständen lassen sich in aller Regel nicht innerhalb des geplanten Zeithorizontes zu einem Abschluss führen. Deshalb müssen auch hier Spielräume eingeplant werden. Demgegenüber muss das Verhandlungsteam über den „Point of no Return" informiert sein. Deshalb sollten intern Mechanismen vorgesehen sein, die das Überschreiten dieses Punktes nur nach vorheriger Einschaltung des Entscheidungsträgers ermöglichen. Nach Über-

[11] Im Detail dazu unter C I. 2. c).

schreiten dieses Punktes ändert sich selbstverständlich auch die Verhandlungsposition, sie wird in aller Regel beträchtlich geschwächt.

dd) Keine Teilnahme an den Verhandlungen

Neben dem am Verhandlungstisch präsenten Team gibt es ein Team im Hintergrund. Vielfach erlebt man die Situation, dass der Entscheidungsträger in die Verhandlungen eingreift. Dies bedeutet einen beträchtlichen Gesichtsverlust für die Verhandlungsführung. Es ist niemals ausgeschlossen, dass der Entscheidungsträger sich mit dem Gegenüber trifft, Small Talk führt, das Unternehmen repräsentiert, etc. Dies wird häufig in anderen Kulturen ausdrücklich erwartet. Niemals aber sollte der Entscheidungsträger die Verhandlungsführung übernehmen. Damit würde er den eigentlichen Verhandlungsführer entblößen, der Entscheidungsträger würde die zur Wahrnehmung seiner vorgenannten Funktionen notwendige Distanz zur Verhandlung verlieren. Eskalationsstufen sind nicht mehr plausibel zu erklären, spontan getroffene Entscheidungen innerhalb eines größeren Spielraums führen tendenziell zu schlechten Verhandlungsergebnissen.

4. Verhandlungen führen

a) Verhandlungsführung übernehmen

In Verhandlungen kommt es auf Taktik an. Ohne dass der Gegenüber dies merkt, sollte dessen Bewegungsspielraum eingeschränkt werden. Die Verhandlungen sollten konsequent und zielorientiert geführt werden, die Verhandlungsführung sollte zu keinem Zeitpunkt abgegeben werden. Das heißt von Anfang der Verhandlungen an, dass man keine Zugeständnisse machen sollte, sondern gegen jeden Angriff Widerstand leisten sollte. Das kann bei Kleinigkeiten beginnen. Wer früh den Konsens sucht, wird es später schwer haben, auf Konfrontationskurs zu gehen.[12]

In jeder Verhandlung gibt es Möglichkeiten zu zeigen, dass man die Verhandlungen führen möchte, ohne dass man damit dem Gegenüber vor den Kopf stößt. Es gibt bestimmte Vorschläge, die stets auf eine positive Resonanz stoßen, weil sie konstruktiv sind, den Verhandlungsprozess nach vorne bringen, und womit bewiesen werden kann, dass man sich für die gemeinsame Sache einsetzt. Mit diesen Vorschlägen, die natürlich einer Vorbereitung bedürfen, gelingt es jedoch, in die Rolle des Verhandlungsführers zu kommen. Z. B. schlägt man eine Agenda für den Verhandlungstermin vor und fragt nach, ob dies für den Gegenüber so akzeptabel ist. In aller Regel ist der Gegenüber dankbar für einen derartigen Vorstoß und hält nicht dagegen. Natürlich sollte die Agenda oder sonstige Spielregeln (nach den Verhandlungen wird eine kurze Zusammenfassung des Status erstellt) nicht provozieren,

[12] *Macioszek*, Chruschtschows dritter Schuh S. 23.

sondern möglichst unstrittig sein und keinesfalls den Eindruck entstehen lassen, man wolle den Gegenüber damit überrumpeln. Umgekehrt – sollte der Gegenüber einmal mit einem Vorschlag für eine Agenda zuvor gekommen sein – sollte man die Agenda gründlich überarbeiten und klar machen, dass man die Verhandlungsführung selbst übernehmen möchte.

b) Gewissheit gewinnen

In Verhandlungen ist es nicht entscheidend, wo die Wahrheit ist, sondern mit welcher Gewissheit der Verhandlungspartner seinen Standpunkt vertritt.[13] Wahrheit über ein angemessenes Preis-/Leistungsverhältnis gibt es ohnehin nicht, vielmehr eine Gewissheit, welcher Preis maximal erzielt werden kann.

Dazu folgendes Beispiel:[14] Ein Unternehmen möchte seine Tochtergesellschaft an ein anderes Unternehmen verkaufen. Der Verkäufer möchte den maximalen Preis erzielen, der Käufer nur den minimalen Preis zahlen. Argumente allein werden den Käufer nicht davon überzeugen, dass er für das Unternehmen besser 60 als 50 Mio. € zahlen sollte. Die besten Berechnungen, Gutachten und Expertisen werden ihn nicht davon überzeugen, dass 60 Mio. ein guter Preis ist. Viel effizienter ist ein Bieterwettstreit und damit verbunden die Angst, dass der Käufer sein Ziel, das Unternehmen zu erwerben, unter Umständen nicht erreichen kann, weil ein anderer ihm zuvorkommt.

Deshalb ist es in Verhandlungen wichtig, in der Lage zu sein, die Gewissheit des Gegenübers, er könne sich mit seiner Forderung durchsetzen, in Frage zu stellen. Nur in diesen Konstellationen hat man in den Verhandlungen eine Chance, ansonsten läuft man in eine Sackgasse. Weiterhin geht es gerade bei Preisverhandlungen im Ergebnis um die Frage, wie weit der Gegenüber zu gehen bereit ist. Ab welchem Preisniveau ist der Gegenüber bereit, die Verhandlungen scheitern zu lassen, in diesem Zusammenhang sind die vorerwähnten Abhängigkeiten wichtig. Deshalb geht es in Verhandlungen nicht darum, mit guten Argumenten den Gegenüber zu überzeugen,[15] sondern dem Gegenüber durch Aktionen vor Augen zu führen, dass es sinnlos ist, seinen Standpunkt aufrecht zu erhalten. Belohnungen, Bestrafungen, Angst und Freude sind effiziente Wege, um ein Verhandlungsziel zügig zu erreichen.

[13] Hierzu sehr eingehend *Schranner*, Teure Fehler, S. 17 ff.

[14] *Macioszek*, Chruschtschows dritter Schuh, S. 10.

[15] *Macioszek*, Chruschtschows dritter Schuh, S. 9 ff.

c) Dem Gegenüber zuhören

Zur Analyse des Verhandlungspartners gehört es auch, dem Verhandlungspartner zuzuhören, die Ausführungen mitzuschreiben, Zitate aufzunehmen. Je mehr man von dem Gegenüber aufnimmt, desto mehr Aspekte werden sich finden lassen, die man für seinen eigenen Standpunkt anführen kann. Bei der Bezugnahme auf von dem Gegenüber genannten Aspekten ist natürlich Vorsicht geboten. Man sollte darauf achten, dass sich der Aspekt nicht doch als belastend heraus stellen kann. Häufig erscheinen Aspekte je nach Standpunkt als Argument für die eigene Seite, sind es dann aber doch nicht. Die genaue Analyse von diesen Aspekten sollte ernst genommen werden und auch mit Dritten – weitestgehend unbeteiligten Personen – reflektiert werden. Mit den positiven Aspekten, d. h. den Aspekten, die man für seinen Standpunkt nutzen kann, gewinnt man Verhandlungen; die negativen Aspekte müssen bekannt sein, sie sollten aber nicht zum Gegenstand der Verhandlungen gemacht werden. Wenn es einem auf diese Weise gelingt, in der Argumentation des Gegenübers Widersprüche zu analysieren und dies dem Gegenüber sachlich zu vermitteln, hat man unter Umständen einen wichtigen Punkt gewonnen. Widersprüche sollten zunächst nur notiert werden, unter Umständen sollte man vorsichtig nachfragen, ob man den Gegenüber richtig verstanden hat.

d) Von der Kunst Fragen zu stellen

Ein gutes Mittel in Verhandlungen ist es, Fragen zu stellen. Mit Fragen gibt man von sich so gut wie nichts preis. Das Einzige, was man preis gibt ist, dass man zugesteht, eine Frage zu haben. Das Schlimmste, was passieren kann, ist, dass einem vorgehalten wird, man habe keine Ahnung und sei deshalb als Gesprächspartner nicht qualifiziert. Das ist aber bei einer guten Vorbereitung die Ausnahme. Selbst Fragen, bei denen man Zweifel hat, ob dies dem Niveau der Verhandlungspartner gerecht wird, geben einem Verhandlungsprozess positive Impulse. Wichtig ist dabei, dass die Fragen in einer vorbereiteten Struktur gestellt werden, nicht wahllos, sondern mit einer bestimmten Zielvorstellung. Bei genauerem Zuhören müsste der Verhandlungspartner wohl den Braten riechen und vorsichtig bei seinen Antworten agieren. Häufig fühlen sich Verhandlungspartner geschmeichelt und merken gar nicht, dass sie bei der Beantwortung der Fragen viele Aspekte benennen, die ihre Verhandlungsposition am Ende schwächen. Wenn man sich selbst Fragen ausgesetzt sieht, ist es wichtig, unverfänglich zu antworten und die Antwort mit einer Gegenfrage beenden zu können, um wieder die Gesprächsführung übernehmen zu können. Peinlicher als Fragen zu stellen ist es, wenn man meint, die Antwort zu haben, dann aber die Antwort mit guten Gründen in Frage gestellt wird, und sich am Ende zeigt, dass derjenige, der die Fragen gestellt hat, sich bereits viel intensiver mit dem Thema auseinander gesetzt hat.

Auf gar keinen Fall sollten Fragen gestellt werden, deren Beantwortung eine Steilvorlage für den Gegenüber darstellt. Ferner sollten keine „plumpen" Fragen gestellt werden: „Was sollen wir tun, damit Sie zustimmen können?" Die Frage fordert den Gegenüber dazu heraus, Forderungen zu stellen, von denen er nur sehr schwer wieder zurück zu holen ist. Außerdem erlaubt diese Frage dem Gegenüber, in einer Art und Weise zu antworten, die für seine Verhandlungsführung mehrere Siegpunkte ausmachen kann.

Wichtig ist es ferner, dass nur eine Frage zur Zeit gestellt wird. Wenn man gleich mehrere Fragen stellt, unter Umständen verbunden mit Annahmen, wie die erste Frage wohl beantwortet werde, gibt man dem Gegenüber eine Steilvorlage. Einerseits kann der Gegenüber sich eine Frage aussuchen, auf die er antworten möchte, andererseits kann er Annahmen hinterfragen, womit es für ihn leicht ist, mit Gegenfragen die zuvor gestellten Fragen als zweifelhaft darzustellen.

Zu einer guten Verhandlungsführung gehört es deshalb auch, einmal still zu sein und den Gegenüber antworten zu lassen, ihn „kommen zu lassen", ihn zu grillen und damit ihn vorzuführen. Es geht schon gar nicht in den Verhandlungen, sich dem Gegenüber als überlegen darzustellen. In Situationen, wo der Gegenüber nach Worten sucht, sollte man ihn nicht unterstützen, indem man das Schweigen bricht.

5. Dos und Don'ts

a) Deeskalieren

Zu einer guten Taktik gehört es, dass man Sackgassen vermeidet. Wenn der Gegenüber mit Sanktionen droht, mit denen die Verhandlungen zu beenden sind, ist es wichtig, dies zu beschwichtigen, damit der Gegenüber am Ende nicht keine Alternative dazu sieht als seine Drohung wahr zu machen, um einen Gesichtsverlust zu vermeiden.

Dazu folgendes Beispiel:[16] Der Einkaufsleiter droht dem Lieferanten mit einer Beendigung der Geschäftsbeziehung, wenn er nicht den Preis reduziert. Hier gilt es, Worte wie „Beendigung der Geschäftsbeziehung" oder „Preisreduzierung" nicht zu wiederholen, sondern neutraler z. B. wie folgt zu formulieren: „Vielen Dank für das offene Ansprechen der kritischen Punkte. Wenn ich Sie richtig verstehe, denken Sie über eine Änderung in unserer Geschäftsbeziehung nach, sollten wir hier zu keiner Einigung kommen."

Mit dieser Formulierung lässt sich verhindern, dass sich der Gegenüber festlegt. Weiterhin sollte der Gegenüber in keiner Situation der Verhandlung zu einer Entscheidung gezwungen werden.

---

[16] *Schranner*, Teure Fehler, S. 152.

b) Konziliantes Ablehnen von Forderungen

Forderungen elegant zurückzuweisen, ist eine Tugend, die häufig besonders von englischen Verhandlungspartnern beherrscht wird. Dies liegt schon an den Möglichkeiten der englischen Sprache, lässt sich aber in jede andere Sprache übertragen. Das Muster sieht kurz wie folgt aus: Zunächst nimmt man die Forderung des Gegenübers auf, ohne den Gegenüber hier festzulegen, sondern allgemeiner oder lediglich durch Formulierungen wie „interessant", „das ist ein sehr guter Punkt". Im zweiten Schritt wird die Gemeinsamkeit zwischen den beteiligten Verhandlungsparteien hervorgehoben, indem zu dem kleinsten gemeinsamen Nenner Zustimmung signalisiert wird, um schließlich mit einer Frage die Forderung des Gegenübers kritisch zu hinterfragen. Worte wie „aber", „jedoch", „allerdings" sind dabei strengstens verboten, weil damit die Gegenrede offenbar werden würde, was den Gegenüber wiederum herausfordern würde, seine Forderung zu verteidigen.

c) Anderen den „schwarzen Peter" zuschieben

Ein weiteres wichtiges Mittel in Verhandlungen ist es, dem Gegenüber den schwarzen Peter zuzuschieben. Auf diese Weise lässt sich erreichen, dass der Gegenüber eine Verteidigungshaltung einnimmt, die Verhandlungsführung verbleibt bei dem Angreifer. Ferner gerät der Gegenüber in solchen Situation häufig in Stress, was wiederum taktische Fehler, Zugeständnisse, provoziert. Auf der anderen Seite ist in jeder Hinsicht zu vermeiden, dass man selbst in eine derartige Situation gerät.

d) Verhandlungen abbrechen

Gerade bei Situationen, in denen die Verhandlungen festgefahren sind, ist es notwendig, die Verhandlungen abzubrechen.[17] Für den richtigen Abbruch müssen ein paar Grundprinzipien beachtet werden. Man sollte die erarbeiteten Gemeinsamkeiten hervorheben und sich für die konstruktive Verhandlung bedanken. Schließlich sollte formuliert werden, dass aus Sicht des Verhandlungsführers zum aktuellen Zeitpunkt unter den bislang bekannten Umständen eine Einigung schwer vorstellbar ist. Damit sind die Verhandlungen nicht per se abgebrochen, sondern es gibt gleich drei Anhaltspunkte dafür, dass die Verhandlungen wieder aufgenommen werden können: erstens kann der Entscheidungsträger die Situation anders betrachten; zweitens können neue Umstände, die damals noch nicht bekannt waren, hinzutreten und drittens können neue Forderungen hinzutreten, die, würde der Gegenüber sie akzeptieren, doch eine Einigung als akzeptabel erscheinen lassen.

---

[17] *Schranner*, Teure Fehler, S. 191 ff.

e) Gespür für affektive und kognitive Phasen entwickeln

Beispiel:[18] Zwei Unternehmen haben jahrelang sehr gute Geschäftsbeziehungen gepflegt und damit jedes für sich ordentliche Gewinne erwirtschaftet. Die Zeiten ändern sich und mit ihnen enden die erfolgreichen Jahre, das Geld wird knapp und im Rahmen von Verhandlungen müssen neue Konzepte in der Krise entwickelt werden. Mitten während der Verhandlungen lässt das eine Unternehmen durch seinen Anwalt dem anderen Unternehmen mitteilen, es habe das Unternehmen um 10 Mio. € betrogen und fordere nun den Betrag zurück. Die Anschuldigung ist gänzlich aus der Luft gegriffen und noch gestern hatte man sich versichert, gute Freunde zu sein.

Das angegriffene Unternehmen reagiert vor lauter Zorn, Empörung und Gekränktheit damit, sich postwendend mit einer Presseverlautbarung bei dem anderen Unternehmen zu rächen.

Demgegenüber wäre das Unternehmen sicherlich besser beraten, zunächst nichts, aber auch gar nichts zu unternehmen und den Gefühlen nur intern, keinesfalls aber vor dem anderen Unternehmen oder gar der Presse freien Lauf zu lassen. Wut und Verletztheit sind schlechte Ratgeber in einer Situation, in der man sich zur Wehr setzen muss. Es ist kaum möglich, in solchen Situationen nicht Fehlern zu erliegen.

Im Allgemeinen lassen sich sogenannte affektive und kognitive Phasen während den Verhandlungen unterscheiden.[19] Es ist wichtig, ein Gespür dafür zu entwickeln, in welcher Phase sich die Verhandlung aktuell befindet. In der affektiven Phase ist die Aufregung aller Beteiligten besonders groß, Adrenalin strömt auf einem hohen Level durch die Blutbahnen. Dies kann z. B. der Fall sein, weil man sich zum ersten Mal begegnet, weil die Verhandlung aufgrund der äußeren Umstände zu einem zügigen Abschluss kommen muss, weil sich die Partner an die Substanz gehenden Anschuldigungen ausgesetzt sehen, wie zum Beispiel einer üblen Pressekampagne oder es stehen strafrechtlich relevante Vorwürfe im Raum, etc. Das oberste Gebot für eine solche Phase heißt: **Ruhe bewahren**.[20] Ruhe bedeutet in diesem Zusammenhang: Keinen Aktionismus, insbesondere keine Weichen stellen, keine Entscheidungen treffen, sich keineswegs festlegen, weder „Ja“ noch „Nein“ noch „Aber“ sagen, sondern: dem Gegenüber zuhören, mitschreiben, insbesondere Forderungen in Frage stellen und deutlich machen, dass der Gegenüber nicht davon ausgehen kann, dass die Forderungen akzeptabel sind.

Gerade in asiatischen und arabischen Kulturen, zuweilen auch bei französischen Verhandlungspartnern, erlebt man für derartige affektive Phasen einen ausgepräg-

[18] Abgewandelt bei: *Macioszek*, Chruschtschows dritter Schuh, S. 69 ff.

[19] *Schranner*, Teure Fehler, S. 100 ff.

[20] *Schranner*, Teure Fehler, S. 103.

ten Sinn für Small Talk. Man unterhält sich über das Wetter, über sportliche Ereignisse und sonstige Themen, die für keinen der Beteiligten verfänglich sein können.

Demgegenüber bietet die kognitive Phase Chancen, Punkte zu machen. Dazu gehört es nicht, die eigene Zielsetzung und die eigene Interessenlage offen zu legen. Vielmehr sollten in dieser Phase Gemeinsamkeiten herausgearbeitet werden. Weiterhin ist es wichtig, Argumente des Gegenübers aufzunehmen und zu verstärken, wenn sie den eigenen Zielen nutzen. Bei Drohszenarien des Gegenübers besteht die Kunst des Verhandelns darin, diese Drohszenarien aufzunehmen und zu verharmlosen.[21]

II. Kulturunterschiede

1. Einführung

Bei internationalen Transaktionen müssen die Kulturunterschiede berücksichtigt werden.

> *Without a firm understanding of the cross-cultural differences in negotiating styles, the likelihood of successful completion of the negotiations is greatly diminished.*[22]

Kulturunterschiede bedingen Verhandlungsprozesse. Unterschiede bis hin zu Gegensätze in Wertvorstellungen, Sichtweisen und unterschiedliche Verhandlungstraditionen und -stile müssen erkannt, Möglichkeiten zum Umgang mit diesen Unterschieden müssen entwickelt werden.[23]

Die Kulturunterschiede sollen hier nicht wissenschaftlich aufgearbeitet werden. Es gibt hierfür kein Patentrezept. Wichtig ist es, sich der Bedeutung von Kulturunterschieden bewusst zu sein und mit diesem Bewusstsein die Verhandlungen vorzubereiten und zu führen. Nachfolgend sollen die Kulturunterschiede lediglich anekdotenhaft veranschaulicht werden. Die Anekdoten lassen sich nicht verallgemeinern und die Verhaltensmuster lassen sich nicht schablonenhaft auf den Verhandlungspartner aus der jeweiligen Kultur übertragen, sie geben einem aber eine Vorstellung von dem, was einen erwarten kann.

Nachfolgend sollen Länder in Kulturgruppen zusammengefasst werden. Eine Kulturgruppe ist dabei definiert als eine Gruppe von Ländern, die gemeinsame kulturelle, historische, traditionelle, religiöse, usw. Wurzeln hat. Nachfolgend sollen neben der westeuropäischen Kultur die nordamerikanische Kultur, die russische Kultur und schließlich die asiatische Kultur betrachtet werden. Diese Kulturgrup-

---

[21] Siehe auch oben unter C I. 5. a).

[22] *DiMateo*, The Law of International Contracting, S. 33.

[23] *Kempe*, Das Geheimnis interkultureller Verhandlungen, S. 10 ff.

pen lassen sich anhand der Ausprägung mit Blick auf fünf Kulturdimensionen bilden, die Relevanz für das Verhandlungsgeschehen haben:[24]

Machtdistanz	beschreibt das Ausmaß, in dem die weniger mächtigen Mitglieder einer Organisation erwarten, dass Macht ungleich verteilt ist. **Beispiele für eine hohe Machtdistanz**: *streng hierarchischer Aufbau der Bevölkerung; autokratische und patriarchalische Kommunikation und Handlungsweisen; Mitarbeiter mit einem niedrigen Rang sind regelmäßig stark kontrolliert und sehr abhängig.*
Individualismus	beinhaltet das Ausmaß, in dem individuelle Werte betont werden, und den Identifikationsgrad der einzelnen Gruppenmitglieder, d. h. in welchem Maße sie sich mit ihrer Gruppe identifizieren und für deren Werte kämpfen. **Beispiele für einen hohen Individualismus:** *freie Meinungsäußerung wird geschätzt, individuelle haben Vorrang vor Gruppeninteressen.*
Maskulinität	beschreibt, wie die Rollen zwischen den Geschlechtern verteilt sind und inwieweit maskuline Werte höher bewertet werden als feminine Werte. **Beispiele für maskuline Werte**: *Aggressivität, Stärke, Durchsetzungsvermögen werden höher bewertet als Harmoniebedürfnis.*
Unsicherheitsvermeidung	beschreibt das Ausmaß, in dem Unsicherheiten und Doppeldeutigkeiten vermieden werden, der Grad, nach dem sich Mitglieder einer Gruppe durch ungewisse und unbekannte Situationen bedroht fühlen.[25] **Beispiele für eine hohe Ausprägung von Unsicherheitsvermeidung**: *hohes Maß an Bedürfnis nach Regelungen und Normierungen.*
Orientierung	ist der Wert, den eine Gesellschaft auf gültige Tugenden und die Aufrechterhaltung unveränderlicher traditioneller Werte und Wertvorstellungen legt.[26] **Beispiele für ein hohes Orientierungsbedürfnis**: *Betonung der Tradition, Gesichtswahrung.*

---

[24] Vgl. *Hofstede*, Lokales Denken, globales Handeln, Kulturen, Zusammenarbeit und Management.

[25] *Hofstede*, Lokales Denken, globales Handeln, Kulturen, Zusammenarbeit und Management, S. 156.

[26] *Hofstede*, Lokales Denken, globales Handeln, Kulturen, Zusammenarbeit und Management, S. 240.

Für jeden der nachgenannten Kulturkreise lassen sich besonders starke Ausprägungen in den Kulturdimensionen finden. Darüber hinaus lassen sich Besonderheiten bezogen auf Einstellungen, Gesichtswahrung, Kommunikation, Gestik/Mimik, Emotionen, Rituale, Konfrontation/Kompromissbereitschaft finden, die zu den vorgenannten Dimensionen korrespondieren.

2. Westeuropäischer Kulturkreis

Stellvertretend für den westeuropäischen Kulturkreis steht Deutschland. Weitere Länder sind Dänemark, Holland, Schweiz, Österreich, Tschechei, usw.; nicht dazu gehören Frankreich und Großbritannien.[27] Bei dieser Kulturgruppe korrelieren eine starke Ausprägung *individualistischer Faktoren* und eine *niedrige Unsicherheitsvermeidung*. In diesem Kulturkreis wird die Sprache als direktes Kommunikationsmittel geschätzt, die eigene Meinung wird offen und deutlich kundgetan.[28]

3. Nordamerikanischer Kulturkreis

Stellvertretend für den nordamerikanischen Kulturkreis stehen die USA, daneben Australien und Großbritannien, gekennzeichnet durch eine hohe Korrelation zwischen einer *hohen Individualität* und einer *geringen Machtdistanz*.

Zwischen dem nordamerikanischen und dem westeuropäischen Kulturkreis gibt es gewiss die meisten Parallelen, dennoch unterscheiden sich die Kulturkreise in bestimmten Aspekten. Z. B. der Umgang mit Insolvenzen wird im nordamerikanischen Kulturkreis als eine fast alltägliche Situation, als eine Chance und ein Neuanfang angesehen. Zu erinnern ist z. B. an die vergleichbare Situation der Adam Opel GmbH in Europa und die General Motors Corporation in den USA. In Deutschland hat es zu einem Aufschrei in den Medien und der Politik geführt, als von dem damaligen Bundeswirtschaftsminister zu Guttenberg eine geordnete Insolvenz als eine Option in Erwägung gezogen wurde, anders dagegen in den USA, als über das Vermögen der General Motors Corporation das Chapter 11-Verfahren beantragt wurde. Ein anderes Beispiel ist der Umgang mit Zeit, in Deutschland als Maß für Pünktlichkeit und Ordnung, für Nordamerikaner ist Zeit Geld.[29] Übertragen auf den Verhandlungsprozess streben Nordamerikaner einen zügigen Vertragsabschluss an, um sich dann wieder anderen Projekten widmen zu können. Anders wird auch das Begrüßungsritual im nordamerikanischen Kulturkreis charakterisiert, entsprechendes gilt für französische Geschäftspartner. Hier gehört jeweils „Small Talk“ zum

---

[27] *Kempe*, Das Geheimnis interkultureller Verhandlungen, S. 17.

[28] *Kempe*, Das Geheimnis interkultureller Verhandlungen, S. 20.

[29] *Cohen*, Negotiating across cultures: International communication in an interdependent world, S. 34.

guten Ton, oft einhergehend mit der Gabe von Gebäck oder Kaffee. Häufig anders als im westeuropäischen Kulturkreis wird Sprache gebraucht.

Dazu folgendes Beispiel:[30] Ein deutscher Niederlassungsleiter erhält von seiner Zentrale in New York ein Schreiben, in dem folgender Satz steht: „You may wish to consider raising your prices". Der Niederlassungsleiter kommt mit Hilfe des Wörterbuches zu dem Schluss, es stehe ihm frei, eine Preiserhöhung zu erwägen. Er verkürzt seine Karriere beträchtlich, wenn er nicht schnell den Unterschied zwischen sprachlicher und kultureller Übersetzung lernt. Die korrekte kulturelle Übersetzung lautet nämlich: „Sofort Preise erhöhen."

Demgegenüber setzt der nordamerikanische Kulturkreis Sprache entgegengesetzt ein, wenn es um Lob geht: Der amerikanische Chef lobt seinen deutschen Mitarbeiter: „You did a great job." Laut Wörterbuch etwa: „Das haben Sie großartig gemacht." Der Deutsche bewundert das gesunde Urteil seines Chefs und vergisst in seiner Freude die kulturelle Übersetzung, die in Schweigen bestünde.

Die Bedeutung des unterzeichneten Vertrages ist für den US-amerikanischen Kulturkreis überragend.

> Americans view the contract as the operative tool for ensuring full and complete performance; something that should be honored at any costs to the other party.[31]

4. Asiatischer Kulturkreis

In dem asiatischen Kulturkreis stehen China (inklusive Hong Kong), Indien und Japan im Mittelpunkt. Diesen Kulturkreis zeichnet eine *hohe Korrelation zwischen kollektivistischen Faktoren* aus, insbesondere *Orientierung* und *Unsicherheitsvermeidung*.

Im asiatischen, insbesondere konfuzianisch geprägten Kulturkreis wird – anders als beispielsweise im westeuropäischen oder nordamerikanischen Kulturkreis – die weiche Kommunikation präferiert. Ein Japaner, der auf die Frage nach seinem Einverständnis mit „Ja" antwortet, möchte in der Regel nur ausdrücken, dass er den Vorschlag verstanden hat, nicht aber, dass er ihn auch akzeptieren wird. Der asiatische Kulturkreis misst nonverbalen Mitteln einen hohen Stellenwert zu und sucht, jede Konfrontation in der Kommunikation zu vermeiden. Besonders ausgeprägt ist eine indirekte, eine implizite Sprechweise, die durch Schweigen, Untertreibung

---

30 *Macioszek*, Chruschtschows dritter Schuh, S. 44.

31 *DiMateo*, The Law of International Contracting, S. 33.

und ausweichende Redewendungen charakterisiert wird.[32] Entsprechendes gilt für die Mimik und Gestik: die Körpersprache wird auf ein Minimum beschränkt, das Gesicht bleibt nahezu emotionslos. Kein direkter Augenkontakt, kein wildes Gestikulieren, kein Schulterzucken und andere in westeuropäischen Kulturen gebräuchliche Formen der Körpersprache. Wichtig ist – dies gilt typischerweise auch für die koreanischen und chinesischen Verhandlungspartner – eine ausgeglichene Atmosphäre, die Vermeidung von Auseinandersetzungen. Dazu passt, dass Schweigen in diesem Kulturkreis eine hohe Bedeutung hat.[33] Schweigen ist nicht zu verstehen als Desinteresse, Unbeteiligtsein oder fehlende Aufrichtigkeit, sondern steht für aufmerksames Zuhören, allerdings auch für den Wunsch, zu diesem Zeitpunkt hierzu keinen Standpunkt zu äußern oder gar eine Entscheidung zu treffen. Schneller Redefluss, heftige Gestik und Mimik wirkt auf asiatische Kulturen irritierend.

Weiter prägend für den asiatischen Kulturkreis ist der Wunsch danach, sein Gesicht weitestgehend zu wahren. Daran lässt sich das in diesem Kulturkreis stark ausgeprägte Orientierungsbewusstsein veranschaulichen: Gesichtswahrung beruht auf dem Kollektivbewusstsein und dem Status des Einzelnen in der Gruppe.[34] Jede Beschädigung des „Gesichts" würde zwangsläufig dazu führen, von der Gruppe sanktioniert und ausgegrenzt zu werden und nicht mehr störungsfrei mit ihr interagieren zu können. Gerade bei interkulturellen Verhandlungen ist darauf zu achten, dass man dem Gegenüber **keinen Gesichtsverlust** zumutet, z. B. durch einen Gefühlsausbruch oder die Weigerung, der Einladung in eine Nachtbar oder einen Karaokeklub (Die meisten Asiaten lieben Karaoke.) zu folgen oder das Ablehnen von in asiatischen Kulturen als Delikatessen angesehene Speisen.[35]

Auch anhand des Zeitfaktors lässt sich der asiatische Kulturkreis als kollektivistisch charakterisieren: Anders als bei den nordamerikanischen oder auch westeuropäischen Kulturkreisen sehen asiatische Kulturen in den Verhandlungen vor allem den Sinn, persönliche Beziehungen zu dem Verhandlungspartner in den Mittelpunkt zu stellen, es ist eine Art Investition in eine langfristige Zukunft.

Schließlich – und hieran lässt sich die Ausprägung der Unsicherheitsvermeidung veranschaulichen – legen asiatische Kulturen sehr viel Wert auf Begrüßungsrituale. Bei japanischen Verhandlungsdelegationen werden zunächst die Sekretärinnen der Verhandlungsführer, dann die Verhandlungsführer selbst begrüßt. Danach nimmt man nach strengen protokollarischen Regeln Platz am Verhandlungstisch.[36]

Ferner wird ein Verhandlungsabschluss häufig nicht als bindend und feststehend betrachtet. Vertragsinhalte stehen immer zur Diskussion, selbst wenn die Verträge bereits unterzeichnet sind. Sobald Umstände eine geänderte Regelung erfordern, zeigt der Gegenüber Gesprächsbereitschaft.

---

[32] *Gesteland/Seyk*, Marketing Across Cultures in Asia, S. 186.

[33] *Bargiela-Chiappini/Harris*, The Language of Business: An International Perspective, S. 38 f.

[34] *Kempe*, Das Geheimnis interkultureller Verhandlungen, S. 22.

[35] *Kempe*, Das Geheimnis interkultureller Verhandlungen, S. 24.

[36] *Kempe*, Das Geheimnis interkultureller Verhandlungen, S. 28.

> *For many Asian cultures the contract may not represent finality but a starting point of a relationship. It is assumed that the contract will be reexamined, reinterpreted or renegotiated if conditions change. In these more traditional cultures, negotiators seek mainly broadbased agreements that are general, flexible, implicit.*[37]

Bei Verhandlungen mit Teams aus Japan wird vielfach von der Erfahrung berichtet, dass, bevor die Geschäftsebene miteinander ins Gespräch kommt, die Arbeitsebene vorgeschickt wird und mögliche Ergebnisse abklopft. Das Protokoll solcher „Sondierungsgespräche" entscheidet darüber, ob sich die Geschäftsebene überhaupt trifft. Auf Geschäftsebene wird dann nur noch über Details gesprochen.[38]

Dies stützt auch das kollektivistisch geprägte Wesen asiatischer Kulturen. Die Entscheidungsfindung erfolgt in einem größeren Kollegium, zu entscheidende Verhandlungspunkte sind jeweils zunächst mit sämtlichen nieder- und höherrangigen Mitarbeitern zu besprechen und kollektiv zu verabschieden.[39]

5. Verhandeln in Russland

Schließlich soll der russische Kulturkreis umrissen werden, den eine *Korrelation zwischen Machtdistanz und Orientierung* kennzeichnet.

Die Verhandlungen mit russischen Partnern sind besonders. Das hat die Weltöffentlichkeit lebendig während der Kubakrise erfahren, durch die beinahe ein Weltkrieg ausgelöst worden wäre. In diesem Zusammenhang passt eine Anekdote um den damaligen Regierungschef Nikita Sergejewitsch Chruschtschow, der von 1958 bis 1968 Regierungschef der Sowjetunion war.

> Am 13. Oktober 1960 kam es während der 15. Vollversammlung der Vereinten Nationen zu einem lautstarken Schlagabtausch zwischen einem philippinischen Delegierten und Chruschtschow. Ersterer warf der Sowjetunion koloniales Herrschaftsgebaren vor. Dem Ordnungshüter der Vollversammlung gelang es nicht, für Ruhe zu sorgen. Chruschtschow war über diesen Vorwurf so erregt, dass er in einem Tobsuchtsanfall den philippinischen Delegierten lautstark beschimpfte. Um sich Gehör zu verschaffen, hämmerte Chruschtschow mit einem Schuh mehrfach auf den Tisch. Im Nachhinein stellte sich heraus, dass Chruschtschow den Schuh mitnahm, um so den Anschein eines nicht mehr zurechnungsfähigen Regierungschefs zu erwecken, der anderen „ängstlichen Respekt" einflößte und so „politische Konzessionen" zu erreichen suchte.[40]

---

[37] *Cellich*, 10 Journal of International Consumer Marketing 120 (1998); *Denk*, Asien für den Mittelstand.

[38] Vgl. *Uhtenwoldt*, Hamburger Abendblatt vom 16.2.2008.

[39] *Lewis*, When cultures collide: Managing successfully across cultures, S. 127 f.

[40] *Macioszek*, Chruschtschows dritter Schuh S. 25.

Vielleicht hat Chruschtschow mit seinem kalkulierten Wutausbruch in der UN-Vollversammlung einen Grundstein für einen Verhandlungserfolg gelegt, den er zwei Jahre später im Zusammenhang mit der Kubakrise[41] errang.[42]

Im Vorfeld der Kubakrise stationierten die USA Mittelstreckenraketen mit nuklearen Sprengstoffen in Italien und der Türkei, die jeweils auf das Territorium der UDSSR gerichtet waren. Im Mai 1962 begann die UDSSR damit, auf Kuba SS-4-Mittelstreckenraketen (mit Atomsprengköpfen bestückbar) zu stationieren. In den Tagen zwischen dem 14. und 28. Oktober 1962 hielt die Kubakrise die Weltöffentlichkeit in Atem. Am 14. Oktober 1962 genehmigte John F. Kennedy Luftaufnahmen von dem kubanischen Territorium, wobei Abschussrampen für die SS-4-Raketen entdeckt wurden. Der Beraterstab um John F. Kennedy diskutierte verschiedene Möglichkeiten der Reaktion: Hinnehmen der Stationierung, Luftangriff, Invasion. Alle Diskussionen werden streng geheim gehalten. Zu dem Beraterstab gehörten ungefähr zwölf Personen, darunter Regierungsmitglieder, aber auch Sowjetspezialisten. Es wurden immer wieder Aufklärungsflüge angeordnet, um die Raketenstellungen besser analysieren zu können. Es wurde deutlich, dass die Raketen in der Lage waren, die amerikanische Hauptstadt und die wichtigsten Industriestädte der USA zu erreichen. Die US-Regierung hielt ihre Erkenntnisse geheim. Selbst bei einem Treffen zwischen John F. Kennedy und dem sowjetischen Außenminister Gromyko wurde diese Situation auf Kuba nicht angesprochen. Innerhalb des Beraterstabes standen sich zwei Lager gegenüber, ein Lager befürwortete einen Luftangriff oder eine Invasion auf Kuba, das andere eine Seeblockade. Man entschied sich für eine Seeblockade. Am 22. Oktober 1962 informierte John F. Kennedy in einer Fernsehansprache die Weltöffentlichkeit über die sowjetischen Raketen auf Kuba und verkündete den Beginn der Seeblockade für den 24. Oktober. Er forderte Chruschtschow zum Abzug der Raketen aus Kuba auf und drohte für den Angriffsfall mit einem atomaren Gegenschlag. Chruschtschow befürchtete eine Invasion auf Kuba. Danach folgte eine intensive Auseinandersetzung, Begegnungen zwischen US- und sowjetischen Streitkräften auf dem Meer, in der Luft, schließlich sogar der Abschuss eines U2-Aufklärungsflugzeuges. Schließlich siegte die Geheimdiplomatie. Chruschtschow lenkte ein und erklärte sich bereit, die Raketen zu entfernen. Im Gegenzug erklärten sich die USA bereit, keine Invasion auf Kuba vorzunehmen und ferner – was allerdings nicht öffentlich werden durfte – den Abbau der Raketen in der Türkei.

An dem Beispiel der Kubakrise lassen sich einige Verhandlungstricks veranschaulichen. Was am Ende wie ein Sieg für Kennedy ausgesehen hat, lässt sich tatsächlich

[41] Vgl. hierzu Wikipedia, <http://de.wikipedia.org/wiki/Kubakrise>.

[42] So auch *Macioszek*, Chruschtschows dritter Schuh S. 39 ff.

eher als ein Sieg Chruschtschows betrachten. Chruschtschow erreichte mit der Stationierung von Atomwaffen auf Kuba nicht nur das Abziehen US-amerikanischer Raketen vom Staatsgebiet der Türkei, sondern auch ein Nichtangriffsversprechen der USA für Kuba, das bis heute eingehalten wurde.[43]

In Russland herrscht ein stark ausgeprägtes Obrigkeitsdenken, dies gilt in der Wirtschaft gleichermaßen wie in der Politik. Während Kennedy sich mit einem Beraterstab auseinanderzusetzen hatte, dort um Mehrheiten ringen musste, ging die Entscheidungsgewalt bei der Sowjetunion allein von Chruschtschow aus. Während in westlichen Kulturen Verhandlungsführer traditionell nicht gänzlich ohne Vollmachten entsandt wurden, fungierten die russischen Verhandlungsführer jeweils lediglich als gehorsame Boten. Chruschtschow soll über Gromyko, den russischen Außenminister, gesagt haben: „Er bleibt solange auf dem Eisberg sitzen, wie ich das will".[44] Ähnlich verhält es sich in Unternehmen.[45] Der Chef delegiert keine wichtigen Entscheidungen. Darüber hinaus sollen Verhandlungserfolge in erster Linie mit einer sehr klaren Sprache erzielt werden können.[46] Verhandlungserfolge mit russischen Verhandlungspartnern setzen eine direkte Verhandlungsführung, Konsistenz in dem Forderungskatalog und eine Offenheit voraus. Ferner ist eine Bereitschaft erforderlich, Kompromisse einzugehen, damit der Gegenüber gesichtswahrend aus den Verhandlungen hervortreten kann.[47] Darüber hinaus spielen hier persönliche Beziehungen eine große Rolle, ferner ist es wichtig, auf die Gepflogenheiten der russischen Kultur einzugehen. Dazu gehört wohl auch, dass man mit den Geschäftspartnern einmal zusammen trinken muss, allerdings nicht ohne gewisse Formen zu wahren, wie z. B. den ersten Trinkspruch dem Gastgeber zu überlassen, um dann anschließend in einem zweiten Trinkspruch den Gastgeber zu loben und die Gesamtsituation positiv heraus zu stellen.

6. *Fazit*

Anhand der vorgenannten Beispiele konnte veranschaulicht werden, dass Kulturunterschiede den Verhandlungsprozess an entscheidenden Stellen beeinflussen können. Zu jeder Vorbereitung von Verhandlungen gehört es, sich mit den kulturellen Unterschieden auseinanderzusetzen. Interkulturelle Kompetenz wird zu einem Erfolgsfaktor für Verhandlungen. Dabei geht es nicht um Kenntnisse von Sprache und Landeskunde, sondern vielmehr um ein Verständnis für unterschiedliche so-

---

[43] Vgl. *Macioszek*, Chruschtschows dritter Schuh, S. 39.

[44] Zitiert bei *Macioszek*, Chruschtschows dritter Schuh, S. 71.

[45] Vgl. *Frank*, in: Manager Magazin vom 24.10.2004.

[46] Vgl. *Frank*, in: Manager Magazin vom 24.10.2004: "Je einfacher, desto besser" und "Je anschaulicher desto klarer".

[47] Vgl. *Frank*, in: Manager Magazin vom 24.10.2004.

ziokulturelle Grundwerte und Arbeitsweisen.[48] Auch zur Vorbereitung auf diese Situation gibt es unterschiedliche Check-Listen, von denen die folgende als nützlich erscheint.[49]

- Erlernen der Kultur des Gegenübers
- Stereotypen vermeiden, Menschen individuell betrachten
- Kritische Auseinandersetzung mit der eigenen Kultur in der Wirkung auf Andere
- Spiegelung der fremden Kultur, um Partnerschaften über gegenseitige Identifikation aufzubauen
- Integrative Kombination der eigenen und fremden Kulturelemente
- Rettung durch eine Drittkultur, in der beide Seiten Gemeinsamkeiten sehen

III. Checkliste zur Verhandlungsstrategie/-taktik

I. Vorbereitungsphase

- Interessenlage analysieren
  - Abhängigkeiten ermitteln
- Ziele setzen, Forderungen formulieren
  - Ziele der Zusammenarbeit
  - Qualitätsziele
  - Kommerzielle Ziele
- Verhandlungsteam bilden
- Kulturunterschiede bewusst machen
- Exkurs: Langfristige Vertragsbeziehungen
  - Preisanpassungsklauseln
  - Zukunftsszenarien
  - Laufzeit
  - Exitszenarien: Kündigungsfristen; Change-of-control Klauseln
  - Folgen der Kündigung

[48] *Brett*, Negotiating Globally: How to negotiate deals, resolve disputes, and make decisions across cultural boundaries, S. 209.

[49] Vgl. *Salacuse*, The global negotiator: Making, managing and mending deals around the world in the Twenty-First Century, S. 110 ff.

II. Verhandlungen führen

- Verhandlungsort wählen
- Agenda vorgeben
- Dem Gegenüber auf Augenhöhe begegnen
- Fragen stellen, dem Gegenüber zuhören

III. Dos und Don'ts

- Deeskalieren
- Konziliantes Ablehnen von Forderungen
- Sackgassen vermeiden
- Bei emotional aufgeladenen Phasen Zurückhaltung üben und zuhören
- In kognitiven Phasen angreifen

D Verhandlungsprozesse gestalten

I. Determinanten

1. Vertrauensschutz

Gegenseitiges Vertrauen ist eine der wesentlichen Grundlagen für erfolgreiche Verhandlungen. Vertrauen ist erforderlich dafür, dass vertrauliche Informationen an den Partner übermittelt werden können. Ferner ist gerade die Nichtoffenlegung der Tatsache, dass Verhandlungen überhaupt geführt werden, erfahrungsgemäß für den Erfolg von Verhandlungen wesentlich. Die Informationen können aus unterschiedlichen Gründen vertraulich zu behandeln sein. Besonders sensibel sind Informationen, die Know-how bündeln, dessen Entwicklung mit hohen Kosten verbunden war. Daneben sind Informationen über Konditionen oder Kalkulationen vertraulich, deren Offenlegung gegenüber Vertragspartnern als auch Wettbewerbern für das Unternehmen schädlich wäre.[1] Kommt es im Verhältnis von Wettbewerbern zu dem Austausch vertraulicher Informationen, z. B. im Zusammenhang mit der Akquisition eines Wettbewerbers, empfiehlt sich darüber hinaus die Vereinbarung eines Abwerbeverbots von Vertragspartnern.

Im Ausgangspunkt sind Parteien nicht verpflichtet, die einander offen gelegten Informationen vertraulich zu behandeln.[2] Es gibt keinen allgemeinen Grundsatz, dass Verhandlungen an sich oder die Informationen, die im Rahmen dieser Verhandlungen ausgetauscht werden, vertraulich zu behandeln sind.[3] Anderes gilt, wenn bei Überlassung der Informationen ausdrücklich darauf hingewiesen wird, dass die Informationen vertraulich sind. Im Einzelfall kann sich aus den Umständen ein besonderes Interesse der anderen Partei daran ergeben, die Information vertraulich zu behandeln. Dies kann sich aus der besonderen Qualität der Information, z. B. im Bereich der Forschung und Entwicklung, ergeben. In diesem Fall könnte es einen

---

[1] *Bortolotti*, Drafting and Negotiating International Commercial Contracts, S. 169.

[2] Vgl. Art. 2.1.16 der Unidroit Principles 2004, S. 61 <http://www.unidroit.org>.

[3] Vgl. Unidroit Principles 2004, S. 63.

C. Grau, K. Markwardt, *Internationale Verträge*,
DOI 10.1007/978-3-642-05350-4_4, © Springer-Verlag Berlin Heidelberg 2011

Verstoß gegen den allgemeinen Grundsatz von Treu und Glauben darstellen, eine Nebenpflichtverletzung im Rahmen der Vertragsanbahnung (*culpa in contrahendo*).

Beispiel:[4] A ist daran interessiert, mit den im Land X ansässigen führenden Autofabrikanten B oder C eine Joint Venture Vereinbarung zu schließen. Der Verhandlungsprozess mit B macht große Fortschritte, A erhält von B in diesem Zusammenhang detaillierte Informationen über das Design eines neuen Autos, das B plant zu konstruieren. Selbst wenn B A nicht in besonderer Weise auf die Vertraulichkeit des Designs hingewiesen hat, würde A pflichtwidrig handeln, legte A das neue Design C gegenüber offen oder würde A das Design für seine eigene Produktion nutzen.

Um die vertrauliche Behandlung von Informationen sicher zu stellen, ist gerade in internationalen Transaktionen der Abschluss von Vertraulichkeitsvereinbarungen üblich.[5]

2. Kosten

Jeder Verhandlungsprozess ist mit Kosten verbunden. Im Zusammenhang mit grenzüberschreitenden Transaktionen sind die entstehenden Kosten im Regelfall erheblich höher als in Verhandlungen im eigenen Land. Insbesondere mit der Einschaltung von externen Beratern, aber auch durch die Bindung interner Ressourcen werden Kosten verursacht. In diesem Zusammenhang gilt es zwei Ziele zu verfolgen: Einerseits ist es wichtig, Regeln zu definieren für den Fall, dass Verhandlungen scheitern, andererseits ist es wichtig, zunächst ein gemeinsames Verständnis bei den Verhandlungspartnern über die Eckpunkte zu erzielen, bevor über Einzelheiten verhandelt wird. Um den Verhandlungsprozess so effizient wie möglich zu gestalten, sollten folgende drei Meilensteine eingehalten werden: Zunächst sollte eine Vertraulichkeitsvereinbarung geschlossen werden.[6] Ist mit dem Austausch von Informationen die Vorbereitungsphase weitestgehend abgeschlossen worden, geht es darum, über die Eckpunkte eine Einigung zu finden. Der „Business Case", welcher mit der Transaktion verbunden ist, sollte klar sein. Die Zusammenfassung dieser wichtigsten Punkte kann in einem Letter of Intent, einem Memorandum of Understanding oder einem Term Sheet erfolgen.[7] Derartige Instrumente erleichtern eine Einigung, möglich ist ein Austausch direkt zwischen den Kaufleuten, die Einschaltung von Vertragsjuristen ist nur bei Fragen der Machbarkeit erforderlich. Dies

---

[4] Vgl. Illustrations No. 3, Unidroit Principles 2004, S. 63.

[5] Im Detail dazu unter D II.

[6] Im Detail dazu unter D II.

[7] Im Detail dazu unter D III.

vermindert den zeitlichen Aufwand, den die Formulierung der Eckpunkte erfordert. Sind die Eckpunkte im Wesentlichen fest gezurrt, geht es um die Ausformulierung der Einzelheiten, die in der Regel zeitaufwendig ist.

II. Vertraulichkeitsvereinbarung

1. Mustertext

Beispiel für die Formulierung einer Vertraulichkeitsvereinbarung:

Parties

Confidentiality Agreement between A (hereinafter referred to as „Disclosing Party“) and B (hereinafter referred to as „Receiving Party“).

Preamble

Whereas, Receiving Party and Disclosing Party are entering into negotiations concerning a possible transaction in respect to the Business Purpose as defined herein below.

Whereas, Disclosing Party is prepared to disclose certain confidential information to the Receiving Party in confidence on the terms and conditions set forth herein.

Now, therefore, in consideration of the above, the Parties agree as follows:

1. Definitions

„Business Purpose“ means discussions relating to the possible acquisition of shares in the Company, established under the law of Germany and named A GmbH, Hamburg, registered into the Commercial register of the local court of Hamburg under No. XXXX.

„Information“ means any information regarding the Business Purpose (including models, software and computer outputs) which is not excluded under clause 7. below and which is disclosed to the Receiving Party, whether orally or in writing and/or in electronic form and/or derivatives (including copies and reproductions) of any of the foregoing [and which is marked or otherwise indicated as being confidential]. Information includes the Business Purpose, the fact that information is disclosed to the Receiving Party, negotiations regarding the Business Purpose and the status of the negotiations as well as information relating to the involvement of either party in the Business Purpose.

„Receiving Party's Group“ means any person directly concerned with the Business Purpose and whose knowledge of such Information is essential for such purpose.

2. ***Obligation of the Receiving Party***
The Receiving Party agrees a) to hold the Information in confidence and, not without the Disclosing Party's prior written consent, to disclose any part of it, to any person other than persons of the Receiving Party's Group. The Receiving Party will ensure that those persons are made aware of the confidential nature of the Information and of the obligations imposed on the Receiving Party und this Agreement. The Receiving Party shall upon request of the Disclosing Party deliver immediately a list with the persons to who the Information has been forwarded. The Receiving Party shall be liable for such person's default; b) not, without the Disclosing Party's prior written consent, to use the Information for any purpose other than the Business Purpose; c) to delete, to the extent technically feasible, from any device containing any Information and/or return to the Disclosing Party upon demand, the Information except for one copy of such Information as is required to be retained by law or legal practice by the Receiving Party; d) not to contact any person within the Disclosing Party other than persons which are named by the Disclosing Party vis-à-vis the Receiving Party as being member of the Business Purpose and e) to use reasonable endeavors to provide the Disclosing Party with prompt notice if any member of the Receiving Party's Group becomes legally compelled by court order or otherwise to disclose any of the Information, so that the Disclosing Party may seek a protective order or other appropriate remedy. If such order or remedy is not available in time, the obligation of confidentiality shall be waived to the extent necessary to comply with the court order or the law.
3. ***Remedies/Penalty Clause***
Without prejudice to any other rights including, but not limited to, the right to demand additional damages, any Party which breaches the obligation as set out in Section 2, shall pay to the other Party liquidated damages in the amount of EUR ___ for each individual breach. Each of the parties acknowledges that a person with rights under this Agreement may be irreparably harmed by any breach of its terms and that financial remedies alone may not necessarily be adequate. Accordingly, a person bringing a claim under this Agreement may be entitled to injunctive or other equitable relief for any threatened or actual breach of its terms.
4. ***No License***
The Receiving Party agrees that no right or license is granted to the Receiving Party's Group in relation to any part of the Information.
5. ***No Warranty***
Neither party warrants the accuracy or completeness of the Information. Accordingly, neither party shall have any liability to the other resulting from the use of the Information, save in respect of liability arising from fraudulent misrepresentation.

6. ***Binding Clause***
It is agreed that unless and until a definitive agreement between the Parties hereto has been executed neither Party shall be under any legal obligation of any kind with regard to the Business Purpose except for the matters specifically agreed herein.
7. ***Exclusions from Confidentiality***
The Parties acknowledge that the obligation of confidence and non-disclosure does not apply to any information which a) at the time of disclosure is, or subsequently through no fault of the Receiving Party's Group becomes, generally available to the public; b) becomes rightfully known to the Receiving Party's Group through a third party with no obligation of confidentiality; c) the Receiving Party is able to prove was lawfully in the possession of the Receiving Party's Group; or d) is independently developed by the Receiving Party's group. The burden of proof shall be borne by the Receiving Party.
8. ***Term/Survival of Obligations***
This agreement enters into force by signing of all Parties and can be terminated by either Party with immediate effect by giving a written notice to the other party. Upon termination, the Receiving Party shall stop making use of the Information. The obligations of the Parties under this Agreement shall survive its termination for ___________ years.
9. ***Miscellaneous***
   a) This agreement shall be subject to and governed by the laws of the Federal Republic of Germany (excluding its conflict of laws rules).
   b) To the extent legally permissible, the courts of Germany shall have non-exclusive jurisdiction with regard to any dispute between the Parties arising out of or in connection with this agreement. Place of jurisdiction shall be __________.
   c) Should any provision of this agreement be or become invalid or unenforceable as a whole or in part, the validity and enforceability of the remaining provisions shall not be affected thereby. Any such invalid or unenforceable provision shall to the extent permitted by law, be deemed replaced by such valid and enforceable provision as comes closest to the economic intent and purpose of such invalid or unenforceable provision.

2. *Erläuterungen*

Bereits zu Beginn einer Verhandlung empfiehlt sich in aller Regel der Abschluss einer Vertraulichkeitsvereinbarung, die häufig auch als Confidentiality Agreement oder Non Disclosure Agreement (NDA) bezeichnet wird. Für die Formulierung von

Vertraulichkeitsvereinbarungen hat sich ein Standard herausgebildet.[8] Im Interesse der Klarheit ist es, am Anfang das Projekt, im Rahmen dessen Informationen ausgetauscht werden, näher zu definieren. Weiterhin empfiehlt sich die Definition der als vertraulich zu behandelnden Informationen.[9] Aus Sicht der offenlegenden Personen ist Vorsicht geboten, sollten Informationen unter der Vereinbarung nur dann als vertraulich gelten, wenn diese explizit als vertraulich gekennzeichnet sind. In diesem Fall trägt die offenlegende Person die Beweislast, dass die Informationen jeweils als vertraulich gekennzeichnet sind, was im Einzelfall schwierig werden kann. Umgekehrt ist es im Interesse der offenlegenden Partei, den Begriff der vertraulichen Information möglichst weit zu definieren. Ausnahmen hiervon, die ebenfalls vorgesehen sein sollten (z. B. offenkundige Informationen oder Informationen, die öffentlich bekannt sind), sind durch die empfangende Partei darzulegen und zu beweisen. Weiter ist es wichtig, den Kreis der Personen, an welche die vertraulichen Informationen weitergegeben werden dürfen, möglichst eng zu definieren. Bei Unterlassungspflichten ist nach deutschem Recht durch Auslegung zu ermitteln, ob und inwieweit der Schuldner für seine Hilfspersonen einzustehen hat.[10] Um Auslegungsschwierigkeiten und Fragen nach der Zurechenbarkeit des Verhaltens von Organen und Mitarbeitern zu vermeiden, ist zu überlegen, ob die betroffenen Personen nicht explizit benannt werden. Jedenfalls sollte auf Anforderung eine Liste der berechtigten Personen jederzeit herausgegeben werden. Bei börsennotierten Gesellschaften ist grundsätzlich auf die Frage der Insiderinformation zu achten, deren Weitergabe und/oder Nutzung mit Bußgeld oder mit Strafe bewehrt sein kann. Ein Hinweis darauf, dass es sich aus der Perspektive des Unternehmens um eine Insidertatsache handelt und deren Weitergabe bzw. Nutzung mit einem Ordnungsgeld bzw. mit Strafe bewehrt ist, ist rechtlich geboten.[11] In der Literatur wird in der Regel empfohlen, eine Vertragsstrafe für den Fall der Verletzung der Vertraulichkeitsvereinbarung aufzunehmen.[12] Hintergrund ist, dass der Schadensnachweis bei einer Verletzung der Vertraulichkeitsvereinbarung in der Regel schwierig sein kann,[13] in den Verhandlungen ist eine Vertragsstrafenklausel häufig jedoch nicht durchsetzbar.

---

[8] *Alfes*, in: Krauß/Weise (Hrsg.), Beck'sche Online-Formulare Vertragsrecht, 20.2 Non Disclosure Agreement; ICC Model Confidentiality Agreement, abgedruckt bei *Bortolotti*, Drafting and Negotiating International Commercial Contracts, S. 448 ff.

[9] *Rödder/Hötzel/Müller-Thuns*, Unternehmenskauf, Unternehmensverkauf, § 3 Rn. 5, 25 m.w.N.; zum Begriff geheimhaltungsbedürftiger Informationen *Köhler*/Bornkamm, UWG, § 17 Rn. 4 ff.; *Harte-Bavendamm*/Henning-Bodewig, Gesetz gegen den unlauteren Wettbewerb, § 17 Rn. 1.

[10] *Grüneberg*, in: Palandt, BGB, § 278 Rn. 23.

[11] *Cramer*, in: Assmann/Schneider, WpHG, § 14 Rn. 88c.

[12] Vgl. *Chozciel*, in Münchener Vertragshandbuch, Bd. 4 (Wirtschaftsrecht III), I. 2., Klausel Art. 3 Ziffer 5; so auch *Alfes*, in: Krauß/Weise (Hrsg.), Beck'sche Online-Formulare Vertragsrecht, 20.2 Non Disclosure Agreement, Rn. 12; und *Kösters*, NZG 1999, 623 (626).

[13] *Kösters*, NZG 1999, 623 (625).

3. Checkliste

- Definition des Projekts bzw. der Transaktion
- Definition der „Vertraulichen Informationen"
  - Grundsätzlich alle übermittelten Informationen, in welcher Form auch immer (Vorsicht aus Empfängersicht)
  - Nur als besonders vertraulich gekennzeichnete und übermittelte Informationen (Vorsicht aus Übermittlersicht)
- Definition der „Berechtigten Personen"
- Verpflichtungen zur Vertraulichkeit
  - Unterlassen, Vertrauliche Informationen an Personen (Ausnahme: Berechtigte Personen) weiter zu geben
  - Löschen der Vertraulichen Informationen nach Beendigung des Projekts
  - Verpflichtungen an Berechtigte Personen weitergeben
- Ausnahmen von Vertraulichen Informationen
- Richtigkeit und Vollständigkeit
- Vertragsstrafe
- Laufzeit

III. Letter of Intent, Memorandum of Understanding, Term Sheet

1. Ausgangspunkt

Insbesondere bei komplexeren Vertragswerken sollte der erreichte Verhandlungsstand in einem Letter of Intent (LoI), einem Term Sheet oder einem Memorandum of Understanding (MoU) festgehalten werden, bevor Einzelheiten verhandelt werden. Mit diesen Dokumenten verfolgen die Beteiligten in der Regel das Ziel, den erreichten Verhandlungsstand festzuhalten, den weiteren Gang der Verhandlungen zu strukturieren, offene Vertragspunkte zu benennen, Einigungen über zu erbringende Vorleistungen und deren Vergütung zu dokumentieren sowie gewisse gegenseitige Rücksichtnahmepflichten, wie z. B. Geheimhaltungs- und teilweise auch Exklusivitätsverpflichtungen, zu begründen.[14] Auch wenn eine abschließende vertragliche Bindung in den meisten Fällen nicht gewollt ist, soll mit dem Abschluss eines LoI, MoU oder Term Sheet ernsthafte Bereitschaft zum Vertragsabschluss signalisiert werden.[15]

---

[14] *Leonhard*, in: Hoffmann-Becking/Rawert (Hrsg.), Beck'sches Formularhandbuch Bürgerliches, Handels- und Wirtschaftsrecht, III. D. 12. Letter of Intent, Anm. 2.

[15] *Lindner-Figura*, NZM 2000, 1193.

2. *Insbesondere: Keine Bindungswirkung*

a) Problemstellung

In der Regel sollen die vorgenannten Formen der Dokumentation eines Zwischenstandes des Verhandlungsprozesses keine Bindungswirkung entfalten. Dies ergibt sich indessen nicht allein aus der Bezeichnung des Schriftstückes als „Letter of Intent“, „Memorandum of Understanding“ oder „Term Sheet“. Vielmehr müssen die von den Parteien abgegebenen Erklärungen ausgelegt werden.[16] Bei der Auslegung sind neben dem Wortlaut auch die Umstände, und hier wiederum die im Zusammenhang mit der jeweiligen Transaktion oder zwischen den Geschäftspartnern geltenden Gepflogenheiten einzubeziehen.[17]

b) Vorvertragliches Schuldverhältnis, Abbruch von Vertragsverhandlungen

Nach allgemeiner Auffassung schafft der LoI, das MoU oder der Term Sheet, auch wenn sich daraus jeweils keine Verpflichtung zum Abschluss eines Vertrages ergibt, ein vorvertragliches Schuldverhältnis gemäß §§ 241 Abs. 2, 311 BGB.[18] Daraus ergeben sich grundsätzlich bestimmte Verhaltenspflichten der Verhandlungspartner, wie z. B. die Verpflichtung, den Abschluss des Vertrages zu fördern,[19] den Partner vor Schäden im Zusammenhang mit den Verhandlungen zu bewahren[20] und dem Partner richtige und vollständige Informationen über Umstände zu erteilen, die für seine Willensbildung erkennbar von Bedeutung sind.[21] Werden diese Verhaltenspflichten durch eine Partei verletzt, begründet dies eine Haftung aus vorvertraglichem Verschulden gemäß §§ 311 Abs. 2, 280 Abs. 1 BGB („*culpa in contrahendo*“). Die Verletzung einer vorvertraglichen Pflicht kommt insbesondere dann in Betracht, wenn eine Seite die weiteren Verhandlungen ohne hinreichenden Grund abbricht. Zu ersetzen ist dabei jeweils das „negative Interesse“ bzw. der Vertrauensschaden, d. h. die Aufwendungen, die der Partner im Vertrauen auf das Zustandekommen des Vertrages getätigt hat, wie etwa die Kosten anwaltlicher, steuerlicher

---

[16] *Schlechtriem/Schwenzer*, Kommentar zum einheitlichen UN Kaufrecht, Art. 14 CISG Rn. 26.

[17] *Ferrari*, in: MüKo-HGB, UN Kaufrecht, Art. 14 CISG Rn. 14; Schwimann/*Posch*, Kommentar zum UN Kaufrecht, Art. 14 CISG Rn. 5; *Brunner*, Kommentar zum UN Kaufrecht, Art. 14 CISG Rn. 3.

[18] OLG Köln, 19 U 73/93, OLGR 1994, 61; *Leonhard*, in: Hoffmann-Becking/Rawert (Hrsg.), Beck'sches Formularhandbuch Bürgerliches, Handels- und Wirtschaftsrecht, III. D. 12. Letter of Intent, Anm. 4; *Alfes*, in: Krauß/Weise (Hrsg.), Beck'sche Online-Formulare Vertragsrecht, 20.1 Letter of Intent, Anm. 2.

[19] *Grüneberg*, in: Palandt, BGB, § 311 Rn. 30 ff.

[20] *Grüneberg*, in: Palandt, BGB, § 311 Rn. 29.

[21] BGHZ 71, 386, 396 = NJW 1978, 1802; *Löwisch*, in: Staudinger, BGB, Vorbem. zu §§ 275 ff. BGB Rn. 80 ff.; *Grüneberg*, in: Palandt, BGB, § 280 Rn. 30 ff. und § 311 Rn. 40 ff.

oder technischer Beratung im Vorfeld des Vertrages.[22] Vor diesem Hintergrund wird empfohlen, die Frage der Haftung im Falle des Nichtzustandekommens des Vertrages ausdrücklich zu regeln[23] und damit Streitigkeiten zu verhindern, die wegen Leistungen im Vorfeld eines nicht zustande gekommenen Vertrages oft entstehen.[24]

Beispiel für die Formulierung zur Abwendung einer Haftung aus vorvertraglichem Schuldverhältnis:[25] *„Either Party may at any time end discussions and negotiations and declare its withdrawal from the Transaction, without having to give a reason for doing so.“*

Auch wenn dieser Empfehlung gefolgt wird, sollten sich die Parteien nicht darauf verlassen, dass es zu keiner Haftung mehr kommen kann. In Ausnahmefällen kann der Abbruch von Vertragsverhandlungen gleichwohl zum Schadensersatz verpflichten. Veranlasst eine von vornherein nicht abschlussbereite oder nicht abschlussfähige Partei den Abbruch fortgeschrittener Verhandlungen, haftet sie aus *culpa in contrahendo.*[26] Gleiches gilt, wenn eine Partei ein qualifiziertes Vertrauen auf das Zustandekommen des Vertrages erweckt (z. B. wenn der Vertragsschluss als sicher hingestellt oder der andere Teil zu Vorleistungen veranlasst wird) und die Verhandlungen sodann ohne triftigen Grund abbricht.[27] Die Schadensersatzverpflichtung besteht auch dann, wenn das Vertrauen des Partners nicht schuldhaft herbeigeführt wurde.[28] Bedarf jedoch der Abschluss des Vertrages der Wahrung von bestimmten Formen (z. B. der notariellen Beurkundung), scheidet eine Haftung aus *culpa in contrahendo* in den Fällen des schuldlos herbeigeführten und dann durch den Abbruch der Verhandlungen enttäuschten Vertrauens in der Regel aus.[29]

Während nach deutschem Recht ein Haftungsausschluss im Zusammenhang mit dem Abbruch von Vertragsverhandlungen grundsätzlich möglich ist,[30] ist bei grenzüberschreitenden Transaktionen zu beachten, dass die Haftung wegen der Verletzung des vorvertraglichen Vertrauensverhältnisses in einigen europäischen Ländern (z. B. Italien, Belgien und Portugal) nicht ausgeschlossen werden kann.[31]

---

[22] *Lindner-Figura*, NZM 2000, 1193 (1195).

[23] Vgl. z. B. *Alfes*, in: Krauß/Weise (Hrsg.), Beck'sche Online-Formulare Vertragsrecht, 20.1 Letter of Intent, Rn. 2; *Kösters*, NZG 1999, 623 (626).

[24] *Lutter*, Der Letter of Intent, S. 141.

[25] *Kösters*, NZG 1999, 623 (626).

[26] OLG Stuttgart, DB 1989, 1817.

[27] BGH, NJW 1963, 1843; NJW 1970, 1840; NJW 1975, 1774; NJW-RR 1989, 627 und OLG Stuttgart, DB 1989, 1817.

[28] BGH, NJW-RR 1989, 627; OLG Stuttgart, DB 1989, 1817.

[29] BGH NJW 1975, 43 (44); DB 1979, 741; NJW 1996, 1884; OLG Köln, NJW-RR 1987, 801; OLG Stuttgart, DB 1989, 1817; OLG Hamm, NJW-RR 1991, 1043.

[30] § 276 Abs. 2 BGB sieht derartige Einschränkungen vor, vgl. auch *Kösters*, NZG 1999, 623 (624).

[31] *Kösters*, NZG 1999, 623 (624).

Gerade bei internationalen Verhandlungsprozessen ist mit Blick auf die Unkenntnis der jeweils geltenden Rechtsordnung Vorsicht geboten.

> *An informal correspondence previously considered non-binding in nature may be transformed into an unexpected liability through an international recognition of enforceability at odds with a given national legal system's holding of non-enforceability.*[32]

c) Fallbeispiele

LoI, MoU oder Term Sheet gehen auf die US-amerikanische Praxis zurück.[33] Anhand der Entscheidung *Pennzoil Co. v. Texaco Inc.* kann eindrucksvoll gezeigt werden, dass im Umgang mit derartigen Instrumenten Vorsicht geboten ist.

Pennzoil Co. vs. Texaco Inc.[34]**:** Gegenstand dieser Entscheidung war unter anderem der Abschluss eines „Memorandum of Understanding" zwischen der Getty Oil Co. und der Pennzoil Co. Pennzoil Co. wollte von Getty Co. dreisiebtel der Aktien an Getty für USD 110 je Aktie kaufen. Die Vereinbarung stand unter folgendem Vorbehalt: *„Subject to approval by the board of directors of the Company"* [Getty Oil]. In den Presseverlautbarungen im Zusammenhang mit dem MoU wurde erklärt, dass die Parteien sich den Abschluss eines endgültigen Vertrages noch vorbehalten hätten. In der Folge trat die Texaco Inc. an Getty Oil Co. heran und bot je Aktie einen Kaufpreis von USD 128. Getty Oil Co. und Texaco Inc. vereinbarten auf dieser Grundlage einen Vertrag. Pennzoil Co. ging gerichtlich gegen Texaco Inc. mit der Begründung vor, dass Texaco Inc. Getty Oil Co. vorsätzlich zu einem Vertragsbruch verleitet hätte. Voraussetzung für den Schadensersatzanspruch war, dass das MoU zwischen Pennzoil Co. und Getty Oil Co. verbindlich war. Dies wurde von dem zuständigen Court of Appeal angenommen. Danach sei der verbindliche Vertragsschluss nur eine „Formsache" gewesen. Die Bindung war durch die Formulierung „... will receive USD 110 per share ... " ersichtlich.

Ein anderes Beispiel für die Bindungswirkung eines Memorandum of Understanding, bezog sich auf ein schwedisch-iranisches Joint Venture.[35]

---

[32] So *DiMatteo*, 23 Syracuse Journal of International Law & Commerce 67, 67 (1997).

[33] Vgl. *Lutter*, Der Letter of Intent.

[34] Vgl. *Texaco*, 729 S. W.2d, (784–87); *Lynn M. LoPucki/Walter O. Weyrauch,* A Theory of Legal Strategy, Duke Law Journal Vol. 49 (2000), S. 1414 ff.; *Thomas Petzinger*, Oil & Honor, 1987, S. 391 f.

[35] Vgl. bei *Bortolotti*, Drafting and Negotiating International Commercial Contracts, S. 159.

ICC case 8331/96:[36] Ein schwedischer Hersteller von Lastkraftwagen und eine iranische Gesellschaft schlossen ein MoU im Hinblick auf die Lieferung von LKWs und Ersatzteilen sowie der Einrichtung eines After-Sales-Service sowie die Gründung eines Joint Ventures und eine zukünftige Zusammenarbeit bei der Fertigung von LKWs. Danach ist die Umsetzung des MoUs gescheitert. In dem anschließend vor dem International Court of Arbitration anhängigen Schiedsgerichtsverfahren machte die iranische Partei geltend, das MoU habe bereits bindende Wirkung entfaltet, die schwedische Partei hielt dem entgegen, der Vertrag sei nicht bindend gewesen, denn die Parteien hätten sich noch nicht über die Einzelheiten der zu schließenden Verträge geeinigt. Der International Court of Arbitration entschied unter Anwendung von Art. 5.1.4 Absatz 2[37] der Unidroit Grundregeln, dass sobald sich Parteien über allgemeine Aspekte geeinigt haben, die zu einem späteren Zeitpunkt umgesetzt werden sollten, sie verpflichtet seien, nach besten Kräften sicherzustellen, dass die allgemeinen Aspekte im Einzelnen in Vertragsbestimmungen umgesetzt würden.

d) Vertraglicher Ausschluss der Bindungswirkung

Maßgeblich für die Frage der Bindungswirkung ist der jeweils zum Ausdruck kommende Wille der Parteien, die Bezeichnung als LoI, MoU oder Term Sheet hat allenfalls Indizwirkung.[38] Abgesehen von einigen im Vorfeld des Vertragsschlusses verbindlich geregelten Punkten sollten die Dokumente keine Bindungswirkung entfalten. Zur Vermeidung von Missverständnissen empfiehlt es sich dies ausdrücklich klarzustellen.[39]

Beispiel für die Formulierung der Unverbindlichkeit: *„The contents of this LoI are, as a statement of general principle, non-binding, neither shall it be understood or construed as obligating the Parties to enter into an agreement or being an offer to enter into an agreement. It mainly describes the material terms of the transaction contemplated by the Parties hereto which*

[36] ICA Bulletin, 2/1999, 67.

[37] „To the extent that an obligation of a party involves a duty of best efforts in the performance of an activity, that party is bound to make such efforts as would be made by a reasonable person of the same kind in the same circumstances."

[38] OLG Köln, EWiR 1994, 533.

[39] So auch *Kösters*, NZG 1999, 623 (626) – § 8; *Leonhard*, in: Hoffmann-Becking/Rawert (Hrsg.), Beck'sches Formularhandbuch Bürgerliches, Handels- und Wirtschaftsrecht, III. D. 12. Letter of Intent, Anm. 16; *Meyer-Spangenberg*, in: Hoffmann-Becking/Rawert (Hrsg.), Beck'sches Formularhandbuch Bürgerliches, Handels- und Wirtschaftsrecht, III. A. 8. Absichtserklärung, Anm. 11; *Bortolotti*, Drafting and Negotiating International Commercial Contracts, S. 157.

shall validly be implemented by conclusion of a separate agreement. However, the following parts shall be binding as a contractual agreement: Confidentiality, Exclusivity, Jurisdiction and Place of Venue.“

3. Weitere Gestaltungshinweise

a) Ausgangspunkt

Der Inhalt eines LoI, MoU oder Term Sheet hängt sehr vom Einzelfall ab. Es werden jeweils nur die wesentlichen – in erster Linie kommerziellen – Eckpunkte des künftigen Vertrages geregelt. Typische Standardklauseln (Gewährleistungen, Haftungsregelungen, etc.) werden in diesen Dokumenten ausgespart. Deshalb gibt es auch kein Muster[40] im eigentlichen Sinne. Je nach dem Stadium der Transaktion, in dem es zum Abschluss eines LoI, MoU oder Term Sheet kommt, sind die Regelungen noch allgemein gehalten oder gehen bereits in die Einzelheiten. Während ein LoI häufig als einseitiges Schreiben einer Partei gerichtet an die andere Partei ist, die meistens durch Gegenzeichnung bestätigt wird, handelt es sich bei einem MoU oder einem Term Sheet um Vereinbarungen, die in der Praxis häufig in größerem Umfang verbindliche oder detailliertere Regelungen enthalten können. Im Folgenden soll allgemein auf Formerfordernisse und übliche Regelungen eingegangen werden, denen verbindliche Wirkung zukommen soll. Empfehlenswert sind mit Blick auf die verbindlichen Vorfeldvereinbarungen Bestimmungen zum anwendbaren Recht, zum Gerichtsstand sowie eine salvatorische Klausel.

b) Form

Sind LoI, MoU oder Term Sheet unverbindlich gehalten, bedürfen sie keiner Form.[41] Nur soweit in dem Dokument rechtlich verbindliche Verpflichtungen aufgenommen sind, ist also z. B. der LoI als Vorvertrag ausgestaltet,[42] d. h. ergibt sich daraus die Verpflichtung, einen Vertrag abzuschließen, kann es je nach Gegenstand Formerfordernisse geben. Z. B. bedarf die Einräumung einer Option mit Blick auf Geschäftsanteile an einer GmbH nach deutschem Recht zur Wirksamkeit der notariellen Beurkundung. Dies gilt auch für solche Konstellationen, in denen die Verpflichtungen unter Bedingungen eingegangen werden.[43]

[40] *Meyer-Spangenberg*, in: Hoffmann-Becking/Rawert (Hrsg.), Beck'sches Formularhandbuch Bürgerliches, Handels- und Wirtschaftsrecht, III. A, 8. Absichtserklärung, Anm. 1.

[41] *Kösters*, NZG 1999, 623 (624).

[42] Vgl. LG Paderborn NZG 2000, 899 (900); kritisch mit Blick auf Break Fee-Vereinbarungen: *Sieger/Hasselbach*, BB 2000, 625 (626 ff.) mit Darstellung des Streitstandes in Fußnote 13.

[43] *Kösters*, NZG 1999, 623 (624).

c) Verbindliche Vorfeldvereinbarungen

In einem LoI, MoU oder Term Sheet gibt es in der Regel einen Passus, nach dem sich die Parteien zur Geheimhaltung verpflichten. Zu derartigen Regelungen gilt das oben im Zusammenhang mit einer *Vertraulichkeitsvereinbarung* Gesagte entsprechend.

Daneben hat der Verhandlungspartner, für den die Transaktion im Vorfeld mit hohen Kosten verbunden ist, ein Interesse an einer *Exklusivitätsabrede*. Danach verpflichten sich die Parteien, bis zum Abschluss des Vertrages oder bis zu einem anderen Zeitpunkt (z. B. dem endgültigen Scheitern der Verhandlungen) keine Parallelverhandlungen mit Dritten zu führen. Bei einem Verkauf von Gegenständen hat in der Regel der Verkäufer ein starkes Interesse daran, in dieser Entscheidung frei zu sein, um unter den potentiellen Käufern möglichst eine Wettbewerbssituation schaffen zu können. Umgekehrt sind die Käufer, die insbesondere im Zusammenhang mit aufwendigen Due Diligence Prüfungen hohe Kosten verauslagen werden, daran interessiert, Exklusivität zugesagt zu bekommen.[44] Aus Verkäufersicht sind Exklusivitätsabreden allenfalls dann akzeptabel, wenn sich der potentielle Käufer bezogen auf den Kaufpreis weitestgehend auf eine Bandbreite festgelegt hat. Wie auch bei Vertraulichkeitsvereinbarungen ist es bei der Verletzung einer Exklusivitätsabrede schwierig, den entstandenen Schaden nachzuweisen. Vor diesem Hintergrund empfiehlt sich auch insoweit die Vereinbarung einer Vertragsstrafe.[45]

Beispiel für die Formulierung einer Exklusivitätsabrede: „*1. A shall terminate, and ensure that its agents terminate, all discussions and/or negotiations currently taking place with third parties relating to the Project or a similar transaction. 2. A will not enter into an agreement regarding the Project until [date], unless B breaks up the contractual negotiations. 3. For each and every breach of this exclusivity agreement a penalty in the amount of EUR [...] has to be paid to the other party. Any rights to claim for additional damages shall remain unaffected.*"

Um potentielle Käufer auch ohne die Zusage von Exklusivität im Prozess zu halten, können sich sogenannte *Break Fee-Vereinbarungen* empfehlen. Dies ist ein vertragliches Versprechen der Zahlung einer vereinbarten Geldsumme für den Fall, dass die geplante Transaktion aufgrund von bestimmten, vertraglich festgelegten Gründen scheitert, die entweder durch eine Partei zu vertreten sind oder zwar von keiner Partei zu vertreten sind, jedoch die Transaktion nicht mehr durchführbar machen.[46] Break Fee-Vereinbarungen kommen vielfach bei Übernahmetransaktionen zum

---

[44] *Kuhn*, Exklusivvereinbarungen bei Unternehmenszusammenschlüssen, S. 19.

[45] *Kösters*, NZG 1999, 623 (624).

[46] *Guinomet*, Break Fee-Vereinbarungen: eine Untersuchung von Vereinbarungen für den Fall des Scheiterns einer M&A-Transaktion, S. 30; *Sieger/Hasselbach*, BB 2000, 625.

Einsatz, in diesem Zusammenhang werden auch ihre rechtlichen Grenzen im Hinblick auf das jeweils geltende Übernahmerecht oder Gesellschaftsrecht diskutiert.[47] Es handelt sich nicht um eine Vertragsstrafe, bei der die Hauptverbindlichkeit – dies wäre bei Break Fee-Vereinbarungen der Abschluss des Hauptvertrages – erzwungen werden soll.[48] Die Höhe der Break Fees sollte deutlich unter dem Transaktionswert liegen und sich an dem tatsächlichen Aufwand orientieren.[49]Neben extern vergeblich generierten Kosten ist auch der Ausgleich von internen Kosten nicht unüblich. Zu überlegen ist in der Regel, ob die Zahlung der Break Fee ungeachtet der Gründe für das Scheitern des Vertragsschlusses vereinbart wird oder ob die Break Fee nur dann greifen soll, wenn ein Dritter aufgrund eines höheren Preises den Zuschlag erhält. Überzeugender ist es, dies nicht an bestimmte Umstände zu knüpfen, sondern allein auf die Tatsache des Vertragsschlusses mit einem Dritten abzustellen. Auf diese Weise wird anschließend Streit vermieden.

Beispiel für die Formulierung einer Break Fee-Vereinbarung: „*1. The parties estimate the expenses of A during the transaction including internal and external resources with EUR____. 2. A has been informed that B is in relation to the transaction also in negotiations together with other interesting parties. 3. In the event that B will conclude an agreement with regard to the transaction with a party other than A, B undertakes to compensate the expenses as defined under Section 1.*"

4. Checkliste

- Bezeichnung der Vertragspartner
- Konkretisierung des Transaktionsvorhabens
- Interesse bekunden an der Durchführung des Vertrages
- Zusammenfassung aller Verhandlungsergebnisse
- Zusammenfassung aller noch zu klärenden Punkte
- Bei Unternehmensübernahmen: Zeitplan der Due-Diligence-Prüfungen, ggf. Formeln zur Ermittlung eines Kaufpreises
- Befristungen, Bedingungen, Vorbehalte
- Verschwiegenheitsverpflichtung, ggf. Vertragsstrafe

---

[47] Vgl. z. B. *Sieger/Hasselbach*, BB 2000, 625 (627, 630) mit Blick auf die Zulässigkeit unter dem geltenden Gesellschaftsrecht (z. B. keine Verletzung gegen den Grundsatz der Kapitalerhaltung) und dem Übernahmekodex; vgl. auch *Fleischer*, Die Aktiengesellschaft 2009, 345; kritisch in diesem Zusammenhang auch die Frage, inwieweit Formerfordernisse Anwendung finden, so z. B. LG Paderborn, NZG 2000, 899 mit zustimmender Anmerkung von *Gehling* bezogen auf eine in Aussicht genommene Verschmelzung gemäß § 13 Abs. 3 UmwG.

[48] *Sieger/Hasselbach*, BB 2000, 625 (626).

[49] *Sieger/Hasselbach*, BB 2000, 625 (629) gehen von 0,5–0,9 % des Transaktionswertes aus.

- Exklusivitätsabrede, ggf. Vertragsstrafe
- ggf. Break Fee-Vereinbarung
- Beendigungsgründe für die laufenden Verhandlungen bzw. keine Ausgleichszahlungen bei einem Abbruch der Vertragsverhandlungen
- Keine Bindungswirkung
- Rechtswahl, Gerichtsstand, Salvatorische Klausel
- Rechtswahl, Gerichtsstand, Salvatorische Klausel

E Leistungsstörungen

Besondere Aufmerksamkeit verdient die Frage der Leistungsstörungen. Erfahrungsgemäß stellen sich Fragen nach der Wirksamkeit und dem Inhalt eines Vertrages in der Regel dann, wenn eine Partei der Meinung ist, keine vertragsgemäße Leistung von ihrem Partner zu erhalten. In diesem Fall muss ermittelt werden, welche Leistungspflichten bestehen, ob sie erfüllt wurden und werden und welche Rechtsfolgen mit Vertragsverletzungen verbunden sind.

Man kann hierbei rechtlich zwei Ebenen unterscheiden: Zum einen muss kollisionsrechtlich beurteilt werden, welches Sachrecht für die Beurteilung von Leistungsstörungen zur Anwendung kommt. Zum anderen müssen anhand des Sachrechts der Pflichtenkatalog und die Rechtsfolgen möglicher Pflichtverstöße beurteilt werden.

I. Kollisionsrechtliche Anknüpfung

1. Leistungsstörungen im Allgemeinen

Kollisionsrechtlich ist die zentrale Norm für Leistungsstörungen Art. 12 Abs. 1 c) Rom I-VO, wonach das nach der Rom I-VO auf einen Vertrag anzuwendende Recht insbesondere maßgebend ist für

> *c) die Folgen der vollständigen oder teilweisen Nichterfüllung dieser Verpflichtungen, in den Grenzen der dem angerufenen Gericht durch sein Prozessrecht eingeräumten Befugnisse, einschließlich der Schadensbemessung, soweit diese nach Rechtsnormen erfolgt.*

„Nichterfüllung" meint das vollständige Ausbleiben der geschuldeten Leistung und jede Abweichung der erbrachten Leistung von der vertraglich geschuldeten.[1] Demnach richten sich also allgemein die Folgen der Leistungsstörungen nach dem Vertragsstatut. Über den Wortlaut hinaus richten sich neben den *Wirkungen* der Leistungsstörungen („*Folgen der Nichterfüllung*") auch die *Voraussetzungen* derselben nach dem

[1] *Spellenberg*, in: MüKo-BGB, Art. 12 Rom I-VO Rn. 77.

C. Grau, K. Markwardt, *Internationale Verträge*,
DOI 10.1007/978-3-642-05350-4_5, © Springer-Verlag Berlin Heidelberg 2011

Vertragsstatut.[2] Dies entspricht der ganz herrschenden Meinung, wonach möglichst alle Rechte und Pflichten dem Vertragsstatut unterstellt sein sollen.[3] Es richten sich wegen Art. 12 Abs. 1 c) Rom I-VO daher die Voraussetzungen und Rechtsfolgen einer vollständigen oder nur teilweisen Nichterfüllung, einer nicht vertragsgemäßen Leistungserbringung (insbesondere Sachmängel), sowie der Verletzung von Nebenpflichten grundsätzlich nach dem Vertragsstatut.[4] Auch Fragen hinsichtlich des Wegfalls der Geschäftsgrundlage richten sich gemäß Art. 12 Rom I-VO nach dem Vertragsstatut.

2. *Culpa in Contrahendo (C.i.C.)*

Traditionell umstritten war, ob die kollisionsrechtliche Anknüpfung von Ansprüchen aus culpa in contrahendo nach den vertraglichen oder den deliktischen Vorschriften vorzunehmen war.

Durch die seit dem 11.1.2009 geltende Rom II-Verordnung ist nunmehr klargestellt, dass es sich bei der c.i.c. um ein außervertragliches Schuldverhältnis handelt (Art. 2 Abs. 1 Rom II-VO).[5] Deren Anknüpfungsregeln sind daher grundsätzlich nicht in der Rom I-VO zu suchen, sondern ergeben sich aus den Art. 38 ff. EGBGB beziehungsweise der Rom II-VO.

Die häufigsten Fälle der c.i.c. sind jedoch gemäß Art. 12 Abs. 1 Rom II-VO akzessorisch an das (hypothetische) Vertragsstatut angeknüpft und so findet doch noch die Rom I-VO Anwendung. Lediglich wenn eine Anknüpfung nach Abs. 1 nicht möglich ist, findet eine Anknüpfung gemäß der in Abs. 2 genannten Anknüpfungspunkte statt. Danach gilt das Recht des Staates, in dem der Schaden aus unerlaubter Handlung eintritt (Art. 4 Abs. 1 Rom II-VO bzw. Art. 40 Abs. 2 EGBGB), also der Erfolgsort. Damit bringt die Rom II-Verordnung eine erhebliche Änderung mit sich, denn unter Geltung des Art. 40 Abs. 1 S. 1 EGBGB war grundsätzlich das Recht des Ortes maßgeblich, in dem der Ersatzpflichtige gehandelt hatte.[6]

II. Sachrechtliche Regelungen

Das Sachrecht der Leistungsstörungen ist weitgehend unvereinheitlicht in den nationalen Rechtsordnungen geregelt. Ein einheitliches Regelwerk besteht allerdings bereits im Anwendungsbereich des CISG. Zu beachten ist auch, dass die Vorschriften über den Verzug innerhalb der EU teilweise angeglichen wurden.

---

[2] BGHZ 123, 200; *Spellenberg*, in: MüKo-BGB, Art. 12 Rom I-VO Rn. 76; *Magnus*, in: Staudinger, BGB, Art. 32 EGBGB a.F. Rn. 44; Reithmann/*Martiny*, Internationales Vertragsrecht, Rn. 321; *Thorn*, in: Palandt, BGB, Art. 12 Rom I-VO Rn. 7.

[3] *Spellenberg*, in: MüKo-BGB, Art. 12 Rom I-VO Rn. 3.

[4] Vgl. *Spellenberg*, in: MüKo-BGB, Art. 12 Rom I-VO Rn. 50 f.

[5] *Thorn*, in: Palandt, BGB, Art. 1 Rom II-VO Rn. 3.

[6] Vgl. *Thorn*, in: Palandt, BGB, Anhang zu Art. 38 bis 42 EGBGB, Art. 4 Rom II-VO Rn. 1.

1. Sonderfall: Anwendungsbereich des CISG

Das CISG enthält in den Art. 25 bis 29 umfassende Regelungen des Leistungsstörungsrechts. In vielen Bereichen bestehen Ähnlichkeiten mit dem deutschen Schuldrecht seit der Schuldrechtsreform.

Grundsätzlicher Rechtsbehelf des UN-Kaufrechts für Pflichtverletzungen ist der Schadensersatzanspruch, der nach den Art. 77 ff. CISG zu berechnen ist.

Weitergehende Rechtsbehelfe wie die Aufhebung des Vertrages beziehungsweise eine Ersatzlieferung kann der Gläubiger nur bei Vorliegen einer wesentlichen Pflichtverletzung verlangen. Da die Wesentlichkeit einer Pflichtverletzung in Art. 25 CISG generalklauselartig formuliert ist, kann über deren Vorhandensein leicht Unklarheit entstehen. Entscheidet ein Gericht im Nachhinein, dass eine wesentliche Vertragsverletzung nicht vorlag, hat derjenige, welcher eine Aufhebungserklärung abgegeben oder eine Ersatzlieferung verlangt hat, selbst eine Pflichtverletzung begangen.[7] Aus diesem Grund ist für die Vertragspraxis zu empfehlen, dass die Vertragspflichten, mit deren Erfüllung zumindest aus Sicht einer Partei der Vertrag „steht und fällt" ausdrücklich als solche benannt werden. Allerdings besteht eine diesbezügliche Grenze.

Beispiel:[8] Es würde eine AGB-rechtlich unzulässige Regelung darstellen, sämtliche Pflichten als wesentlich zu bezeichnen und damit für jegliche Vertragsverletzung ein Aufhebungsrecht beziehungsweise ein Nachlieferungsrecht zu schaffen.

Grundsätzlich sind die Rechtsfolgen einer Leistungsstörung im Rahmen des CISG abdingbar wie sich bereits aus Art. 6 CISG ergibt. Insbesondere kann an die Vereinbarung von Haftungsausschlüssen, haftungsmäßigen Höchstgrenzen, Schadenspauschalen und die Vereinbarung einer Ausschlussfrist für die Geltendmachung des Schadens gedacht werden.[9]

2. Allgemeine Voraussetzungen der Leistungsstörungen

Nach der allgemeinen kollisionsrechtlichen Anknüpfung ergeben sich die Voraussetzungen der Leistungsstörungen aus dem Vertragsstatut. In diesem Rahmen können ausschließlich die Voraussetzungen der wichtigsten deutschen Regelungen im Leistungsstörungsrecht überblicksartig skizziert werden.

---

[7] *Benicke*, in: MüKo-HGB, Art. 25 CISG Rn. 38.

[8] *Benicke*, in: MüKo-HGB, Art. 25 CISG Rn. 39.

[9] *Benicke*, in: MüKo-HGB, Art. 25 CISG Rn. 44.

a) Teil- oder Schlechtleistung

Eine Nichterfüllung gemäß Art. 12 Abs. 1 c) Rom I-VO liegt jedenfalls dann vor, wenn eine nur teilweise Erfüllung, also eine nicht vollständige Erfüllung erbracht wird. Im Unterschied zur Schlechtleistung, kann der erbrachte Anteil der Leistung durchaus den vereinbarten Vorgaben entsprechen, also die Qualität der geschuldeten Leistung aufweisen. Allerdings bleibt die erbrachte Leistung quantitativ hinter der geschuldeten Leistung zurück.

Damit ist die Schlechtleistung bereits angesprochen. Eine Schlechtleistung liegt vor, wenn die erbrachte Leistung von der vereinbarten negativ abweicht, also ein qualitatives Unterschreiten der Leistungsvorgaben vorliegt. Den „Paradefall" einer Schlechtleistung bildet der Sach- oder Rechtsmangel.

b) Verzug

Eine weitere Leistungsstörung bildet der Verzug. Nach deutschem Recht setzt der (Schuldner)Verzug voraus, dass der Schuldner auf eine nach Eintritt der Fälligkeit erfolgte Mahnung des Gläubigers nicht leistet (§ 286 Abs. 1 BGB). Die geschuldete Leistung muss also fällig sein (was im Zweifel gemäß § 271 Abs. 1 BGB sofort der Fall ist) und der Gläubiger muss den Schuldner gemahnt, mit anderen Worten ihn aufgefordert haben, die geschuldete Leistung zu erbringen.[10] Alternativ kann ein Verzug auch ohne Mahnung gemäß § 286 Abs. 2, 3 BGB eintreten. Die beiden wichtigsten Fälle des Verzug begründenden Tatbestandes, ohne dass eine Mahnung notwendig wird, sind die in Abs. 2 Nr. 1 kalendermäßig bestimmte Leistungszeit und die Regelung, dass bei einer Entgeltforderung der Verzug spätestens 30 Tage nach Fälligkeit und Zugang einer Rechnung eintritt (worauf bei Verbrauchern allerdings ausdrücklich hingewiesen werden muss).

Zu beachten ist noch, dass die Voraussetzungen über den Verzug weitgehend auf der Umsetzung der Zahlungsverzugsrichtlinie[11] beruhen. In anderen europäischen Ländern kann daher von ähnlichen sachrechtlichen Regelungen ausgegangen werden.

c) Unmöglichkeit

Die zentrale Vorschrift für die Regelung der (nach Vertragsschluss entstandenen, also nachträglich eingetretenen) Unmöglichkeit findet sich seit der Schuldrechtsreform von 2002 in § 275 n. F. BGB. Nach § 275 Abs. 1 BGB wird der Schuldner einer Leistung von der Leistungspflicht frei, wenn deren Erbringung für ihn oder für jedermann unmöglich ist. Erfasst sind also die Fälle der subjektiven und der ob-

---

[10] Vgl. *Grüneberg*, in: Palandt, BGB, § 286 Rn. 16.

[11] RL 2000/35/EG des Europäischen Parlaments und des Rates vom 29.6.2000 zur Bekämpfung von Zahlungsverzug im Geschäftsverkehr, ABl. EG 2000 Nr. L 200/35.

jektiven Unmöglichkeit, auf die sich der Schuldner nicht berufen muss, weil deren Rechtsfolge (Befreiung von der Leistungspflicht) kraft Gesetz angeordnet wird.[12]

Beispiel:[13] Der *BGH* entschied, dass die Erfüllung der Pflichten aus einem Kaufvertrag zwischen einem inländischen Verkäufer und einem inländischen Käufer, die ersterer nur durch Einfuhr der Ware aus dem Ausland erfüllen konnte, wegen subjektivem Unvermögen entfiel, weil das Einfuhrkontingent für das maßgebliche Jahr bereits erschöpft war (heute: subjektive Unmöglichkeit, § 275 Abs. 1 Var. 1 BGB).

Objektive Unmöglichkeit liegt hingegen vor, wenn die Erbringung einer Leistung jedermann, einschließlich des Verpflichteten, unmöglich ist. Ein vorübergehendes Leistungshindernis kann dabei einem dauernden Hindernis gleichgestellt sein. Insbesondere beim Warenhandel können die Dispositionen schon durch eine zeitweilige Unmöglichkeit der Leistung so nachhaltig gestört werden, dass ein Festhalten am Vertrag nicht mehr zumutbar erscheint.[14]

Wird die Erfüllung eines Vertrags durch den Ausbruch eines Krieges unmöglich, so ist dieses an sich nur vorübergehende Leistungshindernis in aller Regel als dauernde (objektive) Unmöglichkeit zu behandeln, weil es etwas wesentlich anderes sein soll, ob sofort oder erst nach dem unabsehbaren Ende des Krieges erfüllt wird.[15]

Beispiel:[16] Bei einem Werkliefervertrag zur Lieferung und Montage einer Tierkörperverwertungsanlage wurde der deutsche Lieferant wegen politischer Wirren nach Ausbruch der iranischen Revolution von der Montagepflicht wegen Unmöglichkeit frei.

Im Bereich des § 275 Abs. 2 BGB kann es zu Überschneidungen mit dem Institut des Wegfalls der Geschäftsgrundlage kommen. Das Verhältnis der beiden Normen ist noch nicht abschließend geklärt.

d) Störung bzw. Wegfall der Geschäftsgrundlage

Das seit der Schuldrechtsreform in § 313 BGB kodifizierte, vorher richterrechtlich anerkannte Institut des Wegfalls der Geschäftsgrundlage nennt folgende Voraus-

---

[12] *Jauernig*, BGB, § 275 Rn. 31.

[13] In Anlehnung an BGH, NJW 1983, 2873.

[14] BGHZ 83, 197 = NJW 1982, 1458.

[15] BGHZ 83, 197 = NJW 1982, 1458.

[16] BGHZ 83, 197 = NJW 1982, 1458.

setzungen: Es müssen sich Umstände, die Grundlage des Vertrages geworden sind, nach Vertragsschluss schwerwiegend verändert haben. Weiterhin muss als hypothetisches Element hinzukommen, dass die Parteien, wenn sie diese Veränderungen vorausgesehen hätten, nicht oder nicht mit diesem Inhalt geschlossen hätten und zuletzt, dass einer Partei unter Berücksichtigung aller Umstände des Einzelfalls, insbesondere der Risikoverteilung, das Festhalten am unveränderten Vertrag nicht zumutbar ist. Insbesondere bei den Fragen der *schwerwiegenden* Veränderung und der *Zumutbarkeit* am Festhalten des Vertrages handelt es sich um stark wertungsabhängige Voraussetzungen.

In internationalen Verträgen kommt dem Wegfall der Geschäftsgrundlage eine weit größere Bedeutung zu, als bei reinen Inlandsverträgen. Dies hängt mit Unwägbarkeiten in verschiedenen Bereichen zusammen, die selbst bei Kenntnis der ausländischen Gegebenheiten nicht immer vertraglich berücksichtigt werden können. Dies kann etwa auf starke Währungsschwankungen zutreffen, ebenso auch auf exorbitante Preissteigerungen bestimmter Produkte (v. a. von Rohstoffen wie Erdöl oder Erdgas). Vielfach stellten aber auch politische Unruhen, Umwälzungen oder Kriege unüberwindbare Hindernisse für die Durchführung internationaler Verträge dar. Auch dann kann die Regelung über den Wegfall der Geschäftsgrundlage zu sachgerechten Lösungen führen.

Beispiel:[17] Bei einem Vergleich zwischen einem deutschen Exporteur und einem iranischen Importunternehmen, der die Beseitigung eines Schadens des Importeurs durch Bierlieferungen vorsah, entfiel die Geschäftsgrundlage, weil nach der iranischen Revolution ein Bierimportverbot erlassen wurde, das den Import von Bier unter Androhung der Todesstrafe verbot.

Es sollte nicht übersehen werden, dass überdies die derzeitige Krise auf den Finanzmärkten zu Situationen führen kann, die den Wegfall der Geschäftsgrundlage nahe legen. Es scheint durchaus möglich, dass dieses Institut in der aktuellen Situation eine neue Blüte erleben wird. In jüngerer Zeit wurde etwa diskutiert, dieses Institut dann anzuwenden, wenn es dem Käufer auf Grund wirtschaftlicher Veränderungen wesentlich erschwert wird, eine Finanzierung seines Kaufpreises zu erreichen, wobei dies wohl eher keinen Fall des Wegfalls der Geschäftsgrundlage darstellen dürfte.[18] Diskussionswürdig ist auch der Fall, dass sich der Zustand einer zu erwerbenden Zielgesellschaft erheblich verschlechtert oder diese gar insolvent wird. Dann scheint es möglich, von einem Wegfall der Geschäftsgrundlage auszugehen.[19]

Allerdings wird von der Rechtsprechung oftmals die Formel verwendet, dass die Auflösung oder Anpassung eines Vertrages „*zur Vermeidung untragbarer, mit Recht*

[17] BGH, NJW 1984, 1746.

[18] Vgl. *Kuntz*, WM 2009, 1257 (1258 ff.).

[19] *Kuntz*, WM 2009, 1257 (1262 f.).

und Gerechtigkeit schlechthin unvereinbarer Folgen unabweislich erscheinen" [20] muss. So wenig praktikabel diese Formel im Einzelfall auch sein mag, macht sie doch deutlich, dass die Voraussetzungen des Wegfalls der Geschäftsgrundlage nur in absoluten Ausnahmefällen erreicht sein dürften. Es ist daher durchaus sachgerecht, Regelungen über Voraussetzungen und Rechtsfolgen der Änderung von Vertragsumständen in eine vertragliche Klausel aufzunehmen, zumal § 313 BGB als Generalklausel für manche Rechtsbereiche nicht immer passen mag.

3. Folgen der Leistungsstörungen

Die Rechtsfolgen der Leistungsstörungen können sehr unterschiedlich sein. Auch an dieser Stelle kann nur ein knapper Überblick über die gesetzlichen Rechtsfolgen gegeben werden.

a) Individualvertragliche Vereinbarung von Rechtsfolgen

Darüber hinaus ist stets daran zu denken, dass die Rechtsfolgen von Leistungsstörungen zu einem guten Teil individualvertraglich vereinbart werden können. Für den häufigen Fall der Verwendung Allgemeiner Geschäftsbedingungen ist dabei stets an die Inhaltskontrolle des § 307 BGB zu denken. Zwar sind die §§ 308, 309 BGB nicht anwendbar auf Geschäftsbedingungen gegenüber Unternehmern (§ 310 Abs. 1 S. 1 BGB), allerdings sind die Wertungen der beiden Normen dann im Rahmen des § 307 Abs. 1, 2 BGB zu berücksichtigen, wobei „auf die im Handelsverkehr geltenden Gewohnheiten und Gebräuche" „angemessen Rücksicht zu nehmen" ist (§ 307 Abs. 1 S. 2 BGB).

Insbesondere werden häufig Regelungen vereinbart, wonach ein Vertrag unter bestimmten Umständen beendet wird bzw. Leistungspflichten entfallen und unter welchen Umständen Schadensersatz zu leisten ist.[21]

b) Kein Haftungsausschluss

Ob im Fall von Leistungsstörungen weitere Rechtsfolgen eintreten, hängt ganz wesentlich davon ab, ob ein wirksamer Haftungsausschluss zwischen den Parteien vereinbart wurde. Auch dessen wirksame Vereinbarung richtet sich nach dem Vertragsstatut.

---

[20] BGHZ 133, 316=NJW 1997, 1702 (1704); BGH, NJW 1991, 1478 (1479); BGHZ 133, 281= NJW 1997, 320 (323).

[21] Zu einzelnen wichtigen Klauseln vgl. die Ausführungen im nachfolgenden Kapitel.

Beispiel:[22] Die Klausel *„richtige und rechtzeitige Selbstbelieferung vorbehalten"* stellt in der Sache einen Haftungsausschluss für den Fall fehlerhafter oder verspäteter Selbstbelieferung des Verkäufers dar. Rechtstechnisch stellt sie entweder eine den Vertrag auflösende Bedingung oder ein Rücktrittsrecht des Schuldners dar. Ob sie wirksam ist, beurteilt sich nach dem anzuwendenden Recht.

Maßstab für einen Haftungsausschluss sind die allgemeinen Regeln.

c) Schuldbefreiung, Vertragsanpassung

Eine Schuldbefreiung tritt von Gesetzes wegen in Fällen der Unmöglichkeit (§ 275 Abs. 1 BGB), sowie bei Unzumutbarkeit (§ 275 Abs. 2, 3 BGB) – in letzterem Fall, wenn sich der Schuldner darauf beruft – ein.

Eine Vertragsanpassung ist primär bei Störung der Geschäftsgrundlage vorgesehen (§ 313 Abs. 1 BGB).

Sowohl Schuldbefreiungen als auch Vertragsanpassungen können individualvertraglich geregelt werden, was insbesondere bei größeren Projekten durchaus üblich ist. Für besondere Konstellationen können solche Vereinbarungen zentrale Bedeutung bekommen.[23]

d) Schadensersatz

Nach der gesetzlichen Regelung des § 280 Abs. 1 BGB setzt ein Schadensersatzanspruch grundsätzlich neben der Pflichtverletzung (Teil- oder Schlechtleistung, Verzug, Unmöglichkeit) das Verschulden des Anspruchsgegners bzw. dessen Vertretenmüssen der Pflichtverletzung voraus.

Es kann sich durchaus empfehlen, die gesetzlichen Vorschriften vertraglich zu präzisieren, indem etwa die Leistungspflichten genau benannt werden, so dass die Feststellung einer Pflichtverletzung ohne größeren Aufwand möglich ist. Schwierigkeiten bestehen häufig auch bei der Bestimmung des Schadens. Es kann daher von Vorteil sein, die Höhe von Schadensersatzansprüchen vertraglich – innerhalb des Zulässigen – etwa durch Schadenspauschalierungen zu regeln, was häufig geschieht.

[22] Vgl. Reithmann/*Martiny*, Internationales Vertragsrecht, Rn. 321.

[23] Vgl. auch dazu die Ausführungen zu „essential clauses" im nächsten Kapitel.

e) Rücktritt bzw. Kündigung

Nach der Grundsystematik des deutschen Rechts kann der Gläubiger von dem (gegenseitigen) Vertrag zurücktreten, wenn der Schuldner die Leistung nicht oder nicht vertragsgemäß erbracht hat und eine Frist zur Leistungserbringung erfolglos verstrichen ist (§ 323 Abs. 1 BGB). Bei Dauerschuldverhältnissen tritt an die Stelle des Rücktritts die Kündigung (§ 314 Abs. 1, 2 BGB).

Rücktritts- bzw. Kündigungsrechte werden häufig ebenfalls vertraglich näher geregelt.

f) Zinsen

Wichtige Regelungen im deutschen Recht stellen im Hinblick auf Zinsen vor allem die §§ 288, 291 BGB dar.

Nach § 288 Abs. 1 BGB ist eine Geldschuld während des Verzugs zu verzinsen. § 291 BGB trifft die Regelung, dass eine Geldschuld auch bei Fehlen der Verzugsvoraussetzungen ab dem Zeitpunkt der Rechtshängigkeit zu verzinsen ist.

g) Vertragsstrafen

Vertragsstrafen sind – wie sich schon aus dem Wortlaut ergibt – von Gesetzes wegen nicht vorgesehen. Aus der Regelung des § 309 Nr. 6 BGB ergibt sich allerdings, dass eine vertragliche Vereinbarung nicht grundsätzlich ausgeschlossen ist.

4. Warranty – Bedeutung und vertragliche Ausgestaltung

a) Warranty, Guarantee und Garantie – Unterschiede und Gemeinsamkeiten

Im anglo-amerikanischen Rechtskreis bzw. in Verträgen in englischer Sprache findet man häufig die Begriffe „warranty“ bzw. „guarantee“. Oft wird beides schlichtweg mit Garantie übersetzt, häufig wird aber auch das deutsche System von Gewährleistung und Garantie eins zu eins auf diese Begriffe übertragen. Beides ist jedoch nicht ganz richtig. Da hier das Risiko in der (fälschlichen) Verwendung der Begriffe an sich liegt, sollen diese zunächst kurz erläutert werden.

aa) „Garantie“ im deutschen Recht

Eine Garantie ist eine durch den Garantiegeber – zumeist Verkäufer, Hersteller oder Bauunternehmer – freiwillig eingeräumte Einstandspflicht. Sie ist vertraglicher Natur und kann grundsätzlich die unterschiedlichsten Versprechen enthalten; die jeweiligen Voraussetzungen und Rechtsfolgen eines Garantiefalles werden zumeist in den Garantiebedingungen geklärt. Im deutschen Kaufvertragsrecht ist die Garantie in Form einer Beschaffenheits- bzw. Haltbarkeitsgarantie seit der Schuldrechtsreform in § 443 BGB ausdrücklich geregelt, welcher besagt, dass der Verkäufer freiwillig für die Beschaffenheit der Sache oder dafür, dass die Sache für eine bestimmte Dauer eine bestimmte Beschaffenheit behält, die Verantwortung übernimmt.

Im Garantiefall kann der Käufer – neben seinen gesetzlichen Gewährleistungsansprüchen[24] – seine in der Garantieerklärung und der einschlägigen Werbung angegebenen Bedingungen geltend machen. Zumeist liegen diese in der Reparatur oder Austausch der defekten Sache. Ein Verschulden für den Mangel muss den Garantiegeber dabei nicht treffen, der Schaden muss lediglich sachlich und zeitlich von der Garantie gedeckt sein. Die Beweislast, ob der Mangel davon gedeckt ist, trifft den Garantiegeber. Die Garantie verstärkt und ergänzt somit die gesetzliche Gewährleistung.

Unabhängig von der gesetzlich geregelten Garantie sind aber auch individuell vereinbarte Garantien möglich, wie z. B. eine Risikogarantie, die ein bestimmtes Schadensrisiko infolge bestimmter Umstände abdecken soll.[25]

bb) „Garantie"/„guarantee" im CISG

Das CISG enthält neben Vorschriften zur allgemeinen Mängelhaftung, die auch zugesicherte Eigenschaften in diesem Rahmen abwickelt, in Art. 36 Abs. 2 CISG sowie in Art. 39 CISG den Begriff „guarantee", in der amtlichen deutschen Fassung[26] mit „Garantie" übersetzt.

Art. 36 Abs. 2 CISG bestimmt, dass der Verkäufer auch für nach Gefahrübergang eintretende Mängel einzustehen hat, wenn er dafür eine entsprechende Garantie übernommen hat.[27] Voraussetzung für die Übernahme einer Garantie ist ein entsprechender Einstandswille, der sowohl explizit als auch implizit[28] sowie einseitig oder nach Vereinbarung geäußert werden kann.[29] Verlangt wird eine *gewisse* Garantiefrist, was jedoch nicht unbedingt zeitlich bestimmt bedeutet,[30] sondern sich auch

[24] Wie oben beschrieben in Kapitel E II. 2.

[25] Vgl. *Weidenkaff*, in: Palandt, BGB, § 443 Rn. 4, 5.

[26] Die amtliche deutsche Übersetzung gilt jedoch nicht als Originaltext.

[27] *Magnus*, in: Honsell (Hrsg.), Kommentar zum UN-Kaufrecht, Art. 36 Rn. 1, 11.

[28] LG München I IHR 2003, 233, 234 f.; Schlechtriem/*Schwenzer*, Kommentar zum einheitlichen UN-Kaufrecht, Art. 36 CISG Rn. 8; *Gruber*, in: MüKo-BGB, Art. 36 CISG Rn. 20; *Benicke*, in: MüKo-HGB, Art. 36 CISG Rn. 7.

[29] *Magnus*, in: Honsell (Hrsg.), Kommentar zum UN-Kaufrecht, Art. 36 Rn. 11 m.w.N.

[30] Im englischen Originaltext „*a period of time*" und im französischen Originaltext „*une certaine periode*", was in beiden Fällen auf eine flexiblere Regelung hinweist, als sich in der deutschen Übersetzung wiederfindet; vgl. dazu auch *Magnus*, in: Staudinger, BGB, Art. 36 CISG Rn. 17; Schlechtriem/*Schwenzer*, Kommentar zum einheitlichen UN-Kaufrecht, Art. 36 CISG Rn. 8.

aus den Umständen des Vertrags, z. B. aus einem bestimmten Verwendungszweck[31] oder der üblichen Haltbarkeitsdauer gleicher Ware[32] ergeben kann. Welche Mängel unter die Garantie fallen, bestimmt sich aus den jeweiligen Umständen, im Zweifel gilt die Garantie jedoch nur für Mängel, die der Kaufsache selbst anhaften.[33] Der Käufer trägt hierbei die Beweislast dafür, dass ein Mangel vorliegt; es ist dann Sache des Verkäufers zu beweisen, dass dieser Mangel nicht unter die Garantie fällt.[34]

Der Garantiebegriff des CISG entspricht somit der Sache nach weitestgehend dem des deutschen Rechts.

cc) Warranty & Guarantee im anglo-amerikanischen Recht

Ähnliches existiert auch im anglo-amerikanischen Rechtsraum, jedoch hat man dort desweiteren zu unterscheiden zwischen den Begriffen *„guarantee“* und *„warranty“*. Selbst von den dortigen Rechtsanwendern werden diese Begriffe aber oft deckungsgleich gebraucht, wie z. B. sogar im Uniform Commercial Code (UCC) § 2–313 (2).[35] Bei der Übersetzung ins Deutsche werden für die Differenzierung für warranty die Gewährleistung und für Guarantee die Garantie genannt. Dies ist allerdings weder ganz falsch noch wirklich richtig, wie die nachfolgenden Ausführungen verdeutlichen sollen.

(1) Guarantee

Juristisch streng genommen versteht man unter dem englischen Ausdruck *guarantee* das Versprechen einer dritten Partei, die nicht direkte Vertragspartei ist – im Regelfall eine Bank –, für eine Vertragspartei einzuspringen, wenn diese ihren Vertragspflichten nicht (mehr) nachkommt;[36] ähnlich einer *Versicherung*.[37] Im US-amerikanischen Recht wird häufig auch stattdessen der Begriff „letter of credit“

---

[31] *Magnus*, in: Honsell (Hrsg.), Kommentar zum UN-Kaufrecht, Art. 36 Rn. 12; *Schlechtriem*, Internationales UN-Kaufrecht, Rn. 147.

[32] *Magnus*, in: Honsell (Hrsg.), Kommentar zum UN-Kaufrecht, Art. 36 Rn. 12; *Gruber*, in: MüKo-BGB, Art. 36 CISG Rn. 25, 23; *Benicke*, in: MüKo-HGB, Art. 36 CISG Rn. 6; *Magnus*, in: Staudinger, BGB, Art. 36 CISG Rn. 17.

[33] *Magnus*, in: Honsell (Hrsg.), Kommentar zum UN-Kaufrecht, Art. 36 Rn. 13 m.w.N.; *Schlechtriem*, Internationales UN-Kaufrecht, Rn. 146.

[34] *Magnus*, in: Honsell (Hrsg.), Kommentar zum UN-Kaufrecht, Art. 36 Rn. 16; *Magnus*, in: Staudinger, BGB, Art. 36 CISG Rn. 27; Schlechtriem/*Schwenzer*, Kommentar zum einheitlichen UN-Kaufrecht, Art. 36 CISG Rn. 13.

[35] *„(2) It is not necessary to the creation of an express warranty that the seller use formal words such as „warrant“ or „guarantee“ or that he have a specific intention to make a warranty, but an affirmation merely of the value of the goods or a statement purporting to be merely the seller's opinion or commendation of the goods does not create a warranty.“*

[36] *Andrews/Millett*, Law of Guarantees, S. 3.

[37] Vgl. Black's Law Dictionary, S. 723 f.

genannt, generell sind aber auch die Begriffe „bond“, „surety“ oder „security“ dafür geläufig.

Die unterschiedlichen Verhältnisse des Garantieverhältnisses, *i.e.* Deckungsverhältnis, Valutaverhältnis und Garantievertrag an sich, werden unterschiedlich angeknüpft. Der Garantievertrag selbst könnte – mangels Rechtswahl – Art. 4 Abs. 1 lit. b Rom I-VO (wenn man ihn als Dienstleistungsvertrag qualifiziert) bzw. jedenfalls der Generalklausel Art. 4 Abs. 2 Rom I-VO mit der Auszahlung der Garantie als der vertragstypischen Leistung unterliegen. Anwendbar ist daher i. d. R. das Recht der Bank am Ort der Hauptverwaltung bzw. Niederlassung.[38]

Gängig in internationalen Verträgen sind folgende guarantees gegen entsprechende Risiken:

Die **bid guarantee** (Bietungsgarantie) soll das Risiko des Angebotsempfängers abfangen für den Fall, dass der Anbieter sein Angebot widerruft. Jedoch wird durch eine bid guarantee das Angebot nicht bindend, sondern der Empfänger hat in dem Fall lediglich Anspruch auf die Garantiesumme, i. d. R. 5 % der Angebotssumme, ähnlich einem pauschalierten Schadensersatz.

Die **advance payment guarantee** (Anzahlungsgarantie) dient der Absicherung einer Anzahlung oder Vorleistung, bis die entsprechende Leistung, meist innerhalb eines gewissen Zeitrahmens, erbracht wurde.[39]

Die **performance guarantee** (Erfüllungsgarantie) wird üblicherweise in internationalen Bauverträgen verwandt, insbesondere in FIDIC-Standardbedingungen.[40] Mit dieser Garantie sichert sich der Bauherr gegen Nicht- oder Schlechterfüllung von bestimmten Leistungen ab. Die Höhe bewegt sich regelmäßig zwischen 10–15 % des Vertragswertes, ähnlich einem pauschalierten Schadensersatz.

Die **warranty guarantee** (Gewährleistungsgarantie) versichert dem Begünstigten, dass der Garantienehmer im Falle einer mangelhaften Leistung seinen Gewährleistungspflichten nachkommen wird. Sollte dies nicht geschehen, so zahlt die Bank die Garantiesumme, einen gewissen Prozentsatz der Vertragssumme, an den Begünstigten aus, ähnlich einem pauschalierten Schadensersatz.

Für den Verkäufer interessant ist eine Zahlungsgarantie. Diese gibt es in verschiedenen Formen,u. a. als einfache **payment guarantee**, aber auch als **irrevocable letter of credit** (unwiderrufliches und bankbestätigtes Akkreditiv).

Vorsicht ist geboten, wenn die jeweiligen Garantien als unbedingte Garantien auf erstes Anfordern (**demand guarantee**) formuliert sind. Die Bank ist bei einer solchen Formulierung verpflichtet, dem Begünstigten die Garantiesumme ohne Prüfung des zu sichernden Anspruchs auf erstes Anfordern auszuzahlen. Dies birgt ein Missbrauchsrisiko. Ist die Garantiesumme infolge eines Missbrauchs erst ausgezahlt, so ist es in der Praxis schwierig, diese rückerstattet oder Schadensersatz zu bekommen. Es ist umstritten, wie die daraus resultierenden Schadensersatzansprüche kollisionsrechtlich anzuknüpfen sind, *i.e.* deliktisch (Art. 5 Nr. 3 EuGVO) oder

---

[38] Reithmann/*Martiny*, Internationales Vertragsrecht, Rn. 1195.

[39] Reithmann/*Martiny*, Internationales Vertragsrecht, Rn. 1200.

[40] Vgl. *Brück/Sherman*, in: Roquette/Otto (Hrsg.), Vertragsbuch Privates Baurecht, Kap. E Auslandsbau Rn. 207.

akzessorisch an das Recht, das auf die Garantie angewendet wird.[41] Eventuelle vertragliche Schadensersatzansprüche ergeben sich aus dem Garantiestatut. Daraus ergibt sich auch der Erfüllungsort, nach dessen Bestimmung evtl. eine erneute Anknüpfung nach Art. 5 Nr. 1 EuGVO erfolgt.

(2) Warranty

Im vertraglichen Kontext ist am häufigsten die warranty zu finden. Ihr liegt – im Gegensatz zur guarantee – ein zweiseitiges Vertragsverhältnis zugrunde. Eine einfache Einordnung des Begriffs ist kompliziert, da selbst in der anglo-amerikanischen Rechtssprache mehrere Bedeutungen mit dem Begriff verknüpft sind. Ursprünglich waren mit warranties die weniger wichtigen Klauseln eines Vertrages gemeint, die zwar auch entweder ausdrücklich oder implizit ein Versprechen hinsichtlich des Vertragsgegenstandes darstellten, deren Verletzung aber anders als *conditions* nicht zur Unwirksamkeit des Vertrages führen konnte, sondern lediglich zu Schadensersatz.[42] Heutzutage dreht sich der Streit zumeist, wie auch hier, um das Verhältnis der warranty zur guarantee. Eine Abgrenzung ist häufig kaum möglich. Die letztendliche juristische Einordnung von warranties kann schließlich nur nach ihrem Inhalt erfolgen.

Mit warranty kann nämlich einerseits lediglich die Gewährleistung gemeint sein und zwar sowohl die **gesetzliche Gewährleistung (implied warranty)** als auch die **vertraglich vereinbarte Gewährleistung (express warranty)**; der Begriff wird aber oft mit dem Begriff „Guarantee" deckungsgleich als Äquivalent der deutschen Haltbarkeits- und Beschaffenheitsgarantie verwendet.

Implied warranties sind gesetzliche Vorschriften, die durch Umstände des Vertrags ausgelöst werden anstatt durch eine Zusicherung des Vertragspartners. Insbesondere zu nennen sind hier der **vertragsgemäße Zustand,** die **handelsübliche Qualität** (implied **warranty of merchantability**)[43], die dem Käufer zusichert, dass sich die Kaufsache für den gewöhnlichen Gebrauch eignet, die **Brauchbarkeit für die beabsichtigte Verwendung** (implied **warranty of fitness** for a particular purpose)[44], welche eine gesetzliche Brauchbarkeitsgarantie für den Fall abstellt, dass der Verkäufer von einer bestimmten Zweckbestimmung des Käufers Kenntnis hat und die **warranty of title**[45], durch die der Verkäufer versichert, dass ihm das Eigentum bzw. das Verfügungsrecht an der Kaufsache zusteht. In die letztgenannte Kategorie fallen auch die **warranty against infringement** (Warenzeichen) und die **warranty of authorship** (Urheberrecht). Diese warranties sind nach amerika-

---

[41] Reithmann/*Martiny*, Internationales Vertragsrecht, Rn. 1202.

[42] *Guest*, in Chitty (Hrsg.), The Law of Contracts, 12–031.

[43] Vgl. Art. 35 Abs. 2 lit. a CISG; für UK Sec. 14 [2] Sales of Goods Act 1979 (SGA 1979); für USA UCC § 2–314.

[44] Vgl. Art. 35 Abs. 2 lit. b CISG; für UK Sec. 14 [3] SGA 1979; für USA UCC § 2–315; anders als die warranty of merchantability ist die warranty of fitness auf alle Verkäufer anzuwenden, nicht nur auf Kaufleute.

[45] So für USA UCC § 2–312.

nischem Einheitsrecht (Uniform Commercial Code (UCC)) in Kaufverträgen immer enthalten, es sei denn, sie sind im Vertrag ausdrücklich modifiziert oder ausgeschlossen.[46] Insofern decken sich die implied warranties weitestgehend mit dem deutschen Sachmangelbegriff.[47]

Express warranties sind dagegen ausdrückliche Zusicherungen des Verkäufers hinsichtlich bestimmter Eigenschaften einer Sache oder bestimmter Leistungen, die der Zusichernde für bestimmte Fälle zusagt. Eine express warranty liegt nicht nur dann vor, wenn die Klausel im Vertrag schriftlich festgehalten wurde, sondern kann sich auch aus bestimmten Handlungen oder Äußerungen ergeben. Insbesondere werden darunter sog. **extended warranties**, auch extended service warranties genannt, gezählt. Darin bietet der Verkäufer die Übernahme einer Leistung, meist Reparatur- oder Wartungsleistungen, die über die gesetzlichen Gewährleistungspflichten oder Standardgarantien hinausgehen. Es wird i. d. R. entweder die Garantiezeit oder die abgedeckten Schäden erweitert. Ein gebräuchliches Beispiel dafür ist z. B. die Verlängerung der Garantiezeit von drei auf fünf Jahre, evtl. gegen Zahlung eines Entgelts. Diese extended warranty stellt das Äquivalent zur deutschen Haltbarkeits- oder Brauchbarkeitsgarantie nach § 443 BGB dar.

Nach UCC § 2–313 liegt eine express warranty in folgenden drei Situationen vor:

1. Der Verkäufer bestätigt bestimmte Eigenschaften oder Versprechen hinsichtlich des fraglichen Produkts gegenüber dem Käufer.
2. Eine Beschreibung der Kaufsache wird Vertragsbestandteil.
3. Eine Probe oder ein Modell der Kaufsache wird Vertragsgrundlage.

Bei der Ausgestaltung der Klauseln ist die Wortwahl äußerst wichtig. So können warranty Klauseln nicht nur der Stärkung der Gewährleistungsrechte dienen, sondern sie können diese auch einschränken oder sogar komplett abbedingen. Sollte der Vertrag daher express warranties enthalten, so ist daneben häufig auch eine **exclusive warranty** vereinbart. Diese dient dem Zweck, die Haftung *ausschließlich auf die ausdrücklich vereinbarten Gewährleistungen zu begrenzen* und somit weitere gesetzliche Gewährleistungsansprüche auszuschließen.[48] Unauffällig formuliert aber gebräuchlich ist eine **as-is warranty**, welche der Absicherung des Verkäufers dient, der sich dadurch bescheinigen lässt, dass die Waren so verkauft werden wie sie sind, d. h. mit allen bestehenden Mängeln. Man könnte es vergleichen mit der in Deutschland gebräuchlichen Klausel „gekauft wie gesehen". Desweiteren ist ein sog. **disclaimer of warranty** sehr gebräuchlich in der Praxis, v. a. in Softwareverträgen kann man viele Beispiele finden. Diese Klausel muss allerdings deutlich gekennzeichnet sein, entweder fettgedruckt oder in Großbuchstaben, da man ansonsten Gefahr läuft, dass Gerichte die Klausel für unwirksam erklären.[49] An ihre Stelle

[46] Zum Ausschluss der gesetzlichen Gewährleistung im Vertrag s. u. im selben Kapitel zum Stichwort „disclaimer of warranties" und „as-is".

[47] Siehe oben in Kapitel E II. 2.

[48] Für ein Muster siehe Kapitel F VIII.

[49] So für USA UCC § 2–316 (1); Formulierungsbeispiele sind zu finden unter Kapitel F VIII.

würde dann wieder die gesetzliche Gewährleistung treten. Im Zweifel wird sich der Käufer auf mangelnde Aufklärung seitens des Verkäufers berufen. Letzterer trägt dafür die Beweislast. Desweiteren ist neben der **full warranty**, die bei Reparaturen Arbeits- und Materialkosten voll abdeckt, auch die **limited warranty** möglich, die im Gegensatz zur full warranty nur einen begrenzten Teil der Reparaturkosten abdeckt. Nach amerikanischem Recht (Magnuson-Moss Warranty Act) stellt die full warranty jedoch den Regelfall dar, während eine Begrenzung deutlich auf der warranty-Urkunde vermerkt sein muss.

Im **Versicherungsrecht** versteht man unter warranty dagegen eine Zusicherung des Versicherungsnehmers hinsichtlich bestimmter Eigenschaften des Versicherungsobjektes. Kann dem Versicherungsnehmer ein Bruch dieser Zusicherung nachgewiesen werden, kann der Versicherer die Police rückwirkend vom Zeitpunkt des Eintretens des Bruchs an als nichtig betrachten, selbst wenn der Bruch der Zusicherung in keiner Weise kausal für einen später eingetretenen Schaden war.[50] Warranties sind daher in diesem Gebiet unbedingt und strengstens zu beachten.

b) Praktische Hinweise

Nachdem die Begrifflichkeiten dargelegt wurden, ist anzumerken, dass letztlich die Bezeichnung der Klausel als guarantee oder warranty keine wirklichen Konsequenzen hat. Das jeweilige Gericht wird die Einordnung anhand des Inhalts vornehmen, nicht anhand der Betitelung der Klausel. Aufgrund dessen, dass eine Verwechslung der Begrifflichkeiten so häufig vorkommt, haben v. a. US-amerikanische Gerichte darin Übung. Wichtig ist, darauf zu achten, welche warranties bestehen, was diese genau umfassen sowie ob und wie warranties modifiziert oder ausgeschlossen sind.

c) Representations & Warranties Clause

Ausgestaltet ist die warranty in Verträgen im anglo-amerikanischen Stil zumeist in der sog. „Representations & Warranties Clause".[51]

Generell bezeichnet der Begriff der „representations & warranties" Tatsachenbehauptungen, wie z. B. zu rechtlichen oder tatsächlichen Voraussetzungen, wie

[50] *Schwepcke*; in: MüKo-VVG, Rückversicherungsvertragsrecht, Rn. 58.

[51] Eine Abgrenzung ist praktisch kaum relevant, da regelmäßig in Verträgen einheitliche Regelungen vorgesehen sind. Dennoch zum besseren Verständnis der Begrifflichkeiten: Man versteht unter *representations* bestätigende vor- oder außervertragliche Erklärungen zu bestimmten vergangenen oder gegenwärtigen Tatsachen, die von einer Vertragspartei gegenüber dem anderen Vertragspartner abgegeben werden, um den Vertragspartner zum Vertragsschluss oder zur Erfüllung seiner vertraglich vereinbarten Pflichten im Rahmen eines bestehenden Vertrags zu bewegen. Representations können sich im Gegensatz zu warranties nicht auf zukünftige Tatsachen oder Leistungen beziehen; sie erheben den Anspruch, zum Zeitpunkt der Erklärung wahr zu sein, so dass sich der Erklärungsempfänger auf ihre Richtigkeit verlassen kann; vgl. *Wittig*, WM 1999, 985 f. mit Verweis auf Black's Law Dictionary, S. 1327 f.

z. B. der Mangelfreiheit der Ware, einer bestimmten Eigenschaft der Ware oder der Inhaberschaft des Verfügungsrechts über die Ware. Im anglo-amerikanischen Recht bestehen vielfältige Ausgestaltungsmöglichkeiten, was im Detail im folgenden Kapitel zu Essential Clauses beschrieben wird.[52]

---

[52] S.u. Kapitel F VIII.

F Essential Clauses

Jeder Vertrag besteht aus zahlreichen Klauseln – sei er nun internationaler Natur oder rein inlandsbezogen. Für den Regelfall der Austauschverträge mit internationalem Bezug sollten zumindest folgende Klauseln in Erwägung gezogen werden. Ob sie in jedem Fall gebraucht werden und wie sie auszugestalten sind, ist im konkreten Einzelfall mit Einholung sachkundigen Rates zu entscheiden. Anhand dieser Aufstellung essentieller Klauseln empfiehlt es sich jedenfalls im Vorfeld eines umfangreicheren Vertrages die Risikoverteilung des abzuschließenden Vertrages ausführlicher zu überprüfen und, sofern möglich, zu gestalten.

I. Insurance Clause (Versicherungsklausel)

Für bestimmte Vertragsarten ist die Aufnahme einer Versicherungsklausel (insurance clause) unbedingt zu empfehlen. Eine insurance clause enthält für eine Vertragspartei die Verpflichtung, eine Versicherung abzuschließen. Üblich sind solche Klauseln etwa im Bereich internationaler Transportverträge.

Für ihre Aufnahme in die entsprechenden Verträge gibt es eine Reihe von Gründen. Zum einen haftet der den Transport durchführende Frachtführer nicht unbedingt für den vollen Schaden des Auftraggebers, da seine Haftung höhenmäßig begrenzt ist (§§ 431, 433, 660 HGB). Überdies ist es häufig sachgerechter, etwaige Regressansprüche von einem Versicherer durchsetzen zu lassen. Daraus ergibt sich ein Interesse des Auftraggebers daran, Beschädigungen seiner Ware oder deren Verlust durch den Abschluss einer Versicherung zu verallgemeinern. Ein Bedürfnis für eine Versicherung besteht immer dann, wenn ein Vertragspartner eines Dritten bedarf, um sich schadlos zu halten. Dies kann sich daraus ergeben, dass sein Vertragspartner aus rechtlichen Gründen bestimmte Risiken nicht übernimmt, aber auch daraus, dass ein Vertragspartner wirtschaftlich nicht in der Lage wäre, einen Totalschaden zu ersetzen. Aus diesen Überlegungen heraus kann sich die Vereinbarung einer Versicherungsklausel auch für andere Vertragstypen empfehlen.

C. Grau, K. Markwardt, *Internationale Verträge*,
DOI 10.1007/978-3-642-05350-4_6, © Springer-Verlag Berlin Heidelberg 2011

1. Risikoverteilung in Versicherungsklauseln

Regelmäßig wird in einer Klausel klargestellt, dass es nicht Aufgabe des künftigen Versicherungsnehmers ist, für Rechnung des Vertragspartners die Versicherung abzuschließen. Denn in einem solchen Fall könnte sich der Vertragspartner auf den Standpunkt stellen, der Abschluss der Versicherung stelle eine vertragliche Nebenpflicht dar,[1] deren Verletzung einen Schadensersatzanspruch begründen könnte.

Zu beachten sind bei der Abfassung einer insurance clause insbesondere folgende Dinge: Es sollte möglichst genau festgelegt werden, gegen welche Risiken eine Versicherung abzuschließen ist. Um dies beurteilen zu können, sind sowohl Rechtskenntnisse als auch Branchenkenntnisse notwendig.

Daneben ist die Bestimmung einer Mindestsumme pro Haftungsfall für die abzuschließende Versicherung unabdingbar. Diese sollte auch für den Fall eines worst-case-Szenarios in ausreichender Höhe gewählt sein.

Überdies sollte der Vertragspartner mit der Möglichkeit ausgestattet werden, den Abschluss der Versicherung nachzuprüfen. Für ihn ist es am Günstigsten, wenn sich der Versicherungsnehmer verpflichtet, einen Nachweis über den Abschluss der Versicherung beizubringen.

2. Musterklausel (Franchise Agreement)

1. The Franchisee shall take and maintain at his own cost during the term of this Agreement appropriate liability insurance (minimum liability coverage: EUR XX.X, XX per incident) including property damage coverage (minimum property damage coverage: EUR XX.X, XX per incident, including: fire, burglary, vandalism, water-pipe breakage, storm, hail storm) with a first class EU or UC insurance company which – apart from those risks requiring compulsory coverage under German law – shall also cover – product liability and statutory liability of any kind including business interruption cover.
2. The Franchisee is strongly recommended to take care of appropriate health and life insurance for himself.
3. The Franchisee shall – before opening of the franchise restaurant and upon request of the Franchisor – produce written evidence for appropriate and valid insurance coverage as described under para. 1 of this clause. The Franchisee shall produce the respective insurance policy upon request of the Franchisor.

---

[1] Vgl. *Weipert*, in: Münchener Vertragshandbuch Bd. 3 (Wirtschaftsrecht II), II.1 Anm. 25.

II. Pld-Klauseln: Penalty Clause (Vertragsstrafen) und Liquidated Damages

Häufig werden – in nationalen wie internationalen Verträgen – Vertragsstrafen für bestimmte vertragswidrige Verhaltensweisen festgelegt. Die Vereinbarung solcher Vertragsstrafen kann entweder zwischen den Parteien ausgehandelt sein oder formularmäßig durch Allgemeine Geschäftsbedingungen geregelt werden.

Die Vereinbarung einer Vertragsstrafe stellt für den Gläubiger einerseits einen schnellen und einfachen Mindestersatzanspruch her, da anders als bei dem gesetzlich vorgesehenen Schadensersatzanspruch nicht der erfolglose Ablauf einer Nachfristsetzung abgewartet werden muss.[2] Andererseits stellt sie ein zusätzliches Druckmittel dar, die andere Partei zur Erfüllung ihrer Verpflichtungen anzuhalten.

Häufig wird in einer Klausel auch eine sog. Schadenspauschalierung vorgenommen, d. h. es wird eine vom konkreten Fall gelöste, abstrakte Schadensberechnung festgelegt. Eine genaue Abgrenzung zwischen Vertragsstrafen und Schadenspauschalierungen ist schwierig: Vereinfacht eine Regelung lediglich die Berechnung und Durchsetzung des (gewöhnlichen) Schadens, so liegt eine Schadenspauschalierung vor.[3] Eine Vertragsstrafe wirkt dagegen eher präventiv, indem sie vielmehr eine eigenständige über den Schadensersatz hinausreichende Strafsanktion bezweckt,[4] und übersteigt daher den gewöhnlichen Schaden.[5] Die Übergänge sind jedoch fließend.[6]

In der Praxis findet man sowohl Vertragsstrafen als auch pauschalierten Schadensersatz besonders häufig in Bau-, Arbeits- oder Kaufverträgen. Sowohl in der Baubranche als auch bei Kaufverträgen steht dabei zumeist die pünktliche Erbringung der jeweiligen Leistung im Vordergrund, sodass regelmäßig für Verzug eine entsprechende Klausel aufgenommen wird. In Arbeitsverträgen findet man dagegen eher den pauschalierten Schadensersatz in Form von pauschalierten Abfindungen oder in Bezug auf Verstöße des Arbeitnehmers, bei denen ein Schaden in der Regel schwer zu beweisen sein dürfte, wie z. B. wenn ein Arbeitsplatz gar nicht erst angetreten wird, der Arbeitnehmer die Kündigungsfrist nicht einhält oder er Schweigepflichten verletzt.

---

[2] Vgl. *Rieble*, in: Staudinger, BGB, Vorbem. zu §§ 339 ff. BGB Rn. 3.

[3] *Berger*, RIW 1999, 401.

[4] *Berger*, RIW 1999, 401.

[5] Vgl. *Rieble*, in: Staudinger, BGB, Vorbem. zu §§ 339 ff. BGB Rn. 54 ff.

[6] BGHZ 63, 256 (259) = BB 1975, 9; *Berger*, RIW 1999, 401; Mittlerweile wird die Differenzierung sowohl im anglo-amerikanischen Rechtsraum als auch in Deutschland als unvernünftig und „leidig" angesehen, vgl. *Lord Diplock* in *Robophone Facilities Ltd. v. Blank*, [1966] 1 W.L.R. 1428, *Kieninger*, in: MüKo-BGB, § 309 Nr. 5 BGB Rn. 5.

1. Praktische Hinweise

Zwar existieren Vertragsstrafen sowohl im nationalen als auch im internationalen Kontext, international sind aber bestimmte Gebräuche zu beachten.

Zunächst sind Vertragsstrafen in den meisten europäischen Ländern anerkannt. Gelegentlich besteht hingegen ein Verbot von Vertragsstrafen (England, Belgien, aber auch USA). Zulässig sind allerdings auch in England und den USA bloße Schadenspauschalierungen (**liquidated damages**).[7]

Kollisionsrechtlich wird die Frage der Wirksamkeit sowohl von Vertragsstrafen als auch von pauschaliertem Schadensersatz nach Art. 12 lit. d Rom I-VO unselbständig angeknüpft an das Vertragsstatut des Gesamtvertrags, dessen vertragsgemäße Erfüllung sie sichern soll, selbst wenn die Vertragsstrafe erst nachträglich vereinbart wurde.[8] Da das CISG zu Vertragstrafen und pauschaliertem Schadensersatz keine Regelungen enthält, gilt diese Anknüpfung bzgl. Gültigkeit und Auslegung auch bei Verträgen, die dem CISG unterliegen.[9]

Nach deutschem Recht kann eine Vertragsstrafe grundsätzlich vereinbart werden. Sie darf indes – wie jedes andere Rechtsgeschäft – nicht sittenwidrig (§ 138 BGB) sein. Unter Umständen kann eine sittenwidrige Vertragsstrafe auch einmal den gesamten Vertrag zunichte machen (§ 139 BGB). Sittenwidrigkeit liegt allerdings nicht schon dann vor, wenn die Vertragsstrafe eine unverhältnismäßige Höhe erreicht. Vielmehr müssen besondere Umstände in Bezug auf Inhalt, Beweggrund oder Zweck der Abrede hinzutreten, um eine Sittenwidrigkeit zu begründen.[10]

Zulässig ist in Deutschland grundsätzlich auch die formularmäßige Vereinbarung einer Vertragsstrafe in Allgemeinen Geschäftsbedingungen. Hierbei ist allerdings die Sonderregelung des § 309 Nr. 6 BGB bzw. für Verträge zwischen Unternehmern die des § 307 BGB zu beachten. Eine *verschuldensunabhängige* Vertragsstrafe ist nur ausnahmsweise unter besonderen Umständen formularmäßig vereinbar.[11] Nach § 307 kann eine Strafklausel unwirksam sein, wenn die Strafe unverhältnismäßig hoch, unangemessen oder intransparent ist.[12] Insbesondere bei Arbeits- und Bauverträgen besteht hierzu eine ausgeprägte Kasuistik.[13] Vor allem bei noch nicht sittenwidrigen, jedoch offensichtlich übermäßigen Vertragsstrafen kann gem. § 242

[7] Vgl. *Rieble*, in: Staudinger, BGB, Vorbem. zu §§ 339 ff. BGB Rn. 118 ff.; Reithmann/*Martiny*, Internationales Vertragsrecht, Rn. 339; vgl. für US-amerikanisches Recht § 2–718 UCC.

[8] OLG Hamm, NJW 1990, 1092; *Berger*, RIW 1999, 402; *Spellenberg*, in: MüKo-BGB, Art. 12 Rom I-VO Rn. 88; *Magnus*, in: Staudinger, BGB, Art. 32 EGBGB a.F. Rn. 53; Reithmann/*Martiny*, Internationales Vertragsrecht, Rn. 339.

[9] *Berger*, RIW 1999, 402.

[10] LG Frankfurt, NJW 1975, 1519; *Grüneberg*, in: Palandt, BGB, § 339 BGB Rn. 12.

[11] BGHZ 72, 174 (177 f.) = NJW 1979, 105 (106 f.) für Straffrachtklauseln in Konnossementen; BGH, NJW 1985, 57; OLG Düsseldorf NZG 1998, 353 (354); OLG Nürnberg NJW-RR 2002, 917 (918); *Grüneberg*, in: Palandt, BGB, § 309 Rn. 39 und § 339 Rn. 15; *Kieninger*, in: MüKo-BGB, § 309 Nr. 6 BGB Rn. 21.

[12] *Kieninger*, in: MüKo-BGB, § 309 Nr. 6 BGB Rn. 8.

[13] *Grüneberg*, in: Palandt, BGB, § 339 BGB Rn. 12.

BGB nach Treu und Glauben trotz § 348 HGB eine Herabsetzung der Vertragsstrafe vorgenommen werden.[14] Dies entspricht auch der Praxis anderer Rechtsordnungen.[15] Ähnlich verhält es sich bei Verträgen zwischen Unternehmern prinzipiell auch für formularmäßig pauschalierten Schadensersatz (§§ 309 Nr. 5, 307 BGB).[16] Sollte es kollisionsrechtlich zu einer Anwendung ausländischen materiellen Rechts vor deutschen Gerichten kommen, so ist eine Herabsetzung gem. §§ 343, 348 HGB aufgrund ihres Charakters als zwingende Norm gem. dem deutschen *ordre public* dennoch möglich.[17] Dazu muss jedoch die Höhe der Vertragsstrafe wesentlich höher sein als sie nach deutschem Recht möglich wäre.[18]

Es ist also zu bedenken, dass insbesondere im Rechtsverkehr mit den oben genannten Ländern Vertragsstrafen unwirksam sein können. Aber auch nach deutschem Recht ist eine Unwirksamkeit nicht immer auszuschließen. Es muss daher in jedem Fall sichergestellt werden, dass eine salvatorische Klausel[19] gegebenenfalls die Geltung des restlichen Vertrages festlegt. Ebenso empfiehlt sich eine Vorabprüfung, ob die vorgeschlagene Klausel im Ernstfall überhaupt Geltung beanspruchen könnte. Jedoch stellen sowohl Art. 7.4.13 (1) UNIDROIT Principles als auch Art. 9:509 (1) der *Lando* Principles of European Contract Law[20] eine Vermutung zugunsten der Wirksamkeit solcher Klauseln auf.[21] Die internationale Schiedsgerichtsbarkeit schließt sich dieser Auslegung mit Verweis auf den Grundsatz *pacta sunt servanda* und der vermuteten Professionalität von Kaufleuten an.[22]

Neben einer Vertragsstrafe sollte man auch die Möglichkeit eines pauschalierten Schadensersatzes in Auge fassen. Dieser macht nicht nur die Beweisführung, dass ein Schaden entstanden ist, unnötig und vereinfacht nicht nur die Berechnung des Schadens, sondern sorgt zudem regelmäßig auch für ein weniger belastetes Verhältnis und geringeren Zeit- und Kostenaufwand als rechtliche Auseinandersetzungen. Möglich sind Schadensersatzpauschalen in AGB jedoch nur, wenn auch dem Grunde nach für den geregelten Fall eine Schadensersatzpflicht besteht.[23] Allerdings ist,

---

[14] BGH, NJW 98, 1144 (1147); LG Frankfurt, NJW 1975, 1519; *Grüneberg*, in: Palandt, BGB, § 343 BGB Rn. 8.

[15] Reithmann/*Martiny*, Internationales Vertragsrecht, Rn. 339; vgl. bspw. für Frankreich: Art. 1152 II Code Civil; Italien: Art. 1384 Codice Civile; Spanien: Art. 1154 Codigo Civil.

[16] So damals noch zu § 11 Nr. 5 AGBG (heute: § 309 Nr. 5 BGB) u. a. BGHZ 162, 294 = BGH, RR 2000, 719; BGHZ 131, 356 = BGH, BB 1996, 611: Nach der ständigen Rechtsprechung ist der Rechtsgedanke der grundsätzlichen Missbilligung überhöhter Schadenspauschalierungen des § 11 Nr. 5 AGBG (heute: § 309 Nr. 5 BGB) grundsätzlich auch gegenüber Kaufleuten anzuwenden; *Berger*, RIW 1999, 404; *Grüneberg*, in: Palandt, BGB, § 309 BGB Rn. 32.

[17] OLG Hamburg, OLGE 6 (1903), 231 = ZIR 14 (1904), *Spellenberg*, in: MüKo-BGB, Art. 12 Rom I-VO Rn. 88; Reithmann/*Martiny*, Internationales Vertragsrecht, Rn. 339; *Magnus*, in: Staudinger, BGB, Art. 32 EGBGB a.F. Rn. 53.

[18] Reithmann/*Martiny*, Internationales Vertragsrecht, Rn. 339.

[19] S. u. Kapitel F VII.

[20] Erhältlich unter <http://www.jus.uio.no/lm/eu.contract.principles.parts.1.to.3.2002/>.

[21] *Berger*, RIW 1999, 404.

[22] *Berger*, RIW 1999, 404.

[23] BGH NJW 2005, 1645 (1647).

anders als bei der Vertragsstrafe, in vielen Rechtsordnungen wie z. B. den USA und auch in Deutschland der **allgemeine Schadensersatz auf den pauschalierten Schadensersatz beschränkt**, da es ja gerade Sinn der Regelung ist, die Berechnung des Schadens im Einzelfall zu ersetzen.

Sinn und Zweck von Vertragsstrafen und pauschaliertem Schadensersatz sind nicht kongruent, beide Klauseln könnten jedoch im Zweifel auch nebeneinander bestehen.[24]

Da sich die Klauseln in ihrer Ausgestaltung durchaus ähneln, ist gerade im anglo-amerikanischen Rechtskreis, in dem ja letztlich die Wirksamkeit der Klausel von ihrer Typisierung abhängt, die Gesamtwürdigung des Vertrags ausschlaggebend.[25] Die Klausel kann daher nach englischem Recht *entgegen der Bezeichnung* als Vertragsstrafe betrachtet werden, wenn der festgesetzte Betrag *unpassend und willkürlich im Vergleich zum höchsten denkbaren und beweisbaren Schaden* aus demjenigen Vertragsbruch erscheint.[26] Allerdings sind die Gerichte angehalten, in der Regel der Vertragsfreiheit und dem Grundsatz *pacta sunt servanda* Vorrang einzuräumen.[27]

2. *Musterklauseln*

a) Penalty Clause/Vertragsstrafe

Without regard to any damages, in case of wilful noncompliance with any regulation of this contract, both parties are obliged to pay to the other party a penalty in the amount of EUR XX.X, XX.

b) Delay liquidated damages clause (International construction contract)/ pauschalierter Schadensersatz

In the event that the contractor fails to achieve take-over by the guaranteed take-over date, the contractor shall pay as liquidated damages and not as a penalty the sum of EUR XX.X, XX for each day or part of a day by which the take-over is later than the guaranteed take-over date. In no event shall the sum of the contractor's liability to the purchaser under this contract for all sums to be paid as liquidated damages for delay exceed, in the aggregate, XX per cent of the contract price.

---

[24] *Spellenberg*, in: MüKo-BGB, Art. 12 Rom I-VO Rn. 88.

[25] *Commissioner of Public Works v. Hills*, [1906] AC 368, *Dunlop Pneumatic Tire Co., Ltd. v. New Garage and Motor Co. Ltd*, [1915] AC 79; *Lake River Corp. v. Carborundum Co.*, [1985] 769 F.2d 1284 (7th Cir. 1985); *Berger*, RIW 1999, S. 403; *Harris*, in: Chitty (Hrsg.), The Law of Contracts, 26–110.

[26] *Dunlop Pneumatic Tire Co., Ltd. v. New Garage and Motor Co. Ltd*, [1915] AC 79; dementsprechend im US-amerikanischen Recht vgl. § 2–718 (1) UCC.

[27] *Alfred McAlpine Capital Projects Limited v. Tilebox Limited*, [2005] EWHC 281 (TCC) mit Verweis auf weitere Urteile.

c) Delay liquidated damages clause (International contract of sale)

1. If the Seller fails to supply the goods or parts of the goods within the time period specified in the Contract, the Seller shall pay the Buyer as liquidated damages – not as penalty – a sum equivalent to XX per cent of the price of the delayed goods per week of delay until actual delivery up to a maximum amount of EUR XX.X, XX/of XX per cent of the price of the delivered goods.
2. Exclusive condition for the payment of liquidated damages is late delivery of the goods. In no case shall the Buyer be obliged to substantiate any claim for payment of liquidated damages with proof of loss or damage.
3. The Seller is excused from the payment of liquidated damages, if he can prove that the delay was caused by *force majeure* as defined in Sect. Y of this Contract.

d) Klarstellung des Verhältnisses der Pld Clause zum regulären Schadensersatz

Je nach Wunsch kann ein regulärer Schadensersatz sowohl neben einer Vertragsstrafe wie auch einer Schadenspauschale – insbesondere für Mangelfolgeschäden – ausdrücklich ausgeschlossen oder explizit vereinbart werden.

aa) Variante 1 – Exclusion of further remedy

The payment of the penalty/liquidated damages is the exclusive remedy provided to the Buyer under this agreement. Except as provided for in this Article, the Seller shall have no other liability whether in contract, warranty, tort or otherwise.

(bb) Variante 2 – Right to seek further compensation

The payment of the penalty/liquidated damages shall not limit the right to seek further compensation under the contract or otherwise. The right to damages for consequential loss shall remain intact.

III. Hardship Clause (Vertragsanpassungsklausel)

Hardship-Klauseln kommt in den Fällen Bedeutung zu, wenn das ursprüngliche vertragliche Gleichgewicht durch später eintretende, häufig anfänglich nicht vorhersehbare, Veränderungen gestört wird. Daran ist etwa bei Wechselkurs- oder Geldwertveränderungen, Einfuhrbeschränkungen oder Zollerhöhungen zu denken. Meist wird die Erbringung einer vertraglich geschuldeten Leistung nicht unmöglich, aber für eine Partei in hohem Maße kostspielig.[28] Eine *Material Change Clause* (MAC) enthält eine Regelung zur vertraglichen Risiko(neu)verteilung. In wirtschaftlich unsicheren Zeiten gehört die Inkorporation sog. *hardship* oder *material change clauses* vor allem in längerfristigen Verträgen zur kaufmännischen Sorgfalt.

1. Praktische Hinweise

Ob eine entsprechende Klausel wirksam ist, richtet sich nach dem anwendbaren Landesrecht. Im internationalen Handel sind *hardship*-Klauseln weit verbreitet, auch in vielen verbreiteten Musterklauseln finden sich entsprechende Regelungen.

Sofern für bestimmte *hardship*-Situationen eine ausdrückliche Regelung existiert, verdrängt diese im deutschen Recht die Regelungen über den Wegfall der Geschäftsgrundlage (§ 313 BGB) und führt grundsätzlich zu dessen Unanwendbarkeit.[29] In außergewöhnlichen Fällen soll § 313 BGB aber anwendbar bleiben.[30]

2. Rechtsfolgen

Den Parteien stehen vielfältige Möglichkeiten zur Verfügung, wie auf einen Wechsel objektiver Umstände oder subjektiver Vorstellungen reagiert werden kann.

Die Parteien haben zunächst die Möglichkeit, Umstände oder Vorstellungen, die für den Vertragsschluss oder die Vertragsdurchführung maßgeblich sind, ausdrücklich zu benennen und im Vertrag als Geschäftsgrundlage zu vereinbaren.[31] Damit werden dem berufenen Richter zumindest wichtige Hinweise für die Anwendung des § 313 BGB mit seiner Rechtsfolge der Vertragsanpassung beziehungsweise der Vertragsbeendigung an die Hand gegeben.

Darüber hinaus sind diverse Gestaltungen denkbar. Möglich ist es zunächst, einer Partei eine einseitige Option einzuräumen, bei Vorliegen bestimmter Voraussetzungen die vertraglichen Pflichten zu modifizieren. Eine häufig gewählte Möglichkeit in dieser Hinsicht besteht etwa darin, Preisanpassungsklauseln aufzunehmen. Damit können etwa die vertraglich vereinbarten Preise an die Einkaufskosten des Verkäufers angepasst werden.

Eine weit verbreitete Möglichkeit liegt darin, eine Nachverhandlungspflicht der Parteien bei Eintritt bestimmter, vorher definierter, Situationen vertraglich zu fixieren. Dies kann etwa beinhalten, dass sich die Parteien etwa bei einem bestimmten Anstieg der Rohstoffpreise zu Nachverhandlungen treffen. Die Nachverhandlungs-

---

[28] Vgl. Reithmann/*Martiny*, Internationales Vertragsrecht, Rn. 328.

[29] BGHZ 60, 14 = NJW 1973, 318 (320); *Grüneberg*, in: Palandt, BGB, § 313 Rn. 10.

[30] Vgl. BGHZ 121, 378 = NJW 1993, 1856 (1860).

[31] Vgl. *Imbeck*, in: Heussen (Hrsg.), Handbuch Vertragsverhandlung und Vertragsmanagement, Teil 3 Rn. 219 mit weiteren Nachweisen.

pflicht kann mit der Klausel verbunden werden, wonach bei Erfolglosigkeit der Nachverhandlung ein einseitiges oder beidseitiges Kündigungsrecht einhergeht.

Selbstverständlich kann die Rolle desjenigen, der berechtigt ist, Vertragsergänzungen beziehungsweise -modifikationen vorzunehmen, auch an einen Dritten delegiert werden. Dies ist mit dem Vorteil verbunden, dass der Dritte eher einen objektiven neutralen Blick auf die Problemlage werfen wird. Allerdings ist diese Vorgehensweise regelmäßig auch mit dem Nachteil weiterer Kosten für die dritte Partei verbunden. Praktisch relevant ist vor allem die Vereinbarung der Ermächtigung eines Richters, Vertragsanpassungen vorzunehmen. Häufiger wird allerdings noch der Fall sein, dass für solche Fälle über eine Schiedsklausel eine Möglichkeit zur Vertragsänderung durch einen Schiedsrichter bzw. ein Schiedsgericht vorgesehen wird.[32]

Praktische Bedeutung können *hardship*-Klauseln nur erlangen, wenn ausdrücklich und möglichst präzise geregelt wird, welche tatsächlichen Änderungen (etwa: betragsmäßige Wechselkursschwankungen) zu welcher Anpassung (automatischer Preisanstieg, Nachverhandlungspflicht, einseitige beidseitige Option zur Anrufung einer dritten Partei, einseitiges/beidseitiges Kündigungsrecht) führen sollen.

3. Musterklausel (ICC Hardship Clause 2003)[33]

1. The parties to this contract are bound to perform their contractual duties even if events have rendered performance more onerous than could reasonably have been expected to have anticipated at the time of the conclusion of the contract.
2. Notwithstanding paragraph 1 of this Clause, where a party to the contract proves that:

   a) the continued performance of its contractual duties has become excessively onerous due to an event beyond its reasonable control which it could not reasonably have been expected to have taken into account at the time of the conclusion of the contract; and that
   b) it could not reasonably have avoided or overcome the event or its consequences, the parties are bound, within a reasonable time of the invocation of this Clause, to negotiate alternative contractual terms which reasonably allow for the consequences of the event.

3. Where paragraph 2 of this Clause applies, but where alternative contractual terms which reasonably allow for the consequences of the event are not agreed by the other party to the contract as provided in that paragraph, the party invoking this Clause is entitled to termination of the contract.

---

[32] Zu Schiedsklauseln näher in Kapitel F VIII.

[33] Abrufbar unter <http://tldb.uni-koeln.de/php/pub_show_document.php?pubdocid=700 700&pubwithmeta=ja&pubwithtoc=ja&page=pub_show_document.php#ti700700N2>.

IV. Force Majeure Clause (Ereignisse höherer Gewalt)

Ähnlich wie die vorgenannten *hardship*-Klauseln regeln *force majeure*-Klauseln den Eintritt von Ereignissen, die bei Vertragsschluss weder voraussehbar waren noch bei Beachtung der im internationalen Handel üblichen Sorgfalt abgewendet werden konnten. Dabei kommen Ereignisse wie Naturkatastrophen (Erdbeben Überschwemmungen, Vulkanausbrüche), Kriege, zivile oder politische Unruhen oder terroristische Anschläge, aber auch Streiks, in Betracht.

1. Praktische Hinweise

Generell trifft zunächst die Partei, deren Leistung durch das Ereignis betroffen ist, die Pflicht, die von ihr geschuldete Leistung zu erbringen (so lange dies nicht unmöglich ist). Vereinzelt bestehen auch Gerichtsentscheidungen, wonach Leistungspflichten bei Vorliegen höherer Gewalt erlöschen. Dies betrifft insbesondere Fälle von Exportverboten.

Beispiel:[34] Das englische *House of Lords* entschied, dass ein polnisches Außenhandelsunternehmen von seiner vertraglichen Pflicht zur Lieferung von Zucker an einen englischen Käufer frei wurde. Nach einer Missernte in Polen war die Exportgenehmigung für Zucker widerrufen worden. Daher entfiel die Pflicht zur Leistung und es musste kein Schadensersatz wegen Vertragsbruchs geleistet werden.

Mit einer vertraglichen Regelung für Fälle höherer Gewalt werden Möglichkeiten geschaffen, wie die Vertragspartei sich verhalten kann, ohne ihre Leistungspflicht, etwa zur Lieferung einer Ware, zu verletzen.

Üblicherweise beinhaltet eine *force majeure*-Klausel zunächst die Festlegung der Ereignisse, auf die sie Anwendung finden soll und etwaige weitere Tatbestandsvoraussetzungen (z. B. Mitteilungspflichten). Mit einer bloßen Nennung des Begriffes „höhere Gewalt" (engl: *act of God*, frz: *force majeure*) wäre wenig gewonnen, weil die Voraussetzungen, die international an diesen Begriff gestellt werden, und die damit verbundenen Vorstellungen unterschiedlich sind. Es ist daher erforderlich, die denkbaren Ereignisse möglichst vollständig zu erfassen. Möglich ist es selbstverständlich die Ereignisse als Regelbeispiele zu bezeichnen, womit sie Anhaltspunkte für weitere ungenannte Fälle darstellen – wie in der ersten Musterklausel. Bezüglich nicht genannter Fälle besteht dann allerdings eine gewisse Unsicherheit, ob sie mit den genannten vergleichbar sind.

---

[34] *Czarnikow Ltd. v. Rolimpex*, (House of Lords 1978) 2 All ER 1043.

Neben dem Anwendungsbereich der Klauseln sind mögliche Rechtsfolgen festzulegen – wie in Musterklausel 2 geschehen. Soweit eine Beseitigung des Hindernisses in Betracht kommt, kann zunächst ein Ruhen der Leistungspflichten vereinbart werden. Ist dies nicht der Fall kann ein einseitiges Kündigungs- oder Rücktrittsrecht oder das Erlöschen der Leistungspflichten vereinbart werden.[35] Häufig bietet es sich auch – wie in der ersten Musterklausel unten – an, der von dem Ereignis betroffenen Partei einseitige Rechte zur Leistungsmodifikation zuzugestehen, da diese zur Beurteilung der Lage und der notwendigen Schritte am ehesten in der Lage ist.

Es ist den Parteien schon aus Perspektive des deutschen Rechts zu raten, Regelungen für unvorsehbare Ereignisse aufzunehmen. Zwar enthält § 313 BGB ebenfalls Rechtsfolgen für vergleichbare Fälle, dessen Hürden liegen jedoch sehr hoch, so dass es sich empfiehlt, für weniger drastische Änderungen der Vertragsgrundlagen Regelungen vorzusehen. Auch können dadurch Fälle geregelt werden, die nicht in den Anwendungsbereich des § 313 BGB fallen würden. Dementsprechend finden *force majeure*-Klauseln weite Verbreitung.

2. *Musterklausel 1 (Sea Waybill Hapag Lloyd)*

If at any time the Carrier is or is likely to be affected by any hindrance, risk, delay, difficulty or disadvantage of any kind including war, civil commotion, political unrest, act of terrorism, and threat thereof and howsoever arising (even though the circumstances giving rise to such hindrance, risk, delay, difficulty or disadvantage existed at the time this contract was entered into or when the Goods were received for Carriage), the Carrier (whether or not the Carriage is commenced) may, without prior notice to the Merchant and at the sole discretion of the Carrier, either:

1. carry the Goods to the contracted Port of Discharge or Place of Delivery, whichever is applicable, by an alternative route to that indicated in this Sea Waybill or that which is usual for Goods consigned to that Port of Discharge or Place of Delivery and he shall be entitled to charge such additional Freight; or
2. suspend the Carriage of the Goods and store them ashore or afloat and endeavour to forward them as soon as possible and he shall be entitled to charge storage costs and additional Freight; or
3. abandon the Carriage of the Goods and place them at the Merchant's disposal at any place or port which the Carrier may deem safe and convenient, whereupon the responsibility of the Carrier in respect of such Goods shall cease. The Merchant shall pay any additional costs of the Carriage to, and delivery and stowage at, such place or port.

[35] Reithmann/*Martiny*, Internationales Vertragsrecht, Rn. 329.

3. *Musterklausel 2 (ICC Force Majeure Clause 2003)*[36]

1. Unless otherwise agreed in the contract between the parties expressly or impliedly, where a party to a contract fails to perform one or more of its contractual duties, the consequences set out in paragraphs 4–9 of this Clause will follow if and to the extent that that party proves:
   a) that its failure to perform was caused by an impediment beyond its reasonable control; and
   b) that it could not reasonably have been expected to have taken the occurrence of the impediment into account at the time of the conclusion of the contract; and
   c) that it could not reasonably have avoided or overcome the effects of the impediment
2. Where a contracting party fails to perform one or more of its contractual duties because of default by a third party whom it has engaged to perform the whole or part of the contract, the consequences set out in paragraphs 4–9 of this Clause will only apply to the contracting party:
   a) if and to the extent that the contracting party establishes the requirements set out in paragraph 1 of this Clause; and
   b) if and to the extent that the contracting party proves that the same requirements apply to the third party.
3. In the absence of proof to the contrary and unless otherwise agreed in the contract between the parties expressly or impliedly, a party invoking this Clause shall be presumed to have established the conditions described in paragraph 1 (a) and (b) of this Clause in case of the occurrence of one or more of the following impediments:
   a) war (whether declared or not), armed conflict or the serious threat of same (including but not limited to hostile attack, blockade; military embargo), hostilities, invasion, act of a foreign enemy, extensive military mobilisation;
   b) civil war, riot rebellion and revolution, military or usurped power, insurrection, civil commotion or disorder, mob violence, act of civil disobedience;
   c) act of terrorism, sabotage or piracy;
   d) act of authority whether lawful or unlawful, compliance with any law or governmental order, rule, regulation or direction, curfew restriction, expropriation, compulsory acquisition, seizure of works, requisition, nationalisation;
   e) act of God, plague, epidemic, natural disaster such as but not limited to violent storm, cyclone, typhoon, hurricane, tornado, blizzard, earthquake, volca-

[36] Abrufbar unter <http://tldb.uni-koeln.de/php/pub_show_document.php?pubdocid=700 700&pubwithmeta=ja&pubwithtoc=ja&page=pub_show_document.php>.

nic activity, landslide, tidal wave, tsunami, flood, damage or destruction by lightning, drought;

f) explosion, fire, destruction of machines, equipment, factories and of any kind of installation, prolonged break-down of transport, telecommunication or electric current;

g) general labour disturbance such as but not limited to boycott, strike and lock-out, go-slow, occupation of factories and premises.

4. A party successfully invoking this Clause is, subject to paragraph 6 below, relieved from its duty to perform its obligations under the contract from the time at which the impediment causes the failure to perform if notice thereof is given without delay or, if notice thereof is not given without delay, from the time at which notice thereof reaches the other party.
5. A party successfully invoking this Clause is, subject to paragraph 6 below, relieved from any liability in damages or any other contractual remedy for breach of contract from the time indicated in paragraph 4.
6. Where the effect of the impediment or event invoked is temporary, the consequences set out under paragraphs 4 and 5 above shall apply only insofar, to the extent that and as long as the impediment or the listed event invoked impedes performance by the party invoking this Clause of its contractual duties. Where this paragraph applies, the party invoking this Clause is under an obligation to notify the other party as soon as the impediment or listed event ceases to impede performance of its contractual duties.
7. A party invoking this Clause is under an obligation to take all reasonable means to limit the effect of the impediment or event invoked upon performance of its contractual duties.
8. Where the duration of the impediment invoked under paragraph 1 of this Clause or of the listed event invoked under paragraph 3 of this Clause has the effect of substantially depriving either or both of the contracting parties of what they were reasonably entitled to expect under the contract, either party has the right to terminate the contract by notification within a reasonable period to the other party.
9. Where paragraph 8 above applies and where either contracting party has, by reason of anything done by another contracting party in the performance of the contract, derived a benefit before the termination of the contract, the party deriving such a benefit shall be under a duty to pay to the other party a sum of money equivalent to the value of such benefit.

V. Law & Jurisdiction Clause

In Fällen mit Auslandsberührung empfiehlt sich weiterhin eine ausdrückliche Wahl des anzuwendenden Rechts (dazu sogleich unter 1.). Üblicherweise wird die Rechtswahl im selben Abschnitt vorgenommen, der die ebenfalls zu empfehlenden

Regeln über den Gerichtsstand enthält, häufig sogar in einer Klausel zusammen mit einer Gerichtsstandsvereinbarungen (dazu unter 2.). Daher werden beide Regelungen in einem gemeinsamen Abschnitt behandelt.

1. Law-Clause (Rechtswahl)

Für jeden Kaufmann beinhaltet die Wahl des anzuwendenden Rechts einen (wichtigen) Teil seiner kaufmännischen (Vor)Überlegung. Es ist von großer Bedeutung eine sach- und interessengerechte Rechtswahl zu treffen, insbesondere da jede Vertragspartei ein Interesse an der Anwendung des ihr eigenen Rechts hat (obwohl dieses nicht zwingend günstiger ist). Bei der Rechtswahl handelt es sich daher um ein wichtiges Gestaltungsinstrument in internationalen Verträgen.

Das anzuwendende Recht kann grundsätzlich von den Parteien bestimmt werden. Allerdings sind bei der Rechtswahl einige Regeln zu beachten. Auch ist die Frage zu klären, welches Recht gelten soll, wenn keine (ausdrückliche oder konkludente) Rechtswahl vorgenommen wurde. Mit diesen Rechtsfragen beschäftigt sich der erste Teil der Darstellung. Dem eiligen Leser seien die am Ende stehenden praktischen Tipps ans Herz gelegt, die zwar auf den rechtlichen Überlegungen des ersten Teils aufbauen, allerdings nicht deren Detailkenntnisse erfordern.

Unzulässig ist eine Rechtswahl im Anwendungsbereich des UN-Kaufrechts (vgl. Art. 25 Abs. 1 Rom I-VO) und in den Fällen des Art. 1 Rom I-VO (wichtiger Fall: Versicherungsverträge). Ob einer dieser Fälle vorliegt, sollte daher vorab geprüft werden.

(Gedanklich) sind der abzuschließende Hauptvertrag und der Rechtswahlvertrag (auch Verweisungsvertrag genannt) zu trennen. Die Wirksamkeit des einen Vertrages hängt nicht von der Gültigkeit des anderen Vertrages ab. Die Wirksamkeit des Verweisungsvertrages beurteilt sich gemäß Art. 3 Abs. 5 Rom I-VO insbesondere nach Art. 10 Rom I-VO. Damit kommt es für die Gültigkeit des Verweisungsvertrages auf dasjenige Recht an, das gelten würde, wenn der Vertrag wirksam wäre.

Beispiel:[37] Die aus verschiedenen Staaten stammenden Vertragsparteien legen in ihren Allgemeinen Geschäftsbedingungen jeweils ihre eigene nationale Rechtsordnung als anzuwendendes Recht fest. Diese Klauseln kollidieren, was dazu führt, dass keine wirksame Rechtswahl vorgenommen wurde. Das geltende Recht ist dann nach objektiven Kriterien zu bestimmen (Art. 4 Rom I-VO).[38] Die Wirksamkeit des Hauptvertrages wird daran regelmäßig nicht scheitern.

---

[37] Vgl. Reithmann/*Martiny*, Internationales Vertragsrecht, Rn. 88.

[38] Allerdings werden in der Literatur auch abweichende Ergebnisse vertreten. Vgl. dazu *Kieninger*, in: MüKo-BGB, § 307 Rn. 266 m.w.N.

Umgekehrt gilt auch, dass die Wirksamkeit einer Rechtswahl nicht dadurch entfällt, dass der Hauptvertrag nichtig ist.[39]

a) Subjektive und objektive Anknüpfung

aa) Grundsatz der Rechtswahl, Art. 3 Abs. 1 Rom I-VO

Art. 3 Abs. 1 Rom I-VO kodifiziert als zentrale Norm den **Grundsatz der Parteiautonomie,** wonach die Parteien das für ein Schuldverhältnis maßgebliche Recht durch Rechtswahl selbst bestimmen können. Dies kann durch eine ausdrückliche Rechtswahl geschehen.

Beispiel: Auf alle sich aus oder im Zusammenhang mit dem gegenwärtigen Vertrag ergebenden Streitigkeiten findet deutsches Recht Anwendung.

Die Rechtswahl kann sich mangels ausdrücklicher Wahl „eindeutig" aus den Bestimmungen des Vertrages oder den Umständen des Falles ergeben, Art. 3 Abs. 1 S. 2 Rom I-VO. Damit ist eine **konkludente oder stillschweigende Rechtswahl** ebenfalls möglich. Einzelne Faktoren einer konkludenten Rechtswahl werden weder im EVÜ noch im deutschen IVR genannt, sondern wurden durch die Rechtsprechung ermittelt. Es bedarf sodann stets der Abwägung einzelner Indizien. Als Indizien einer stillschweigenden Rechtswahl wurden von der Rechtsprechung bisher insbesondere

- die Vereinbarung eines Gerichtsstandes,[40]
- die Vereinbarung eines Schiedsgerichts,[41]
- die Vereinbarung eines gemeinsamen Erfüllungsortes,[42]
- die Verwendung der Rechtsbegriffe einer Rechtsordnung,[43]
- das Parteiverhalten (Berufen auf Vorschriften einer Rechtsordnung[44]) sowie
- die Vertragssprache[45]

angesehen.

---

[39] *Hausmann*, in: Staudinger, BGB, Art. 31 EGBGB a.F. Rn. 33.

[40] BGH, WM 1964, 1023 (1024); BGHZ 104, 268 = NJW 1988, 1964; BGH, NJW 1996, 2569, wonach die Gerichtsstandsvereinbarung grundsätzlich ein gewichtiges Indiz für die Rechtswahl ist. Kein Indiz dürfte hingegen die Vereinbarung einer Wahl zwischen mehreren Gerichtsständen sein, vgl. Reithmann/*Martiny*, Internationales Vertragsrecht, Rn. 117.

[41] OLG Hamm, NJW-RR 1993, 1445 (konkludente Wahl polnischen Rechts durch Bestimmung eines polnischen Schiedsgerichts); Schiedsgericht Handelskammer Hamburg, NJW 1996, 3229.

[42] OLG Köln, NJW-RR 1995, 245 (246).

[43] BGH, NJW 1953, 542 (Vereinbarung des VVG führte zur Anwendung deutschen Rechts); BGH, NJW-RR 1996, 1034 (Hinweis auf § 31 WEG legt Anwendung deutschen Rechts nahe).

[44] BGHZ 53, 189 = NJW 1970, 999 (Berufen auf Formvorschriften des deutschen Rechts); BGHZ 103, 84 = NJW 1988, 1592 (Argumentation auf Grundlage deutschen Rechts); BGH, NJW 1999, 950.

[45] Aus den Kriterien Gerichtsstandsvereinbarung, Verwendung deutscher Rechtsbegriffe, Parteiverhalten und Vertragssprache wurde eine konkludente (deutsche) Rechtswahl gefolgert in BGH,

Die neue Rom I-VO legt mit Erwägungsgrund 12 nunmehr dar, dass eine Vereinbarung zwischen den Parteien, wonach ausschließlich ein Gericht oder mehrere Gerichte eines Mitgliedstaats für Streitigkeiten aus einem Vertrag zuständig sein sollen, bei der Feststellung, ob eine Rechtswahl eindeutig getroffen wurde, einer der zu berücksichtigenden Faktoren sein sollte. Die Indizwirkung der Wahl des Gerichtsstandes für eine konkludente Rechtswahl ist nunmehr rechtlich verankert.[46]

Da sich einzelne Umstände durchaus widersprechen können, wird vor allem in der Literatur versucht, die Bedeutung der verschiedenen Umstände wertend festzustellen. Starke indizielle Bedeutung soll danach Gerichtsstands- oder Schiedsgerichtsvereinbarungen, der Vereinbarung von Erfüllungsorten, der Bezugnahme auf ein Recht sowie dem Prozessverhalten der Parteien zukommen.[47] Andere Umstände (Abschlussort, Vertragssprache, Vertragswährung, Staatsangehörigkeit) sollen hingegen regelmäßig nur in Verbindung mit weiteren Umständen indizielle Bedeutung haben.[48]

Aufgrund der Vielzahl der in Betracht kommenden Indizien sollte daher die Rechtswahl – wie dies zumeist ohnehin in internationalen Verträgen der Fall ist – ausdrücklich vorgenommen werden, um Rechtsunsicherheiten zu vermeiden.

Auch die Rom I-VO sieht weiterhin keine Möglichkeit vor, internationale oder auf Gemeinschaftsebene anerkannte Grundsätze und Regeln nichtstaatlicher Art (wie die UNIDROIT Principles of International Commercial Contracts) unabhängig von den kollisionsrechtlichen Vorschriften zu wählen. Wie bisher können Verweisungen auf ein nicht staatliches Regelwerk oder ein internationales Übereinkommen nur im Rahmen der vom internen Recht gewährten Vertragsfreiheit, also auf sachrechtlicher Ebene vorgenommen werden.[49]

Möglich ist es allerdings, in Gestalt einer sog. *floating choice of law*-Klausel eine Regelung zu treffen, wonach für den Fall der Anrufung eines Gerichts durch den deutschen Käufer englisches Recht gelten soll, bei Anrufung eines Gerichts durch den englischen Verkäufer hingegen deutsches Recht.[50]

NJW 2004, 3706 (3708). Allein die Sprache soll jedoch nicht ausreichend sein, OLG Koblenz, NJW-RR 2001, 490 (491).

[46] Auch wenn ein Vorschlag der Kommission eine Vermutung aufzustellen, dass eine Gerichtsstandsvereinbarung auch die Wahl des Rechts am Gerichtsort enthält, sich nicht durchsetzen konnte. Vgl. Wagner, IPRax 2008, 377 (379) m.w.N.

[47] *Magnus*, in: Staudinger, BGB, Art. 27 EGBGB a.F. Rn. 63; Reithmann/*Martiny*, Internationales Vertragsrecht, Rn. 190 ff.

[48] Reithmann/*Martiny*, Internationales Vertragsrecht, Rn. 192.

[49] Vgl. *Wagner*, IPRax 2008, 377 (379 f.) mit Nachweisen zu einem diesbezüglichen Kommissionsvorschlag; ebenso *Althammer*, JA 2008, 772 (774); *Pfeiffer*, EuZW 2008, 622 (624).

[50] Vgl. OLG München, IPRspr. 1975 Nr. 26.

bb) Mangels Rechtswahl anwendbares Recht, Art. 4 Rom I-VO

Sofern – weder ausdrücklich noch stillschweigend – eine Rechtswahl getroffen wurde oder etwa nur eine negative Rechtswahl (Ausschluss einer oder mehrerer Rechtsordnungen) vorgenommen wurde, bestimmt Art. 4 Rom I-VO das anzuwendende Recht. Dieses bestimmt sich zunächst nach den in Art. 4 Abs. 1 Rom I-VO enthaltenen konkreten Kollisionsnormen für bestimmte Vertragstypen[51] (etwa: Recht des Staates, in dem der Verkäufer einer beweglichen Sache seinen gewöhnlichen Aufenthalt hat (Abs. 1 lit. a) oder Recht des Belegenheitsortes bei Verträgen, die ein dingliches Recht an unbeweglichen Sachen sowie die Miete oder Pacht unbeweglicher Sachen zum Gegenstand haben (Abs. 1 lit. c, d).

Fällt der Vertrag unter keine Regelanknüpfung des Abs. 1 oder wäre er durch mehrere der in Abs. 1 genannten Typen gedeckt, so stellt Abs. 2 im Allgemeinen[52] die widerlegbare Vermutung auf, dass der Vertrag die engsten Beziehungen mit dem Staat aufweist, in dem die Partei, welche die **charakteristische Leistung** zu erbringen hat, im Zeitpunkt des Vertragsschlusses ihren gewöhnlichen Aufenthalt oder, wenn es sich um eine Gesellschaft, einen Verein oder eine juristische Person handelt, ihre Hauptverwaltung hat.

Bedeutsam ist im kaufmännischen Geschäftsverkehr die Regelung des Art. 4 Abs. 2 Rom I-VO, wonach bei Verträgen in Ausübung einer beruflichen oder gewerblichen Tätigkeit vermutet wird, dass die engsten Verbindungen zu dem Staat aufgewiesen werden, in dem sich die Hauptniederlassung der Partei der charakteristischen Leistung befindet oder bei Leistungserbringung von einer anderen Niederlassung, sich die andere Niederlassung befindet. Maßgeblich bleibt damit die Erbringung der charakteristischen Leistung, die dem Vertragstyp seine Eigenheit verleiht.

In gegenseitigen Verträgen handelt es sich bei der **charakteristischen Leistung** um die **Nicht-Geldleistung**. Beim Kauf ist dies die Lieferung der Sache, bei Miete die Überlassung der Mietsache, beim Dienstvertrag die Arbeitsleistung,[53] beim Werkvertrag die Werkleistung, beim Personentransportvertrag die Beförderung.[54]

Sofern die charakteristische Leistung bestimmt werden kann, führt Art. 4 Abs. 2 Rom I-VO zur Anwendung einer konkreten Rechtsordnung. Da es sich dabei jedoch nur um eine Vermutung handelt, ist weiterhin zu prüfen, ob sich aus der Gesamtheit der Umstände ergibt, dass der Vertrag eine engere Verbindung mit einem anderen Staat aufweist (dann wäre gem. Abs. 3 das Recht dieses Staates anwendbar).

---

[51] Zu den einzelnen Kollisionsnormen vgl. *Wagner*, IPRax 2008, 377 (382 ff.).

[52] Die Art. 5 bis 8 Rom I-VO enthalten Sonderregelungen für Beförderungs-, Verbraucher-, Versicherungs- und Arbeitsverträge. So stellt Art. 5 Abs. 1 Rom I-VO für den Güterbeförderungsvertrag die Vermutung auf, dass die engste Verbindung mit dem Land besteht, in dem der Beförderer seinen gewöhnlichen Aufenthalt hat, sofern sich in diesem Staat auch Übernahmeort, der Ablieferungsort oder der gewöhnliche Aufenthalt des Absenders befindet.

[53] *Thorn*, in: Palandt, BGB, Art. 4 Rom I-VO Rn. 22.

[54] *Schmidt*, in: MüKo-HGB, Vor §§ 343–372 Rn. 42.

Lässt sich die charakteristische Leistung hingegen nicht bestimmen, gilt die Grundregel des Abs. 2, wonach der Vertrag dem Recht des Staates unterliegt, mit dem er die engsten Verbindungen aufweist.

Die Regelanknüpfungen der Abs. 1 und 2 werden durch die „Ausweichklausel“ verdrängt, wonach eine sich aus der Gesamtheit der Umstände ergebende „offensichtlich engere Verbindung“ zu einem anderen Staat dessen Recht anwendbar macht (Abs. 3). Die engsten Verbindungen bestehen zum Recht des Staates, in dem der Vertrag bei Würdigung aller Umstände des Einzelfalls seinen räumlichen Schwerpunkt hat.[55]

Die engste Verbindung bleibt auch dann Maßstab der Rechtsbestimmung, wenn sich der Vertrag keinem der Vertragstypen zuordnen lässt, für die es spezielle Kollisionsnormen in Abs. 1 gibt und sich eine charakteristische Leistung nach Abs. 2 nicht bestimmen lässt (Abs. 4).

cc) Prüfungsschemata nach Art. 3 ff. Rom I-VO

Sofern eine bestimmte Rechtsordnung – entgegen der Empfehlung – nicht ausdrücklich gewählt ist, wird die Rechtsprechung nach folgendem kollisionsrechtlichen Prüfungsmuster vorgehen:[56]

- Ist eine der vorrangig bestehenden **Sonderregelungen** gem. Art. 5–8 Rom I-VO anwendbar, so verdrängt diese als leges speciales die allgemeinen Regelungen des Art. 4 Rom I-VO.
- Ausgangspunkt: Sofern eine der **konkreten Kollisionsnormen** für bestimmte Vertragstypen gilt, regelt diese das anwendbare Recht (Art. 4 Abs. 1 Rom I-VO). Bei einer offensichtlich engeren Verbindung zu einem anderen Staat greift ausnahmsweise dessen Recht (Art. 4 Abs. 3 Rom I-VO).
- Greift **keine der konkreten Kollisionsnormen** ein oder würden mehrere passen, ist die charakteristische Leistung zu bestimmen:
  - Lässt sich die **charakteristische Leistung** bestimmen, unterliegt der Vertrag dem Recht des Staates, in dem die Leistung erbringende Partei ihren gewöhnlichen Aufenthalt hat (wobei auch hier ausnahmsweise das Recht des Staates zur Anwendung kommt, zu dem eine engere Verbindung besteht).
  - Kann **keine charakteristische Leistung** bestimmt werden, unterliegt der Vertrag dem Recht des Staates, zu dem er die **engste Verbindung** aufweist (Art. 4 Abs. 4 Rom I-VO).

dd) Grenzen der Rechtswahl

Der Grundsatz der freien Rechtswahl gilt jedoch nicht uneingeschränkt. Zum einen handelt es sich dabei um die in Art. 9 Abs. 2 Rom I-VO aufgenommene Regelung,

---

[55] *Thorn*, in: Palandt, BGB, Art. 4 Rom I-VO Rn. 29.

[56] Vgl. dazu bereits die Ausführungen unter A I. 2.

wonach von den Eingriffsnormen des Rechts des angerufenen Gerichts nicht abgewichen werden darf. Der Wahrung der im deutschen Raum herrschenden Wertordnung dient besonders auch die *ordre public*-Klausel des Art. 21 Rom I-VO.

Art. 9 Rom I-VO ist eng auszulegen, da sonst der mit dem Europäischen Schuldvertragsübereinkommen bezweckte Gleichlauf der nationalen Kollisionsregeln gefährdet würde.[57] Eingriffsnormen sind gem. Art. 9 Abs. 1 Rom I-VO zwingende Vorschriften, deren Einhaltung von einem Staat als so entscheidend für die Wahrung seines öffentlichen Interesses, insbesondere seiner politischen, sozialen oder wirtschaftlichen Organisation, angesehen werden, dass sie ungeachtet des nach Maßgabe der Rom I-VO auf den Vertrag anzuwendenden Rechts auf alle Sachverhalte anzuwenden ist, die in ihren Anwendungsbereich fallen. Zwingende Vorschriften sind daher nur solche, „die nicht nur dem Schutz und Ausgleich widerstreitender Interessen der Vertragsparteien und damit reinen Individualbelangen dienen, sondern daneben zumindest auch öffentliche Gemeinwohlinteressen verfolgen“.[58] Über Art. 9 Rom I-VO kann daher nicht § 138 BGB zur Anwendung kommen.[59] Umstritten ist, ob etwa § 307 BGB zu den zwingenden Normen gehört.[60] Auch die *ordre public*-Klausel greift nur, wenn die Anwendung einer Vorschrift des ausländischen Rechts zu einem mit wesentlichen Grundsätzen des deutschen Rechts offensichtlich unvereinbaren Ergebnis führt.[61] Für die Rechtswahl spielt der *ordre public* (Art. 21 Rom I-VO eine vergleichbar geringe Rolle.[62]

Eine dem Art. 34 EGBGB a.F. vergleichbare Klausel enthält die Rom I-VO auch in Art. 3 Abs. 4. Danach sind nicht nur mehr zwingende Vorschriften des nationalen Rechts, sondern auch solche des Gemeinschaftsrechts, gegebenenfalls in der von dem Mitgliedstaat des angerufenen Gerichts umgesetzten Form, nicht mehr abdingbar.[63]

Darüber hinaus ist für reine Inlandsgeschäfte an Art. 3 Abs. 3 Rom I-VO zu denken. Die Norm sorgt dafür, dass bei Binnensachverhalten[64] eine Rechtswahl zwar möglich ist, ihre Wirkungen aber begrenzt bleiben. Dies folgt daraus, weil zwingende Rechtsvorschriften des Inlands nicht abbedungen werden können. Im Unterschied zu Art. 9 Abs. 2 Rom I-VO können auf Grund dieser Norm auch ausländische zwingende Normen zur Anwendung kommen.[65] Aus dieser Regelung folgt die praktische Konsequenz, dass bei reinen Binnensachverhalten alle gesetzlichen oder

---

[57] *Thorn*, in: Palandt, BGB, Art. 9 Rom I-VO Rn. 5.

[58] BGH, NJW 2006, 762 Ls. 3.

[59] BGHZ 135, 124 = NJW 1997, 1697.

[60] *Schmidt*, in: MüKo-HGB, Vor §§ 343–372 Rn. 39.

[61] BGHZ 135, 124 = NJW 1997, 1697.

[62] Vgl. Reithmann/*Martiny*, Internationales Vertragsrecht, Rn. 134.

[63] Weitere Einschränkungen gelten im Bereich der Verbraucherverträge (Art. 6 Rom I-VO und Art. 46b EGBGB) und bei Individualarbeitsverträgen (Art. 8 Rom I-VO).

[64] Wann ein reines Inlandsgeschäft vorliegt, ist ebenfalls umstritten. Vgl. dazu die Ausführungen von Reithmann/*Martiny*, Internationales Vertragsrecht, Rn. 135 ff.

[65] *Magnus*, in: Staudinger, BGB, Art. 27 EGBGB a.F. Rn. 118; *Thorn*, in: Palandt, BGB, Art. 3 Rom I-VO Rn. 5.

richterrechtlichen Regeln zur Anwendung kommen, die nicht dispositiv sind.[66] Dies gilt im Unterschied zu Art. 9 Rom I-VO nicht nur für solche Normen, die zwingend internationale Geltung beanspruchen.

b) Art der Vereinbarung

Nachdem die Vorzüge einer Rechtswahl deutlich geworden sind, stellt sich die Frage, in welcher Form eine Rechtswahl vereinbart werden kann. Die Wirksamkeit der Rechtswahlvereinbarung (Verweisungsvertrag) bestimmt sich gemäß Art. 3 Abs. 5 i. V. m. Art. 10 Abs. 1 Rom I-VO nach dem gewählten Sachrecht.

Auf den ebenfalls anwendbaren Art. 10 Abs. 2 Rom I-VO ist an dieser Stelle separat hinzuweisen; die Einbeziehung von Rechtswahlklauseln durch Schweigen der anderen Partei stellt einen wichtigen Anwendungsbereich der Norm dar.

Beispiel:[67] Art. 10 Abs. 2 Rom I-VO greift etwa ein, wenn ein deutscher Unternehmer Verhandlungen mit einem österreichischen Unternehmer durch ein kaufmännisches Bestätigungsschreiben bekräftigt und dabei auf seine AGB verweist, die eine Vereinbarung deutschen Rechts beinhalten. Sofern das österreichische Recht dem Bestätigungsschreiben nicht diese Wirkung zukommen lässt, kann sich der österreichische Unternehmer auf das ihm günstigere eigene Recht berufen.

Sofern die Rechtswahlvereinbarung wirksam zustande gekommen ist, hängt ihre Gültigkeit nach deutschem Sachrecht von der Einbeziehung (§§ 305 ff. BGB) und der Inhaltskontrolle (§§ 307 ff. BGB) ab.

Im kaufmännischen Geschäftsverkehr, der ohnehin keine Einbeziehungskontrolle vorsieht (§ 310 Abs. 1 BGB), sind Rechtswahlklauseln häufig in Allgemeinen Geschäftsbedingungen zu finden. Sie sind dort grundsätzlich zulässig, können allerdings ausnahmsweise überraschend im Sinne von § 305c BGB sein, womit sie nicht Vertragsbestandteil werden.[68]

Beispiel:[69] Eine in Allgemeinen Geschäftsbedingungen enthaltene Rechtswahlklausel, die für einen in Deutschland vermittelten Vertrag über die vom englischen Vertragspartner in London zu tätigenden Börsentermingeschäfte die Anwendbarkeit des weniger strengen englischen Rechts vorsieht, ist für

[66] *Magnus*, in: Staudinger, BGB, Art. 27 EGBGB a.F. Rn. 130.

[67] Vgl. *Kieninger*, in: MüKo-BGB, § 307 Rn. 267.

[68] *Schmidt*, in: MüKo-HGB, Vor §§ 343–372 Rn. 41, 39, 31.

[69] OLG Düsseldorf, NJW-RR 1994, 1132.

den deutschen Verbraucher überraschend bzw. benachteiligt diesen unangemessen (heute § 305c und § 307 Abs. 1 BGB).

Zu bedenken ist diesbezüglich, dass die Einbeziehung von Rechtswahlklauseln (und Allgemeinen Geschäftsbedingungen generell) in manchen Ländern an höhere Anforderungen geknüpft ist, als nach deutschem Recht, wo eine stillschweigende Einbeziehung von Geschäftsbedingungen die Regel ist. Es kann daher (über Art. 3 Abs. 5 Rom I-VO) der Anwendungsbereich des Art. 10 Abs. 2 Rom I-VO eröffnet sein. In diesem Fall kann sich die andere Partei für die Nichteinbeziehung der Rechtswahlklausel auf das Recht ihres gewöhnlichen Aufenthaltsortes berufen.

c) Nachträgliche Rechtswahl

Eine nachträgliche Rechtswahl ist gemäß Art. 3 Abs. 2 Rom I-VO ohne Weiteres zulässig. Eine solche Rechtswahl kann – wie bereits die ursprüngliche Rechtswahl – ausdrücklich oder stillschweigend erfolgen. Es bestehen für diese keine höheren Anforderungen.[70] Es muss dann durch Auslegung geklärt werden, ob eine nachträgliche Rechtswahl so zu verstehen ist, dass sie auf den Zeitpunkt des Vertragsschlusses zurückwirkt, also ex tunc gilt.[71]

2. Jurisdiction Clause (Gerichtsstandsvereinbarung)

Neben der Bestimmung des anwendbaren Rechts kommt in internationalen Verträgen der Wahl des Forums für Streitigkeiten eine besondere Bedeutung zu. Dabei können die Parteien zunächst wählen, ob die Streitentscheidung durch ein staatliches Gericht oder ein Schiedsgericht (dazu sogleich unter VII. „Arbitration Clause“) erledigt werden soll.

Fällt die Entscheidung auf ein nationales Gericht, stellt sich in einem nächsten Schritt die Frage, welches Gericht einen künftigen Streit entscheiden soll. Es ist zwar keineswegs zwingend, für eine Gerichtsstands- und Rechtswahlvereinbarung auf dieselbe Rechtsordnung Bezug zu nehmen. Da es sich um selbständige Verträge handelt, können durchaus unterschiedliche Rechtsordnungen vorgesehen werden.[72] Allerdings enthält die Vereinbarung eines Gerichtsstandes einen starken Anhaltspunkt für die Rechtswahl, und umgekehrt kann auch in der bloßen Rechtswahl eine stillschweigende Zuständigkeitsvereinbarung liegen – sofern zulässig. Es bestehen

---

[70] BGH, NJW-RR 2000, 1002 (1004).

[71] Von einer Rückwirkung im Allgemeinen gehen aus: *Thorn*, in: Palandt, BGB, Art. 3 Rom I-VO Rn. 11; Reithmann/*Martiny*, Internationales Vertragsrecht, Rn. 130.

[72] OLG Hamburg, IPRspr. 1973 Nr. 131; *Thorn*, in: Palandt, BGB, Art. 3 Rom I-VO Rn. 10.

also zwischen Rechtswahl und Gerichtsstandsvereinbarung Wechselwirkungen. Es ist daher üblich, ein Gericht sein eigenes nationales Recht anwenden zu lassen.

a) Vorrang von EG-Recht und Staatsverträgen

Die Zulässigkeit von Gerichtsstandsvereinbarungen (Prorogation: positive Bestimmung eines Gerichtsstandes; Derogation: Abwahl eines eigentlich bestehenden Gerichtsstandes) ergibt sich im deutschen Recht aus §§ 38, 40 ZPO, ein Gerichtsstand kann nach § 39 ZPO zudem durch rügelose Einlassung begründet werden. Das Recht der Prorogation wird jedoch weitgehend durch europäisches Gemeinschaftsrecht (Art. 23, 24 EuGVVO[73], Luganer Übereinkommen) bestimmt, das in seinem Anwendungsbereich die §§ 38–40 ZPO in vollem Umfang ausschließt. Die EuGVVO gilt dabei im Rechtsverkehr der Mitgliedstaaten der EG (seit dem 1.7.2007 auch gegenüber Dänemark). Im Verhältnis zu Island, Norwegen, Polen und der Schweiz gilt hingegen das Luganer Übereinkommen (das allerdings große Ähnlichkeiten zur EuGVVO aufweist).

Die §§ 38–40 ZPO haben somit nur noch dann Bedeutung, wenn entweder keine Vertragspartei bei Abschluss einen Wohnsitz in einem Vertrags-/Mitgliedsstaat hat, oder wenn die Zuständigkeit der Gerichte eines Nichtvertrags-/Nichtmitgliedstaats vereinbart wird.[74]

b) Rechtswahl nach EuGVVO (und Luganer Übereinkommen)

Die praktisch größte Bedeutung haben Art. 23 Abs. 1 und Art. 24 EuGVVO, die starke Ähnlichkeiten zu den Art. 17, 18 LugÜ aufweisen:

> Art. 23 EuGVVO:
> *(1) Haben die Parteien, von denen mindestens eine ihren Wohnsitz im Hoheitsgebiet eines Mitgliedstaats hat, vereinbart, dass ein Gericht oder die Gerichte eines Mitgliedstaats über eine bereits entstandene Rechtsstreitigkeit oder über eine künftige aus einem bestimmten Rechtsverhältnis entspringende Rechtsstreitigkeit entscheiden sollen, so sind dieses Gericht oder die Gerichte dieses Mitgliedstaats zuständig. Dieses Gericht oder die Gerichte dieses Mitgliedstaats sind ausschließlich zuständig, sofern die Parteien nichts anderes vereinbart haben. Eine solche Gerichtsstandsvereinbarung muss geschlossen werden*
> *(a) schriftlich oder mündlich mit schriftlicher Bestätigung,*
> *(b) in einer Form, welche den Gepflogenheiten entspricht, die zwischen den Parteien entstanden sind, oder*
> *(c) im internationalen Handel in einer Form, die einem Handelsbrauch entspricht, den die Parteien kannten oder kennen mussten und den Parteien von Verträgen dieser Art in dem betreffenden Geschäftszweig allgemein kennen und regelmäßig beachten.*

---

[73] VO (EG) Nr. 44/2001 des Rates vom 22.12.2000 über die gerichtliche Zuständigkeit und die Anerkennung und Vollstreckung von Entscheidungen in Zivil- und Handelssache, ABl. EG L 12 v. 16.1.2001.

[74] *Hausmann*, in: Reithmann/Martiny, Internationales Vertragsrecht, Rn. 6361.

Art. 24 EuGVVO:
Sofern das Gericht eines Mitgliedstaats nicht bereits nach anderen Vorschriften dieser Verordnung zuständig ist, wird es zuständig, wenn sich der Beklagte vor ihm auf das Verfahren einlässt. Dies gilt nicht, wenn der Beklagte sich einlässt, um den Mangel der Zuständigkeit geltend zu machen oder wenn ein anderes Gericht aufgrund des Artikels 22 ausschließlich zuständig ist.

aa) Allgemeine Voraussetzungen

In seinem Anwendungsbereich entscheidet Art. 23 EuGVVO abschließend über Zulässigkeit, Form und Wirkungen einer Gerichtsstandsvereinbarung.

Nach Art. 23 EuGVVO kann grundsätzlich die Zuständigkeit eines Gerichts oder der Gerichte eines Mitgliedstaates vereinbart werden, wenn mindestens eine der Parteien ihren Wohnsitz[75] im Hoheitsgebiet eines Mitgliedstaates hat. Eine Vereinbarung ist nur bei exklusiven Gerichtsständen nicht möglich (Art. 22 EuGVVO, wichtige Fälle: Gericht am Belegenheitsort unbeweglicher Sachen; Gerichtsstand am Gesellschaftssitz; Gerichtsstand der Zwangsvollstreckung). Gemäß Art. 23 Abs. 1 S. 3 EuGVVO ist diese Wahl eine *ausschließliche*, sofern nichts anderes vereinbart ist.

Ungeschriebene Voraussetzung des Art. 23 EuGVVO ist ein internationaler Sachverhalt. Für reine Inlandssachverhalte gilt die EuGVVO nicht. Ein internationaler Sachverhalt ist nach der EuGVVO aber schon dann gegeben, wenn Parteien mit Wohnsitz in demselben Mitgliedstaat einen Gerichtsstand in einem anderen Mitgliedstaat vereinbaren. Nur dann, wenn diese Parteien einen Gerichtsstand im eigenen Land festlegen und dabei keine nach der EuGVVO bestehende Zuständigkeit in einem anderen Mitgliedstaat derogieren, fehlt es an einem internationalen Bezug.[76]

Die nach Art. 17 EuGVÜ noch umstrittene Frage, ob das Übereinkommen auch Fälle erfasst, die keinen gemeinschaftsrechtlichen Bezug aufweisen, sondern nur einen Mitgliedstaat und einen oder mehrere Drittstaaten betreffen, dürfte (zumindest) für die EuGVVO nunmehr durch den EuGH in bejahender Weise geklärt sein.[77]

Die Voraussetzungen des Art. 23 EuGVVO müssen grundsätzlich zum Zeitpunkt der Klageerhebung vorliegen. Das heißt zum einen, dass eine zum Zeitpunkt des Vertragsschlusses unwirksame Vereinbarung später Wirksamkeit erlangen kann. Umstritten ist hingegen die Frage, inwiefern eine bei Vertragsschluss wirksame Gerichtsstandsvereinbarung später etwa wegen Nichteinhaltung der Formvorschriften

[75] Dieser bestimmt sich nach Art. 59, 60 EuGVVO. Der Sitz von Gesellschaften und juristischen Personen steht nach Art. 60 EuGVVO dem Wohnsitz natürlicher Personen gleich.

[76] Vgl. *Hausmann*, in: Reithmann/Martiny, Internationales Vertragsrecht, Rn. 6374 f.

[77] EuGH, Slg. 2000 I, 9337/9346 (Nr. 16 ff.) = NJW 2001, 501 (Der EuGH wendet Art. 17 EuGVÜ (heute Art. 23 EuGVVO) auf einen Vertrag einer deutschen GmbH mit einer russischen Gesellschaft an).

des Art. 23 EuGVVO oder fehlendem Sitz des Rechtsnachfolgers in einem Mitgliedstaat unwirksam werden kann.[78]

bb) Formvorschriften und Allgemeine Geschäftsbedingungen

Für den Abschluss von Gerichtsstandsvereinbarungen gelten die Formvorschriften des Art. 23 Abs. 1 S. 3 EuGVVO. Die schriftliche Vereinbarung nach lit. a) ist nicht mit der Schriftform wie sie in § 126 BGB geregelt wird, identisch. Die Anforderungen der EuGVVO sind vielmehr milder als die Vorschriften des BGB. Insbesondere ist keine Eigenhändigkeit der Unterschrift erforderlich. Essentiell ist nur, dass sich die Identität des Erklärenden aus der Willenserklärung (Fax, E-Mail) ergibt. Abweichend von § 126 Abs. 2 BGB genügt auch eine Vereinbarung in getrennten Schriftstücken.[79]

Auch die Vereinbarung eines Gerichtsstandes in Allgemeinen Geschäftsbedingungen ist möglich, wobei der Vertragstext ausdrücklich auf die Allgemeinen Geschäftsbedingungen mit der Gerichtsstandsklausel Bezug nehmen muss.[80]

Beispiel:[81] Die Schriftlichkeit nach Art. 17 Abs. 1 EuGVÜ (heute Art. 23 EuGVVO) ist gewahrt, wenn ein von den Parteien unterzeichneter Vertragstext auf die auf der Rückseite der Vertragsurkunde abgedruckten Allgemeinen Geschäftsbedingungen verweist.
Beispiel:[82] Auch das bloße Schweigen der einen Partei kann zur wirksamen Einbeziehung von Gerichtsstandsklauseln in Allgemeine Geschäftsbedingungen führen, wenn die Parteien ihre Geschäftsbeziehungen in ihrer Gesamtheit den AGB der anderen Partei unterstellt haben.

Ebenso wurde es als ausreichend für die Schriftlichkeit erachtet, wenn bei einem Vertragsschluss durch Angebot und Annahme in verschiedenen Urkunden die Partei im Text ihres Angebots, das schriftlich angenommen wurde, auf ihre AGB hingewiesen hatte, die eine Gerichtsstandsklausel enthielten.[83]

Entbehrlich kann ein der üblicherweise erforderliche Hinweis auf die Geschäftsbedingungen lediglich aufgrund der Gepflogenheiten, die zwischen den Parteien entstanden sind (lit. b) oder eines internationalen Handelsbrauchs sein, den die

---

[78] Vgl. dazu *Hausmann*, in: Reithmann/Martiny, Internationales Vertragsrecht, Rn. 6380 f.

[79] *Hausmann*, in: Reithmann/Martiny, Internationales Vertragsrecht, Rn. 6434 f.

[80] EuGH Slg. 1976, 1831 (1841) (Nr. 10) (Colzani/RÜWA) = NJW 1977, 494; BGH EuZW 1992, 514.

[81] BayObLG, BB 2001, 1498.

[82] EuGH Slg. 1976, 1851 (1861) (Nr. 11) (Segoura/Bonakdarian).

[83] EuGH Slg. 1976, 1831 (1842) (Nr. 10) (Colzani/RÜWA) = NJW 1977, 494.

Parteien kannten oder kennen mussten und der allgemein in dem betreffenden Geschäftszweig bekannt ist und regelmäßig beachtet wird (lit. c).[84,85]

Die Begründung von Geschäftsgepflogenheiten zwischen den Parteien setzt indes vermutlich voraus, dass die Parteien sich zumindest zu Beginn ihrer Geschäftsbeziehung einmal über die Geltung der Gerichtsstandsklausel geeinigt haben.[86] Ein internationaler Handelsbrauch kann jeweils nur für einen Geschäftszweig bestimmt werden und erfordert, dass die dort tätigen Kaufleute bei Abschluss einer bestimmten Art von Verträgen allgemein und regelmäßig ein bestimmtes Verhalten befolgen.[87] Unklar ist bisher, ob und wie weit das Schweigen auf ein kaufmännisches Bestätigungsschreiben als Zustimmung kraft internationalen Handelsbrauchs anerkannt ist. Dies muss jedenfalls für den in Frage stehenden Geschäftszweig einzeln festgestellt werden.

Die Einhaltung der Formerfordernisse stellt für die Praxis eine wichtige Vermutung dafür dar, dass sich die Parteien über den Gerichtsstand wirksam geeinigt haben.[88]

cc) Hinreichende Bestimmtheit von Rechtsverhältnis und Gericht

Nach dem Wortlaut des Art. 23 Abs. 1 S. 1 EuGVVO muss sich die Zuständigkeitsvereinbarung auf eine bereits entstandene oder künftige aus einem bestimmten Rechtsverhältnis entspringende Rechtsstreitigkeit beziehen.

Dafür ist es ausreichend, dass sich die Vereinbarung auf alle Verträge bezieht, die im Rahmen einer laufenden Geschäftsbeziehung abgeschlossen werden.[89] Die Bestimmbarkeit des Gerichts muss sich nicht unmittelbar aus der Gerichtsstandsvereinbarung ergeben. Es genügt vielmehr, wenn diese objektive Kriterien enthält, wonach sich der Gerichtsstand bestimmen lässt.

Beispiel 1:[90] Zulässig ist danach die Vereinbarung von Wahlgerichtsständen etwa in der Form, dass der Kläger zwischen dem Gericht am Wohnsitz/Sitz des Bürgen und am Wohnsitz/Sitz der Zustellungsbevollmächtigten auswählen darf.

---

[84] Die Sonderregelungen des Art. 63 EuGVVO im Verhältnis zu Luxemburg sind mit Ende des Übergangszeitraums von sechs Jahren am 31.3.2008 ausgelaufen.

[85] Zu weiteren Fallkonstellationen vgl. *Hausmann*, in: Reithmann/Martiny, Internationales Vertragsrecht, Rn. 6437.

[86] So *Hausmann*, in: Reithmann/Martiny, Internationales Vertragsrecht, Rn. 6452.

[87] EuGH Slg. 1997 I, 932 (940 f.) (MSG/Les Gravières Rhénanes) = NJW 1997, 1431.

[88] *Hausmann*, in: Reithmann/Martiny, Internationales Vertragsrecht, Rn. 6415.

[89] OLG Oldenburg, IPRax 1999, 458; *Hausmann*, in: Reithmann/Martiny, Internationales Vertragsrecht, Rn. 6482.

[90] Beispiel nach *Hausmann*, in: Reithmann/Martiny, Internationales Vertragsrecht, Rn. 6483.

Beispiel 2:[91] Zulässig ist es auch, das Gericht am Erfüllungsort auszuwählen.
Beispiel 3:[92] Zulässig ist auch eine Regelung, wonach jede Partei nur vor den Gerichten ihres Heimatstaates verklagt werden soll.

dd) Erstreckung auf außervertragliche Ansprüche

Wichtig ist überdies die Frage nach der objektiven Reichweite der Gerichtsstandsvereinbarung, insbesondere, ob sie auch die gerichtliche Geltendmachung außervertraglicher Ansprüche erfasst. Die Bestimmung der Reichweite der Gerichtsstandsklausel ist Sache des angerufenen nationalen Gerichts und kann daher von Staat zu Staat unterschiedlich ausfallen.

Die deutsche Rechtsprechung tendiert dazu, im Zweifel die Prorogation auf Ansprüche aus unerlaubter Handlung auszudehnen, sofern sie einen Zusammenhang mit der Vertragsverletzung aufweisen.[93] Möchte man dies abweichend regeln, sollte dies klar zum Ausdruck gebracht werden.

c) Rügelose Einlassung, Art. 24 EuGVVO

Neben der Vereinbarung eines Gerichtsstandes kann auch die rügelose Einlassung vor dem Gericht eines Mitgliedstaats dessen selbständige Entscheidungskompetenz begründen (Art. 24 EuGVVO). Aus der systematischen Stellung der Norm hinter Art. 23 EuGVVO ergibt sich, dass dessen Voraussetzungen (mindestens eine Partei hat einen Sitz im Mitgliedstaat) auch für Art. 24 EuGVVO gelten. In Abweichung zu § 39 S. 2 ZPO ist die dort vorgeschriebene Belehrung bei Art. 24 EuGVVO nicht vorgesehen. Auch der Begriff der Einlassung weicht von § 39 ZPO dahingehend ab, dass eine Einlassung zur Hauptsache nicht erforderlich ist. Vielmehr liegt eine solche auch dann schon vor, wenn der Beklagte etwa lediglich die örtliche oder sachliche Zuständigkeit rügt.[94]

Große Bedeutung kommt der Frage zu, bis zu welchem Zeitpunkt die Einrede der Unzuständigkeit erhoben werden kann. Nach der Rechtsprechung des EuGH darf die Rüge nicht „nach Abgabe der derjenigen Stellungnahme erhoben" werden,

[91] OLG München, RIW 1989, 901.

[92] EuGH Slg. 1978, 2133 (2141) (Nr. 5) (Meeth/Glacetal) = RIW 1978, 814.

[93] OLG München, RIW 1989, 901 (902) (Ansprüche aus unerlaubter Handlung sind, soweit sie sich mit einer Vertragsverletzung decken, von der Prorogation gemäß Art. 17 EuGVÜ umfasst); OLG Stuttgart, RIW 1991, 333 (Im Anwendungsbereich des Art. 17 EuGVÜ kann die ausschließliche Zuständigkeit eines ausländischen Gerichts wirksam auch für Ansprüche vereinbart werden, die auf deutsches Kartellrecht gestützt werden).

[94] OLG München, IPRspr. 2000 Nr. 143.

die „nach dem innerstaatlichen Prozessrecht als das erste Verteidigungsvorbringen vor dem angerufenen Gericht anzusehen ist".[95] Die Rüge ist daher rechtzeitig erhoben, wenn sie vor jeder Sachverteidigung erfolgt. Sofern eine schriftliche Klageerwiderung erfolgt, ist daher in dieser die Rüge zu erheben.[96]

Eine rügelose Einlassung hat insbesondere Vorrang vor einer Vereinbarung nach Art. 23 EuGVVO. Das ergibt sich schon daraus, dass die Parteien eine Gerichtsstandsvereinbarung jederzeit ändern können.[97]

Liegt eine wirksame Gerichtsstandsvereinbarung vor, so hat sich ein Gericht – bei fehlender Einlassung des Beklagten von Amts wegen, Art. 26 Abs. 1 EuGVVO – und ansonsten auf die Rüge des Beklagten für unzuständig zu erklären und die Klage abzuweisen.

d) Rechtslage nach nationalem deutschen Recht

Die Vereinbarung eines Gerichtsstands bestimmt sich grundsätzlich dann nach deutschem Recht, wenn keine der Parteien ihren Sitz in einem Mitgliedstaat hat (insbesondere keine der Parteien hat ihren Sitz in Deutschland) oder wenn der Gerichtsstand eines Drittstaats vereinbart wird.

Beispiel:[98] Eine türkische Fluggesellschaft und ein deutscher Reiseveranstalter vereinbarten formularmäßig einen türkischen Gerichtsstand. Die Anwendung von Art. 17 EuGVÜ (heute Art. 23 EuGVVO) wurde ausdrücklich abgelehnt und die Vereinbarung an §§ 38, 40 ZPO geprüft.

Für die Beurteilung der internationalen Zuständigkeit werden die §§ 38–40 ZPO herangezogen.[99] § 38 Abs. 2 ZPO beinhaltet die zentrale Unterscheidung zwischen dem kaufmännischen und dem nichtkaufmännischen Rechtsverkehr.

aa) Kaufmännischer und nichtkaufmännischer Rechtsverkehr

Kaufleute, juristische Personen des öffentlichen Rechts oder öffentlich-rechtliche Personen dürfen nach § 38 Abs. 1 ZPO grundsätzlich unbeschränkt Gerichtsstandsvereinbarungen abschließen.

Für **Nichtkaufleute** ist eine Gerichtsstandsvereinbarung zunächst in zwei Konstellationen möglich: Zum einen gilt dies, wenn mindestens eine der Parteien keinen

---

95 EuGH Slg. 1981, 1671 (1684) (Nr. 15) (Elefanten Schuh/Jacqmain).

96 Vgl. *Hausmann*, in: Reithmann/Martiny, Internationales Vertragsrecht, 6. Aufl., Rn. 3100.

97 EuGH Slg. 1981, 1671 (1684) (Nr. 15) (Elefanten Schuh/Jacqmain).

98 OLG Frankfurt/Main, IPRax 1998, 35.

99 *Martiny*, in: MüKo-BGB, Vor Art. 1 Rom I-VO Rn. 64.

allgemeinen Gerichtsstand im Inland hat (Abs. 2 S. 1) und zum anderen, wenn die Vereinbarung für den Fall geschlossen wird, dass die Beklagte ihren Wohnsitz oder gewöhnlichen Aufenthalt ins Ausland verlegt oder dieser bei Klageerhebung nicht bekannt ist (Abs. 3 Nr. 2). Ansonsten sind Gerichtsstandsvereinbarungen nur **nach dem Entstehen der Streitigkeit** zulässig (Abs. 3 Nr. 1). Dafür genügt eine Gerichtsstandsvereinbarung nicht, die zeitgleich mit dem Vertrag abgeschlossen wurde, dessen künftige Streitigkeiten sie regelt.[100]

Unzulässig ist eine Gerichtswahl auch unter Kaufleuten dann, wenn für eine Klage eine ausschließliche Zuständigkeit begründet ist (§ 40 Abs. 2 Nr. 2 ZPO). Darunter fallen etwa der dingliche Gerichtsstand (§ 24 ZPO), der Gerichtsstand für Haustürwiderrufsgeschäfte (§ 29c ZPO) aber auch ausschließliche sachliche Zuständigkeiten der Gerichte (§§ 71, 72 GVG).

bb) Hinreichende Bestimmtheit von Rechtsverhältnis und Gericht

Erforderlich ist weiterhin gem. § 40 Abs. 1 ZPO, dass die Vereinbarung sich auf ein bestimmtes Rechtsverhältnis und die aus ihm entspringenden Streitigkeiten bezieht. Unzulässig ist daher eine pauschale Regelung für alle künftigen Rechtsstreitigkeiten der Parteien; möglich soll aber eine Vereinbarung in einem Rahmenvertrag sein.[101] Dies entspricht den Anforderungen des Art. 23 Abs. 1 S. 1 EuGVVO. Zudem muss wie bei Art. 23 Abs. 1 S. 1 EuGVVO das konkret zuständige Gericht bestimmbar sein. Es reicht also, pauschal die Gerichte eines Landes zu wählen.

cc) Zustandekommen und Wirksamkeit

Nach herrschender Meinung beurteilen sich das Zustandekommen und die Wirksamkeit einer Gerichtsstandsvereinbarung nach dem über Art. 3 ff. Rom I-VO zu ermittelnden Vertragsstatut.[102]

dd) Formvorschriften und AGB

Die Formgültigkeit von Gerichtsstandsvereinbarungen beurteilt sich nach § 38 ZPO. Art. 11 Abs. 1 Rom I-VO, wonach alternativ die Formvorschriften des Vornahmestaates ausreichen würde, findet keine Anwendung.[103] Kaufleute, juristische Personen des öffentlichen Rechts und öffentlich-rechtliche Sondervermögen kön-

---

[100] BGH, NJW 1986, 1438 (1439).

[101] *Martiny*, in: MüKo-BGB, Vor Art. 1 Rom I-VO Rn. 68.

[102] *Martiny*, in: MüKo-BGB, Vor Art. 1 Rom I-VO Rn. 71.

[103] *Hausmann*, in: Reithmann/Martiny, Internationales Vertragsrecht, 6. Aufl., Rn. 3138; BGHZ 116, 77 (80) = NJW 1993, 1070 (1071 f.) (Wirksamkeit eines Bürgschaftsvertrags allein nach § 38 ZPO beurteilt).

nen Gerichtsstandsvereinbarungen danach ausdrücklich oder stillschweigend, und damit formfrei, abschließen.[104] Ein mündlicher Abschluss ist somit ebenfalls möglich.

Im nichtkaufmännischen Rechtsverkehr muss die Vereinbarung hingegen schriftlich abgeschlossen oder zumindest schriftlich bestätigt werden, § 38 Abs. 2 ZPO. Insoweit gelten die gleichen Anforderungen wie nach den Parallelvorschriften der Art. 23 EuGVVO, Art. 17 LugÜ. § 38 Abs. 3 ZPO verlangt – für die nachträgliche Vereinbarung – sogar eine ausdrückliche und schriftliche Vereinbarung der Zuständigkeit.

Ob Gerichtsstandsvereinbarungen in Allgemeinen Geschäftsbedingungen vereinbart werden richtet sich nach den §§ 305 ff. BGB. Wiederum ist jedoch darauf hinzuweisen, dass sich die andere Partei auf das abweichende Recht ihres gewöhnlichen Aufenthalts gem. Art. 10 Abs. 2 Rom I-VO berufen kann, was insbesondere für die Einbeziehung Allgemeiner Geschäftsbedingungen durch kaufmännische Bestätigungsschreiben eine Rolle spielt. Die deutsche Rechtsprechung ist bei der Angemessenheitskontrolle gemäß § 307 Abs. 1 BGB zurückhaltend.

Beispiel:[105] Eine Gerichtsstandsvereinbarung zu Gunsten des Sitzes eines Verwenders stellt in der Regel keine unangemessene Benachteiligung eines kaufmännischen Vertragspartners dar.

Im konkreten Einzelfall kann eine Gerichtsstandsvereinbarung dennoch als überraschende Klausel gem. § 305 c Abs. 1 BGB nicht Vertragsbestandteil werden. Dies ist etwa dann der Fall, wenn einer Klausel ein gewisser Überrumpelungs- und Übertölpelungseffekt innewohnt. Das kann bei einer im kaufmännischen Rechtsverkehr üblichen Gerichtsstandsklausel der Fall sein, wenn sie an einer Stelle im Vertragswerk angebracht wird, an der sie auch der aufmerksame Vertragspartner redlicherweise nicht zu erwarten braucht.

Beispiel:[106] Als überraschend wurde das Anbringen eines Aufklebers, der eine Gerichtsstandsvereinbarung beinhaltete, an einer Stelle des Bestellformulars angesehen, die zur Eintragung der persönlichen Daten des Bestellers vorgesehen war.

---

[104] Vgl. OLG Saarbrücken, NJW-RR 1989, 828 (829 f.).

[105] OLG Karlsruhe, NJW 1996, 2041 (zu § 9 AGBGB = § 307 BGB n.F.), OLG Schleswig, NJW 2006, 3361.

[106] OLG Düsseldorf, NJW-RR 1989, 1330 (1332).

ee) Prozessuale Wirkungen

Die prozessualen Wirkungen einer Prorogation oder Derogation der internationalen Zuständigkeit deutscher Gerichte richten sich grundsätzlich nach deutschem Recht. Man wird in aller Regel davon ausgehen können, dass eine Gerichtsstandsvereinbarung neben der örtlichen auch die internationale Zuständigkeit regeln möchte.[107]

Sofern eine Gerichtsstandsvereinbarung vorliegt, muss geklärt werden, ob der gewählte Gerichtsstand ausschließlich sein soll oder es sich um einen neben die gesetzlichen Gerichtsstände hinzutretenden Wahlgerichtsstand handelt. Wird diesbezüglich keine ausführliche Bestimmung getroffen, ergeben sich Probleme. Die Rechtsprechung hat festgestellt, dass keine Vermutung gegen oder für eine Ausschließlichkeit einer Gerichtsstandsvereinbarung besteht. Vielmehr ist „anhand der näheren Umstände und der Interessenlage der Beteiligten" durch Auslegung zu ermitteln, ob die Zuständigkeit als ausschließliche gemeint ist.[108]

Wird im Hauptvertrag ausländisches Recht vereinbart, so spricht dies dafür, dass zumindest für Ansprüche gegen den Vertragspartner, dessen Heimatgerichte zuständig sein sollen, die alleinige Zuständigkeit dieser Gerichte vereinbart ist.[109]

ff) Rügelose Einlassung, § 39 ZPO

Trotz getroffener Gerichtsstandsvereinbarung kann ein an sich unzuständiges Gericht durch rügeloses Verhandeln zur Hauptsache zuständig werden, § 39 ZPO. Es bedarf zur Vermeidung einer Zuständigkeitsbegründung keiner ausdrücklichen Rüge der internationalen Zuständigkeit.

Beispiel:[110] Die Rüge der örtlichen Zuständigkeit umfasst auch die internationale Zuständigkeit, wenn der Beklagte nicht geltend macht, dass ein anderes inländisches Gericht zuständig sei.

Im Verhältnis zur EuGVVO bestehen zwei wichtige Unterschiede: Zum einen muss im amtsgerichtlichen Verfahren das Gericht eine Belehrung nach § 39 S. 2 i. V. m. § 504 ZPO über seine Unzuständigkeit und die Folgen einer rügelosen Einlassung zur Hauptsache vornehmen, die sich nach der herrschenden Literaturmeinung auch auf das Fehlen der internationalen Zuständigkeit beziehen muss.[111] Zum anderen muss anders als nach Art. 24 EuGVVO die Rüge nicht innerhalb der Klageerwide-

[107] Vgl. OLG Hamburg, WM 1992, 1941.

[108] BGHZ 57, 116 = NJW 1972, 1671.

[109] BGH, NJW 1973, 422; OLG München, NJW 1987, 2166.

[110] BGH, NJW-RR 1990, 604.

[111] *Hausmann*, in: Reithmann/Martiny, Internationales Vertragsrecht, 6. Aufl., Rn. 3207 m.w.N.

rungsfrist gemäß §§ 282 Abs. 3, 296 Abs. 3 ZPO vorgebracht werden, sondern kann noch bis zum Beginn der mündlichen Verhandlung erhoben werden.[112]

3. Musterklausel: Law and Jurisdiction Clause (Sea Waybill)

Except as otherwise provided herein, any claim or dispute arising under this Sea-Waybill shall be governed by the law of the Federal Republic of Germany and determined in the Hamburg courts to the exclusion of the jurisdiction of the courts of any other place. In case the Carrier intends to sue the Merchant, the Carrier has also the option to file suit at the Merchant's place of business. In the event this clause is inapplicable under local law, then jurisdiction and choice of law shall either be at the Port of Loading or at the Port of Discharge at Carrier's option.

VI. Arbitration Clause (Schiedsklausel)

Im internationalen Rechtsverkehr werden Gerichtsstandsklauseln regelmäßig von Schiedsgerichtsklauseln verdrängt, wesentlich häufiger als im nationalen Rechtsverkehr.[113] Schiedsklauseln beinhalten die Regelung, dass die Entscheidung aller oder einzelner Streitigkeiten der Parteien, die zwischen ihnen in Bezug auf ein bestimmtes Rechtsverhältnis vertraglicher oder nichtvertraglicher Art entstanden sind oder künftig entstehen, der Entscheidung durch ein Schiedsgericht unterworfen sind (§ 1029 Abs. 1 ZPO).

Von einer **Schiedsklausel** spricht man, wenn diese Regelung in Form einer Klausel in einem Vertrag geschlossen wird, von einer **Schiedsabrede**, die grundsätzlich denselben Regelungsgehalt hat, spricht man bei einer selbständigen Vereinbarung (§ 1029 Abs. 2 ZPO). Den Oberbegriff bildet die **Schiedsvereinbarung**.

Neben den im folgenden Kapitel ausgeführten Vor- und Nachteilen von Schiedsverfahren beruht die häufige Vereinbarung von Schiedsklauseln auch auf der Schwierigkeit sich auf die Gerichtsbarkeit eines Landes zu einigen. Oftmals bestehen bei jeder Partei Bedenken gegen die nationale Gerichtsbarkeit der anderen Partei, insbesondere weil man mit deren Prozessrecht und den damit verbundenen Bräuchen und Gepflogenheiten nicht vertraut ist oder die Objektivität nationaler Gerichte gegenüber ihren Staatsangehörigen bezweifelt. Neben diesen sachlichen Gründen ist es häufig auch eine Prestigefrage, welche Partei die Anwendung ihrer Gerichte durchsetzen kann. Es liegt dann nahe, sich auf ein Schiedsgericht zu einigen, das in einem „neutralen" Drittland tagt und mit Schiedsrichtern verschiedener

---

[112] BGHZ 134, 127 (134 f.) = NJW 1997, 397 (398).

[113] *Lachmann*, Handbuch Schiedsgerichtspraxis, Rn. 98 ff.

Nationalitäten besetzt sein kann. Erstaunlich oft wird dabei ein Verfahrensort in der Schweiz gewählt.[114]

1. Formvorschriften und Allgemeine Geschäftsbedingungen

In der Regel wird das auf die Schiedsvereinbarung geltende Recht mit dem für den Hauptvertrag geltenden Recht übereinstimmen. Sofern deutsches Recht anwendbar ist, ist zunächst an die Formvorschrift des § 1031 ZPO zu denken.

Danach unterscheiden sich die formellen Anforderungen, abhängig davon, ob ein Unternehmer eine Schiedsvereinbarung abschließt (§ 1031 Abs. 1 bis 4 ZPO) oder ein Verbraucher (Abs. 5).

Für **Unternehmer** muss die Schiedsvereinbarung entweder in einem von den Parteien unterzeichneten Dokument oder in zwischen ihnen gewechselten Schreiben, Fernkopien, Telegrammen oder anderen Formen der Nachrichtenübermittlung, die einen **Nachweis der Vereinbarung** sicherstellen, enthalten sein (§ 1031 Abs. 1 ZPO). Entscheidend soll danach sein, dass ein schriftlicher Nachweis der Vereinbarung möglich ist, auf das gewählte Kommunikationsmittel kommt es nicht an. Das Gesetz zählt diese nur beispielhaft auf.[115] Es genügen etwa auch E-Mails.[116]

Die erforderliche Form gilt auch dann als erfüllt, wenn die Schiedsvereinbarung in einem von der einen Partei der anderen Partei oder von einem Dritten beiden Parteien übermittelten Dokument enthalten ist und der Inhalt des Dokuments im Fall eines nicht rechtzeitig erfolgten Widerspruchs nach der Verkehrssitte als Vertragsinhalt angesehen wird (§ 1031 Abs. 2 ZPO). Davon sind vor allem **kaufmännische Bestätigungsschreiben** erfasst.[117]

Möglich ist auch, dass ein Vertrag, welcher den Formansprüchen der Abs. 1 oder 2 genügt, auf ein Dokument Bezug nimmt, das eine Schiedsklausel enthält und die Bezugnahme dergestalt ist, dass sie die Klausel zu einem Vertragsbestandteil macht (§ 1031 Abs. 3 ZPO). Diese Regelung eröffnet die Möglichkeit, eine formwirksame Schiedsvereinbarung durch **Bezugnahme auf Allgemeine Geschäftsbedingungen** abzuschließen. Dabei reicht ein allgemeiner Verweis auf die Geschäftsbedingungen aus, der Verweis braucht keinen Hinweis auf die Schiedsklausel zu beinhalten.[118]

Hierbei entsteht jedoch immer wieder das Problem, dass in einer wirksamen Schiedsklausel auf eine Schiedsurkunde verwiesen wird, deren Errichtung später aber vergessen oder deren Einbeziehung in den Vertrag scheitert. Ob in diesen

---

[114] Vgl. *Lachmann*, Handbuch Schiedsgerichtspraxis, Rn. 178, 397.

[115] So ausdrücklich die Regierungsbegründung zu § 1031 Abs. 1 ZPO, BT-Drs. 13/5274, S. 36.

[116] *Geimer*, in: Zöller, ZPO, § 1031 Rn. 7, Baumbach/Lauterbach/Albers/*Hartmann*, ZPO, § 1031 Rn. 5; *Lachmann*, Handbuch Schiedsgerichtspraxis, Rn. 346.

[117] Ausdrücklich BT-Drs. 13/5274, S. 36; ebenso OLG Hamburg, Beschluss vom 25.1.2008, Az. 6 Sch 7/07; Baumbach/Lauterbach/Albers/*Hartmann*, ZPO, § 1031 Rn. 6; *Geimer*, in: Zöller, ZPO, § 1031 Rn. 8.

[118] *Geimer*, in: Zöller, ZPO, § 1031 Rn. 9; *Lachmann*, Handbuch Schiedsgerichtspraxis, Rn. 348.

Fällen eine Schiedsvereinbarung ohne den zusätzlichen Inhalt der Urkunde abgeschlossen wird, ist in der Rechtsprechung umstritten.

Beispiel:[119] **Das *OLG Hamm* hatte über folgende Klausel zu entscheiden:** „Für den Fall von Streitigkeiten aus diesem Vertrag unterwerfen sich die Parteien unter Ausschluss des ordentlichen Rechtswegs einem Schiedsgericht gem. §§ 1027 ff. ZPO nach Maßgabe beiliegender Schiedsurkunde, die Vertragsbestandteil ist."

Die vorgesehene Urkunde war dem Vertrag nicht beigefügt und ist auch später nicht errichtet worden. Das *OLG Hamm* war der Auffassung, dass ohne Verweis auf die „Schiedsurkunde" eine ausreichende Einigung auf eine schiedsrichterliche Streiterledigung stattgefunden hätte. Der Verweis habe jedoch zum Ausdruck gebracht, dass die Parteien eine Einigung über weitere Details für notwendig erachtet hätten. Daher müsse aufgrund der Zweifelsregelung des § 154 BGB vom Fehlen einer wirksamen Einigung ausgegangen werden.

Das *OLG München*[120] kam hingegen in einer vergleichbaren Situation zu dem gegenteiligen Ergebnis mit der Begründung, aus dem Vertrag ergebe sich eindeutig, dass die Parteien ihre Streitigkeiten vor einem Schiedsgericht austragen wollten. In Ermangelung weiterer Regeln sei daher auf die Normen nach §§ 1025 ff. ZPO abzustellen.

Eine Schiedsvereinbarung wird auch durch die Begebung eines Konnossements begründet, in dem ausdrücklich auf die in einem Chartervertrag enthaltene Schiedsklausel Bezug genommen wird (§ 1031 Abs. 4 ZPO).

Für Schiedsvereinbarungen, an den **Verbraucher** beteiligt sind, bestehen strengere Formanforderungen. Solche Vereinbarungen müssen grundsätzlich in einer von den Parteien **eigenhändig unterzeichneten Urkunde** enthalten sein, die **keine anderen Vereinbarungen** enthalten darf (§ 1031 Abs. 5 ZPO).

Grundsätzlich ist für den Abschluss eines Schiedsvertrages Stellvertretung möglich. Umstritten ist allerdings die Frage, ob eine Handlungsvollmacht (§ 54 HGB) zum Abschluss von Schiedsvereinbarungen ermächtigt oder diese unter die in Abs. 2 genannte „Prozessführung" zu subsumieren ist, wonach eine zusätzliche Ermächtigung notwendig wäre.

Beispiel:[121] Das *OLG München* ist unter Berufung auf Schutzzweck und Wortlaut des § 54 Abs. 2 HGB von Letzterem ausgegangen. Der Grund für die besondere Befugnis zur Prozessführung liege in den unter Umstän-

---

[119] OLG Hamm, OLG-Report 2008, 125 = BeckRS 2007, 15564.

[120] OLG München, 34 SchH 1/07 und 34 SchH 3/08.

[121] OLG München, NJW-RR 2009, 417.

den unkalkulierbaren Kosten. Nichts anderes gelte für den Abschluss von Schiedsvereinbarungen, weswegen auch dafür eine besondere Ermächtigung erforderlich sei.

Formmängel von Schiedsvereinbarungen, gleichgültig ob sie im gewerblichen oder privaten Rechtsverkehr unterlaufen, werden durch **(rügelose) Einlassung** auf die schiedsgerichtliche Verhandlung zur Hauptsache geheilt (§ 1031 Abs. 6 ZPO). Zu bedenken ist, dass eine rügelose Einlassung nach der überwiegenden Meinung bereits vorliegt, wenn sich die Partei in einem vorbereitenden Schriftsatz rügelos zur Hauptsache einlässt.[122]

2. Schiedsklauseln und Gerichtsstandsvereinbarungen

Haben die Parteien sowohl eine Gerichtsstandsklausel als auch eine Schiedsklausel in ihren Vertrag aufgenommen, so ist im Wege der **Auslegung** zu ermitteln, welche der Regelungen den Vorrang haben soll. In der Regel wird dann die Auslegung gerechtfertigt sein, dass die Gerichtsstandsklausel dann gelten soll, wenn die Parteien übereinstimmend nicht das Schiedsgericht, sondern ein staatliches Gericht anrufen.[123]

In der Auslegung der letzten Jahre hat sich allerdings der BGH teilweise sehr schiedsfreundlich gezeigt.

Beispiel:[124] Der *BGH* entschied, dass eine in AGB enthaltene Gerichtsstandsvereinbarung die Vereinbarung eines Schiedsgerichts nicht hinderte, obwohl letztere in nach dem Willen der Parteien nur nachrangigen Dokumenten enthalten waren. Der *BGH* begründetet dies damit, die Gerichtsstandsvereinbarung regle nur die örtliche Zuständigkeit, beinhalte aber keine abschließende Regelung der funktionellen Zuständigkeit.

Für die Abfassung von Gerichtsstandsvereinbarungen kann nach diesem schiedsfreundlichen Urteil nur dann mit Sicherheit eine schiedsrichterliche Streitentscheidung ausgeschlossen werden, wenn diese explizit eine Formulierung dahingehend

[122] BGH, NJW 1983, 1267 (1269); BGH, NJW-RR 2005, 1659 f.; *Lachmann*, Handbuch Schiedsgerichtspraxis, Rn. 368; Baumbach/Lauterbach/Albers/*Hartmann*, ZPO, § 1031 Rn. 13.

[123] BGHZ 52, 31 (35) = NJW 1969, 1536 (1537).

[124] BGH, NJW-RR 2007, 1719.

enthält, dass eine in AGB enthaltene Schiedsklausel die Zuständigkeit staatlicher Gerichte nicht tangiert.[125]

Möglich ist auch eine Vereinbarung, wonach die klagende Partei ein Wahlrecht haben soll, entweder das staatliche Gericht oder das Schiedsgericht anzurufen. Dieses Wahlrecht zwischen staatlichem Gericht und Schiedsgericht kann auch nur für Klagen einer Vertragspartei, etwa des Verkäufers, eingeräumt werden.[126]

3. Praktische Hinweise

Bei der Formulierung einer Schiedsklausel sind insbesondere die sich aus § 1029 Abs. 1 ZPO ergebenden Bestimmtheitsanforderungen zu beachten.

Dazu gehört die **Bestimmtheit des Rechts- oder Streitverhältnisses**, das dem Schiedsgericht unterworfen wird. Dafür muss geklärt werden, ob alle oder nur einzelne Streitigkeiten, die aus dem Rechtsverhältnis hervorgehen, vom Schiedsgericht entschieden werden sollen und ob nur die bereits entstandenen oder alle künftig entstehenden Streitigkeiten von der Schiedsvereinbarung erfasst sein sollen.[127]

Weiter muss das **Schiedsgericht bestimmt** werden, soweit es kein Ad-hoc-Schiedsgericht ist. Es ist daher **konkret** zu **bezeichnen**. Möglich ist nach Auffassung des Bundesgerichtshofs, eine Schiedsvereinbarung auf zwei Schiedsgerichte zu beziehen, was in der Regel bedeutet, dass der jeweilige Schiedskläger ein Wahlrecht hat.[128]

Unabdingbar ist weiterhin die Bestimmung des materiellen Rechts, welches das Schiedsgericht anwenden soll.

Selbst wenn man sich dafür entscheiden sollte, die Standardschiedsklausel – etwa des ICC – zu verwenden, sollten bestimmte zusätzliche Aspekte mitbedacht werden. Sofern eine Schiedsklausel hingegen frei formuliert wird, etwa weil ein Ad-hoc-Schiedsgericht eingerichtet werden soll, ist deren Berücksichtigung sogar unabdingbar. Es handelt sich dabei in erster Linie um Verfahrensregeln, über die erfahrungsgemäß schwieriger Einigkeit zu erzielen ist, wenn Streitigkeiten bereits eingetreten sind. Dazu gehören etwa die Regelung der auf das Schiedsverfahren anzuwendenden Sprache, des Ortes des schiedsrichterlichen Verfahrens[129] und der Anzahl der Schiedsrichter.

---

[125] *Kröll*, NJW 2009, 1183 (1185).

[126] BGH, NJW 1976, 852 f.

[127] *Lachmann*, Handbuch Schiedsgerichtspraxis, Rn. 374.

[128] BGH, Beschl. v. 30.1.2003 – III ZB 06/02; BGH, NJW 1969, 978 (979).

[129] Vgl. *Lachmann*, Handbuch Schiedsgerichtspraxis, Rn. 395 m.w.N.

4. Musterklauseln

Es existieren zahlreiche Schiedsinstitutionen, die in der Praxis eine mehr oder weniger große Rolle spielen. Hier sollen die Standardklauseln der drei weit verbreiteten Institutionen ICC, DIS und UNCITRAL in ihrer englischen Fassung vorgestellt werden.

a) ICC-Standard (Empfohlene Schiedsklausel)

Englisch: All disputes arising out of or in connection with the present contract shall be finally settled under the Rules of Arbitration of the International Chamber of Commerce by one or more arbitrators appointed in accordance with the said Rules.

Deutsch: Alle aus oder in Zusammenhang mit dem gegenwärtigen Vertrag sich ergebende Streitigkeiten werden nach der Schiedsgerichtsordnung der Internationalen Handelskammer von einem oder mehreren gemäß dieser Ordnung ernannten Schiedsrichtern endgültig entschieden.

b) DIS-Standard

Englisch: All disputes arising from this contract (... descripition of the contract ...) including its validity shall be finally settled according to the Arbitration Rules of the German Institution of Arbitration e. V. (DIS) without recourse to the ordinary courts of law.

Deutsch: Alle Streitigkeiten, die sich im Zusammenhang mit dem Vertrag (... Bezeichnung des Vertrages ...) [§ 1029 Abs. 1 ZPO] oder über seine Gültigkeit [§ 1040 Abs. 1 S. 1 ZPO] ergeben, werden nach der Schiedsgerichtsordnung der Deutschen Institution für Schiedsgerichtsbarkeit e. V. (DIS) [§ 1043 Abs. 3, 2. Var. ZPO] unter Ausschluss des ordentlichen Rechtsweges [§ 1029 Abs. 1 ZPO] endgültig entschieden.

c) UNCITRAL-Standard

Englisch: Any dispute or claim arising out of or relating to this contract, or the breach, termination or validity thereof, shall be settled by arbitration in accordance with the UNCITRAL Arbitration Rules as at present in force.

Deutsch: Jede Streitigkeit, Meinungsverschiedenheit oder jeder Anspruch, die sich aus diesem Vertrag ergeben oder sich auf diesen Vertrag, seine Verletzung, seine Auflösung oder seine Nichtigkeit beziehen, sind durch ein Schiedsverfahren nach der UNCITRAL-Schiedsgerichtsordnung in ihrer derzeit geltenden Fassung zu regeln.

VII. Severability Clause (Salvatorische Klausel)

Praktisch jeder internationale Vertrag enthält eine sog. Severability Clause. Sinn dieser Klausel ist es, dass eine eventuelle Unwirksamkeit oder Nichtigkeit einzelner Klauseln nicht zur Unwirksamkeit oder Nichtigkeit des gesamten Vertrags führt. Dies ist häufig schneller der Fall, als man sich das vorstellt, insbesondere bei Verträgen, die eine Verbindung zu bestimmten Ländern aufweisen, in denen die Gesetzeslage oft sehr restriktiv, unübersichtlich oder unbeständig sein kann.

1. Praktische Hinweise

Die Severability Clause soll in diesem Fall den Vertrag an sich aufrechterhalten. An die Stelle der unwirksamen Klausel tritt dann entweder die gesetzliche Regelung oder die Severability Clause sieht eine Pflicht für die Parteien vor, eine neue, weitestgehend dem Sinn der Originalklausel entsprechende gültige Klausel zu vereinbaren. Letzteres ist insbesondere sinnvoll, wenn man mit den möglichen gesetzlichen Regelungen unzufrieden ist oder deren Anwendung Risiken birgt im Hinblick auf Rechtssicherheit o. ä.

2. Musterklausel

If any provision of this Agreement or any future provision added to it (or parts of any such provisions) shall be or become invalid or incapable of implementation or if any gap in the Agreement shall occur, this shall not affect the validity of the other provisions. In lieu of the invalid provision or the provision incapable of implementation or for the purpose of closing the gap, such reasonable provision shall apply which – to the extent permitted by the applicable law – most closely reflects the original intention of the parties of this Agreement or which they would have chosen in accordance with the purpose of this Agreement, had they paid attention to such point.

VIII. Representations & Warranties Clause (Gewährleistungsklausel)

Der Verkäufer kennt sein Produkt und dessen Mangelanfälligkeit, *i.e.* das Gewährleistungsrisiko. Dazu in Relation stehen sowohl der Preis des Produkts als auch die Dauer der Gewährleistungsfrist. Im Gegenzug dazu muss der Käufer abwägen, welches Risiko er für welchen Preis bereit ist einzugehen. In der Regel wird man zu der Faustformel kommen, je umfangreicher die Gewährleistung des Verkäufers sowohl materiell als auch zeitlich gesehen, desto höher ist der Preis des Produkts. Je nach Risikoverteilung ist auch die Gewährleistung vertraglich auszugestalten.

Aufgrund der Unterschiede zwischen den verschiedenen nationalen und internationalen Regelungen zur Gewährleistung empfiehlt es sich, die wichtigsten Fälle der Gewährleistung in einer sog. Representations & Warranties-Klausel zu regeln. Man muss sich einerseits fragen, wie die Haftung in dem jeweiligen gewählten oder kollisionsrechtlich anwendbaren Statut ausgestaltet ist und ob dieses Haftungsrisiko vertraglich umgestaltet werden soll. Die Frage, die sich anschließt, ist, in welchem Rahmen eine Anpassung möglich ist. Unterschiedliche Rechtsordnungen bieten dabei verschiedene Möglichkeiten der Anpassung, insbesondere mit Hinsicht auf Verbraucherschutznormen.

1. Möglichkeiten der Anpassung

Je nach Ziel der Verhandlungen sind Modifikationen hinsichtlich der Gewährleistungsfrist, der Gewährleistungsart und der Höhe des zu zahlenden Schadensersatzes wegen Mängeln denkbar. Auch ein kompletter Ausschluss der Gewährleistung ist in manchen Rechtsordnungen möglich.

a) Definition des Mangels

Die meisten Rechtsordnungen verfügen zwar über ähnliche Mangelbegriffe, jedoch bergen diese jeder für sich schon gewisse Unsicherheiten, z. B. ab welcher quantitativen Minderlieferung soll es sich überhaupt um einen Mangel handeln (wie z. B. häufig zu finden in Bunkeröllieferungsverträgen)? Hier könnten in den Vertrag schon gewisse Toleranzgrenzen eingefügt werden, die dann zugleich die Wesentlichkeit des Mangels definieren, was wiederum eine Beweiserleichterung für den Käufer darstellt.

b) Rügefrist

Gerade bei Versandgeschäften, bei denen der Käufer regelmäßig das Recht hat, die Ware nach Ankunft zu begutachten und ggf. zurückzuweisen, bedarf der Verkäufer einer Sicherheit, dass diese Begutachtung so zügig wie möglich stattfindet. Erfolgt keine Mängelanzeige innerhalb dieser Zeit, so muss er von der Mängelfreiheit hinsichtlich offensichtlicher Mängel ausgehen können dürfen.

c) Gewährleistungsfrist

Eine vertragliche Verlängerung der Gewährleistungsfrist ist rechtlich ohne weiteres möglich, lohnt sich aber für den Käufer nur dann, wenn die Wahrscheinlichkeit, dass in der zusätzlichen Zeit neue verdeckte Mängel ans Licht kommen, groß genug ist, da eine Verlängerung der Gewährleistungsfrist sicherlich auch eine Kaufpreiserhöhung bedingt.

Die Verkürzung der Gewährleistungsfrist ist nicht immer möglich. Im deutschen Recht ist insbesondere gegenüber Verbrauchern und unter Verwendung von AGB dieses Recht enorm eingeschränkt. Unter Kaufleuten ist diese jedoch durchaus üblich.

d) Wahlfreiheit des Vertragspartners beschränken

Regelmäßig kann der Verkäufer die Wahlfreiheit des Käufers beschränken, sodass der Verkäufer die Art der Nacherfüllung entweder von vornherein auf eine oder mehrere Arten eingrenzen und/oder sich selbst das Recht einräumen kann, je nach Art und Umfang des konkreten Schadens das ökonomischere Mittel zu wählen.

e) finanzielle Obergrenze bei Schadensersatz (limitation of liability)/ Ausschluss der Haftung für Mangelfolgeschäden

Im deutschen Recht kann der Käufer jederzeit unter gewissen Umständen neben der Mangelbeseitigung Schadensersatz verlangen. Da insbesondere Mangelfolgeschäden im Vorfeld nur schwer berechenbar sind, könnte der Verkäufer daran denken, die Haftung für Mangelfolgeschäden auszuschließen oder seine Haftung für Schadensersatzansprüche der Höhe nach zu begrenzen, z. B. in Form eines pauschalierten Schadensersatzes, etwa für Verspätungsschäden. Der Vorteil ist für beide Parteien, dass einerseits das Risiko auf beiden Seiten von vornherein berechenbar ist und andererseits für den Käufer die Beweislast erleichtert wird.

f) Haftungsausschluss/Disclaimer of Warranty & ‚As-is'-Klausel

In vielen Rechtsordnungen ist es dazu durchaus möglich, zumindest wenn es sich nicht um Verbraucherverträge handelt, viele Gewährleistungsbestimmungen abzubedingen oder zumindest zu modifizieren. Die meisten Rechtsordnungen setzen der Vertragsfreiheit jedoch Grenzen. Dies gilt insbesondere dann, wenn die Partei, der der Ausschluss oder die Begrenzung zugute käme, selbst ein unangemessenes Verhalten an den Tag legen würde. Im deutschen Recht verstöße beispielsweise der Haftungsausschluss für vorsätzliches oder grob fahrlässiges Verhalten gegen Treu und Glauben, § 242 BGB, ebenso eine Täuschung des Vertragspartners.

Nach dem englischen Recht wäre ein gänzlicher Haftungsausschluss unter bestimmten Bedingungen denkbar. Die Klausel darf dabei nicht gegen den Unfair

Contract Terms Act 1977 as amended[130] (UCTA) verstoßen. Die Grenzen sind dabei leicht anders gezogen als z. B. im deutschen AGB-Gesetz. So macht der UCTA keinen Unterschied zwischen neuen und gebrauchten Sachen.[131]

Zudem müssen solche Haftungsbegrenzungsklauseln dem Vertragspartner kenntlich gemacht werden, sowohl durch entsprechende Formulierung als auch im Schriftbild – etwa durch GROSSBUCHSTABEN oder **Fettdruck** (sog. red-line clauses) – deutlich erkennbar. Versteckte oder unklare Klauseln werden gemäß der *Contra Proferentem-Regel* gegen den Verwender ausgelegt und sind daher regelmäßig unwirksam oder nicht durchsetzbar.

2. Musterklauseln

Hier folgen einige Formulierungsbeispiele zu den oben genannten Modifizierungsmöglichkeiten. Es ist letztlich den Vertragsparteien überlassen, welche Modifizierungen sie in welcher Art und Weise vornehmen wollen. Immer zu beachten sind jedoch die unabdingbaren gesetzlichen Vorschriften des Vertragsstatuts. Ob die jeweilige Modifikation rechtlich möglich ist, sollte unbedingt vorher geprüft werden, sonst sind im Zweifelsfall (s. u. Beispielklausel 5) die gesetzlichen Vorschriften ergänzend anwendbar.

a) Representations & Warranties (Kaufvertrag)

1. Warranties
   a) The Seller warrants that the goods delivered under this contract shall at the date of delivery be free of defects in material, workmanship and design and be fit for the purpose for which such goods are normally used.
   b) The warranties given by the contractor in this contract are to be viewed as the exclusive warranties given for the benefit of the Owner and shall apply to the exclusion of any other warranty, whether express, implied, statutory or otherwise.
   c) The Buyer's exclusive remedy for any claims arising out of or relating to this Agreement including liability arising out of contract, strict liability, negligence or any other tort shall be limited to the warranties as described in this section.

---

130 1977 c.50.

131 *Lütkenhaus*, Unfair Contract Terms Act 1977 und AGB-Gesetz 1976. Rechtsregeln zu Allgemeinen Geschäftsbedingungen in Großbritannien und der Bundesrepublik Deutschland im Vergleich, S. 166.

2. Defects and Liability Period

   a) The defects liability period shall end after 15 months from the date of delivery to the Buyer.[132]
   b) In the event of a defect coming to light during the defects liability period and being notified to the Seller, the Seller shall without undue delay remedy the defect at his own risk and cost. It shall be at the Seller's discretion to either repair or replace the defective item.[133]
   c) The defects liability period shall be extended by a period equal to a period during which the goods are not usable due to a defect. In no event shall the defects liability period extend to more than 36 months in total from the date of first delivery of said goods.
   d) A discrepancy in quantity of up to 5 % of the overall volume shall not be deemed to be a defect in the sense of this contract. Any discrepancy in quantity above that shall entitle the Buyer to either[134]

      aa) accept the delivered portion and demand delivery of the remaining portion or to
      bb) accept the delivered portion and terminate the remaining portion of the contract by due notice given to the Seller.

   e) The Seller's liability is excluded if the damage was caused by fair wear and tear or misuse by the Buyer.

3. Notice of defects[135]
   Notice of defects has to be given within X days upon the arrival of the goods at their destination, otherwise the goods shall be deemed to have been accepted as free from defects and the right to reject the goods becomes void.
4. Limitation of Liability for Delay[136]
   Liability of the Seller for damage caused by delay is limited to X times the price of purchase.
5. This provision shall apply only insofar as the applicable law allows.

b) Disclaimer of Warranty (Softwarevertrag)[137]

The software and other information is made available by Company X for reproduction and distribution „AS IS". Company X makes no warranty as to its use or performance. COMPANY X AND ITS SUPPLIERS DO NOT WARRANT THE PERFORMANCE OR RESULTS OBTAINED BY USING THE SOFTWARE.

[132] Zu 1. c).

[133] Zu 1. d).

[134] Zu 1. a).

[135] Zu 1. b).

[136] Zu 1. e).

[137] Zu 1. f).

COMPANY X AND ITS SUPPLIERS MAKE NO WARRANTIES, CONDITIONS, REPRESENTATIONS, OR TERMS (EXPRESS OR IMPLIED WHETHER BY STATUTE, COMMON LAW, CUSTOM, USAGE OR OTHERWISE) AS TO ANY MATTER INCLUDING WITHOUT LIMITATION NONINFRINGEMENT OF ANY PARTY'S RIGHTS, MERCHANTABILITY, INTEGRATION, SATISFACTORY QUALITY, OR FITNESS FOR ANY PARTICULAR PURPOSE. YOU MAY BE ENTITLED TO WARRANTIES UNDER LAW IN YOUR JURISDICTION.

G Checklisten für internationale Verträge

I. Einleitung

1. Problemstellung

Bei grenzüberschreitenden Transaktionen kommt der Gestaltung des Vertrages eine zentrale Bedeutung zu. Aufgrund abweichender Rechtsordnungen sowie unterschiedlicher Gepflogenheiten und Gebräuche ist es umso wichtiger, den Parteien eine eindeutige Orientierung zu geben. Das liegt auf der Hand für die Hauptleistungspflichten der Vertragspartner, z. B. bei einem Kaufvertrag für den Kaufgegenstand und den Kaufpreis. Naheliegend ist es zudem, dass vertraglich geregelt ist, welchen Qualitätsanforderungen der Kaufgegenstand Rechnung tragen muss. Dies ist gerade bei internationalen Lieferbeziehungen von Bedeutung, weil das jeweils anwendbare nationale Recht unterschiedliche Anforderungen stellen mag. Weiterhin liegt es nahe, bei einem Kaufvertrag zu regeln, bis zu welchem Zeitpunkt welche Vertragspartei die Lieferung des Kaufgegenstandes zu bewirken hat und schließlich, ab welchem Punkt der Käufer die Gefahrtragung zu übernehmen hat. Auch Überlegungen zur Zahlungsweise des Kaufpreises liegen bei internationalen Transaktionen nahe. So wird sich der Verkäufer Wege überlegen, um eine Vorleistung zu vermeiden, weil die Durchsetzung des Zahlungsanspruches im Ausland erschwert sein kann. Hierbei handelt es sich um kommerzielle Eckpunkte, die zentraler Inhalt des Vertrages sind. Schon die klare und unmissverständliche Beschreibung dieser Hauptleistungspflichten ist bei internationalen Transaktionen nicht einfach.

Einen guten Vertrag zeichnet aus, dass darüber hinaus Regelungen gefunden werden für Situationen, die sich zunächst nicht in gleicher Weise aufdrängen. Bei Warenlieferungen ist zu überlegen, welche Rechtsfolge eine mangelbehaftete Ware haben soll, eine Reparatur, eine Neulieferung, ein Rücktritt, jeweils verbunden mit der Verpflichtung zur Leistung von Schadensersatz. Zu denken ist ferner an Fristen, innerhalb derer derartige Mängel gerügt werden müssen, weiterhin bestimmte Formen, die bei der Mängelrüge zu wahren sind, usw. Der Phantasie an Gegenständen, die sinnvollerweise in einem Vertrag geregelt werden sollten, sind keine Grenzen gesetzt. Auch gute Vertragsjuristen können sicherlich von Erfahrungen berichten,

C. Grau, K. Markwardt, *Internationale Verträge*,
DOI 10.1007/978-3-642-05350-4_7,

in denen es zu Fallkonstellationen gekommen ist, für die der Vertrag keine Lösung vorgesehen hat. In solchen Fällen ist Rechtsunsicherheit die Folge, die gerade bei Anwendung des ausländischen Rechts schwer wiegen kann.

Verträge haben neben der Orientierungsfunktion die Aufgabe, mögliche Streitigkeiten zu vermeiden, indem sie für Fallkonstellationen eindeutige Lösungsvorschläge vorhalten, so dass eine rechtliche Auseinandersetzung hierüber sinnlos erscheint. In diesem Zusammenhang gilt es die in allen Rechtsordnungen für das Schuldrecht geltende Vertragsfreiheit zu nutzen und für viele Fallkonstellationen eine Regelung vorzusehen.

> *Most contract law disputes can be prevented if the parties had anticipated future events by carefully drafted contracts. Good legal drafting is reflection of good legal thinking.*[1]

In diesem Zusammenhang ist es ausdrücklich zu empfehlen, auf Erfahrungen anderer aufzusetzen. Stärker als bei nationalen Transaktionen haben bei internationalen Transaktionen sogenannte Standardverträge eine herausragende Bedeutung. Hier sind die Standardverträge der International Chamber of Commerce (ICC) hervorzuheben. Etwa seit 1994 gibt es von der ICC veröffentlichte Standardverträge,[2] die stetig geändert und ergänzt werden und damit aktuellen Entwicklungen Rechnung tragen. Ebenfalls von Bedeutung im internationalen Geschäftsverkehr sind die von der Loan Market Association entworfenen Standards für Darlehensverträge, an denen sich inzwischen jeder größere Darlehensvertrag orientiert. Derartige Mustertexte kommt die Bedeutung einer ausformulierten Checkliste zu, welche die Erstellung eines ersten Entwurfs erheblich beschleunigen kann. So unumgänglich die Nutzung derartiger Standards bei internationalen Transaktionen ist, so gefährlich ist das blinde Vertrauen hierauf[3] (dazu unter III.).

Ein wichtiger Aspekt im Umgang mit Standardverträgen, die häufig sehr umfangreich sind, ist, den Überblick nicht zu verlieren. Vor diesem Hintergrund sind Checklisten unumgänglich. Sie finden sich in jedem Buch für die Gestaltung internationaler Verträge und sollen auch hier nicht fehlen (dazu unter IV.).

2. Abgrenzung

Die nachfolgenden Ausführungen geben eine generelle Orientierung bei der Erstellung internationaler Vertragstexte. Sie können keinen Überblick über die jeweils in den nationalen Rechtsordnungen zur Anwendung kommenden Rechtsgrundsätze geben. Außerdem wäre für die umfassende Darstellung, in welcher Weise ein Vertragstext in der jeweiligen Konstellation erstellt werden sollte, notwendig, die jeweilige Rechtsmaterie eingehend zu beleuchten. Das heißt, es müssten die Problembereiche für den internationalen Warenkauf beleuchtet werden, um die zweck-

[1] *DiMatteo*, The Law of International Contracting, S. 10.

[2] *Bortolotti*, Drafting and Negotiating International Commercial Contracts, S. 207.

[3] *DiMatteo*, The Law of International Contracting, S. 21 f.

mäßige Gestaltung eines Warenkaufvertrages von allen Seiten richtig beleuchten zu können. Sowohl die Darstellung der jeweils geltenden nationalen Rechtsordnungen als auch die Darstellung des jeweiligen Fachgebietes würde den Rahmen dieser Darstellung bei Weitem sprengen. An dieser Stelle soll das Bewusstsein dafür geschärft werden, dass es Grenzen für jeden Vertragsjuristen gibt, solche, die sich auf seine Kenntnisse in dem jeweiligen Fachgebiet beziehen, und solche, die sich aus dem jeweils anwendbaren nationalen Recht ergeben. Soweit es gelingt, bei den Verhandlungen durchzusetzen, dass auf den Vertrag das Recht desjenigen Anwendung findet, der den Vertrag entwirft, ist die Hinzuziehung von Juristen, die mit der anderen Rechtsordnung vertraut sind, entbehrlich. Sollte auf den Vertrag ein anderes Recht Anwendung finden, ist die Hinzuziehung ausländischen Rechtsrates dagegen nahezu unumgänglich.[4] Es ist häufig nicht einfach, die richtigen Ansprechpartner des jeweiligen Fachgebietes in dem Land zu finden. Hierfür sind häufig Kenntnisse des Marktes erforderlich, weiter bedarf es einer Vertrauensbasis. So kann fraglich sein, ob man sicher sein kann, dass der Anwalt nicht über Umwege wiederum auf der Seite des Verhandlungsgegenübers steht. Dies bereitet gerade in anderen Kulturen Probleme, über die häufig auch internationale Anwaltssozietäten nicht hinwegzuhelfen vermögen. Persönliche Kontakte, Verbindungen über internationale Anwaltsnetze, die deutsche Vertretung vor Ort, auch über die deutsche Handelskammer oder aber die Einholung des Rates eines Konsuls können helfen, auf den richtigen Ansprechpartner zu stoßen.[5] Weiterhin ist es in der Regel nicht damit getan, dem Anwalt aus dem Ausland die Eckpunkte aus dem Vertrag zu erläutern. Erforderlich ist es vielmehr, über alle Umstände zu informieren, ihm die Hintergründe zu erklären und sein Problembewusstsein für die Situation zu schärfen.[6] Zur Beschleunigung des Prozesses kann es hilfreich sein, dem ausländischen Kollegen einen Vertragstext vorzugeben, dessen Konformität mit der jeweiligen Rechtsordnung zu überprüfen ist.

II. Musterverträge

1. Bestandsaufnahme

Es gibt eine Reihe von Standardverträgen. Unzählige Formularsammlungen aus dem deutschen Rechtskreis zu den unterschiedlichsten Vertragstypen ermöglichen

---

[4] *Bortolotti*, Drafting and Negotiating International Commercial Contracts, S. 166; *DiMatteo*, The Law of International Contracting, S. 26.

[5] Instruktiv ist in diesem Zusammenhang die Internetseite der Gesellschaft für Außenwirtschaft und Standortmarketing mbH, Köln, <http://www.gtai.de>, auf der auf Botschaften und Generalkonsulate verwiesen wird.

[6] *Bortolotti*, Drafting and Negotiating International Commercial Contracts, S. 166.

es Vertragsjuristen, auf einem Mustertext aufzusetzen.[7] Diese Verträge sind jeweils deutschem Recht unterworfen. Das International Chamber of Commerce (ICC) hat inzwischen zehn Musterverträge veröffentlicht:[8]

- ICC Model Commercial Agency Contract, ICC Publication No. 496;
- ICC Model Distributorship Contract, ICC Publication No. 518;
- ICC Model Occasional Intermediary Contract, ICC Publication No. 619;
- ICC Model International Sale Contract, ICC Publication No. 556;
- ICC Model International Franchise Contract, ICC Publication No. 557;
- ICC Short Form Model Contracts International Commercial Agency and International Distributorship, ICC Publication No. 634;
- ICC Model Contract for Turnkey Supply of an Industrial Plant, ICC Publication No. 653;
- ICC Model Selective Distributorship Contract, ICC Publication No. 657;
- ICC Model Mergers & Acquisitions Contract 1 – Share Purchase Agreement, ICC Publication No. 656;
- Model Confidentiality Agreement, ICC Publication No. 659.

Positiv an den ICC-Musterverträgen hervor zu heben ist, dass sie jeweils unterschiedliche Optionen vorsehen, so dass den Umständen des Einzelfalls Rechnung getragen werden kann.[9]

Die ICC-Standardverträge sehen grundsätzlich nicht die Anwendung nationalen Rechts vor.[10] Vielmehr sollen internationale Rechtsgrundsätze, bei Warenkaufvertrag das UN-Kaufrecht, Anwendung finden.

Beispiel für die Formulierung der Rechtswahlklausel aus dem ICC Model Commercial Agency Contract (long form): *„Any questions relating to this contract which are not expressly or implicitly settled by the provisions contained in this contract shall be governed, in the following order: (a) by the principles of law generally recognized in international trade as applicable to international agency contracts, (b) by the relevant trade usages, and (c) by the UNIDROIT Principles of International Commercial Contracts, with the exclusion of national laws. If the Agent has his place of business and/or performs his activity within the European Union, the mandatory provisions of the EC Directive of 18 December 1986 shall also apply.“*

---

[7] Vgl. z. B. *Waltz/Englisch* (Hrsg.), Beck'sches Formularhandbuch Zivil-, Wirtschafts- und Unternehmensrecht: Deutsch-Englisch, mit Vertragstexten auf Deutsch mit englischer Übersetzung.

[8] *Bortolotti*, Drafting and Negotiating International Commercial Contracts, S. 207.

[9] Vgl. *DiMatteo*, The Law of International Contracting, S. 23.

[10] Vgl. aus der Einführung zu den ICC Model Contracts for International Trade, zitiert bei *DiMatteo*, The Law of International Contracting, S. 23.

Mit Hilfe dieser Rechtswahlklausel kann das bei internationalen Verträgen regelmäßige Streitthema des anwendbaren Rechts umgangen werden, allerdings fragt sich, ob dies tatsächlich ein guter Kompromiss ist. Abgesehen von dem UN-Kaufrecht gibt es für andere Rechtsgebiete als den Warenkauf noch keine weitgehende Rechtsangleichung und allein mit dem gemeinsamen kleinsten Nenner verschiedener Rechtsordnungen lassen sich mögliche Lösungen für Fallkonstellationen häufig nicht mit einer akzeptablen Prognosesicherheit vorhersagen.[11] Lässt sich das deutsche Recht in den Verhandlungen als Rechtswahl nicht durchsetzen, so ist die Einigung auf das Recht eines Drittstaates häufig rechtssicherer, so ist z. B. das Schweizer Recht als Rechtswahl insbesondere bei US-Amerikanern und Chinesen beliebt.[12] Teilweise werden Rechtswahlklauseln, bei denen das anwendbare Recht keinerlei Bezug zu dem Vertragsgegenstand oder zu den Parteien des Vertrages hat, als unwirksam angesehen. Deshalb kann es sich empfehlen, einen Bezug zum anwendbaren Recht herzustellen, z. B. indem die Verhandlungen jedenfalls teilweise auf dem Territorium des anwendbaren Rechts stattfinden.

Während die Standardverträge des ICC ausgewogen sind, sind die Mustertexte der Loan Market Association (LMA)[13] grundsätzlich stärker an den Interessen von Darlehensgebern orientiert. Die Loan Market Association ist ein 1996 gegründeter Interessenverband mit Sitz in London, der mittlerweile über mehr als 400 Mitglieder aus dem Finanzbereich, insbesondere Banken, aber auch Finanzinvestoren, Wirtschaftsprüfungsgesellschaften und Anwaltskanzleien verfügt. Die LMA wurde gegründet um den europäischen Markt für syndizierte Kredite durch eine allgemein anerkannte Muster-Vertragsdokumentation zu fördern und damit eine gängige Marktpraxis im Primär- und Sekundärmarkt für syndizierte Kredite zu etablieren. Zu den Vertragsmustern der LMA gehören inzwischen insbesondere solche für Konsortialkredite zur allgemeinen Unternehmensfinanzierung, für Akquisitionsfinanzierungen und für den Verkauf notleidender Forderungen (*non-performing loans*).

2. Umgang mit Musterverträgen

Die konkrete Fallkonstellation, für die ein Vertrag benötigt wird, weicht in der Regel von dem Sachverhalt, der der Gestaltung des Mustervertrages zugrunde liegt, ab. Deshalb gilt im Einzelnen zu ermitteln, ob ein Mustervertrag für die konkrete

[11] Teilweise wird bestritten, dass die Geltung internationaler Rechtsgrundsätze überhaupt IPR-konform vereinbart werden kann, so z. B. *Spieckhoff*, in: Beck'scher Online-Kommentar, EGBGB Art. 27 a.F. Rn. 24; ebenso: v. Bar, IPR II, Rn. 425; Dicey/Morris/Collins, Conflict of Laws II, S. 1218 ff.; a. A.: Kappus, IPrax 1993, 137 (139 f.).

[12] *Spieckhoff*, in: Beck'scher Online-Kommentar, EGBGB Art. 27 a.F. Rn. 25; einen Überblick zum Schweizer Recht gibt *Kampf*, Recht kompakt: Schweiz, 2010, zu erhalten über <http://www.gtai.de/recht>.

[13] Vgl. <http://www.loan-market-assoc.com>, der Zugriff zu den Mustertexten ist allerdings ausschließlich Mitgliedsunternehmen vorbehalten, die Mitgliedsbeiträge variieren zwischen 6000 und 13.000 GBP pro Jahr.

Fallkonstellation interessengerechte Lösungen bietet. Auf der anderen Seite ist darauf zu achten, dass der Vertrag, obwohl er aus Sicht seines Erstellers interessengerecht ist, aufgrund von zwingendem Recht Rechtsfolgen zur Konsequenz hat, die nicht mehr interessengerecht sind. Dies gilt z. B. bei der Einschaltung von Handelsvertretern.[14] Handelsvertreter können je nach den Umständen des Einzelfalls arbeitnehmerähnlich eingestuft werden, was Auswirkungen auf Kündigungsmöglichkeiten, auf die steuer- und sozialversicherungsrechtliche Behandlung sowie auf die Zurechnung des Verhaltens für das Unternehmen haben kann. Selbst die Klarstellung in dem Vertrag, dass der Handelsvertreter selbständig agiert, kann je nach Lage des Falls nicht verhindern, dass der Handelsvertreter als arbeitnehmerähnlich einzustufen ist. In diesem Zusammenhang wird empfohlen, derartige Verträge ausschließlich mit Gesellschaften abzuschließen und nicht mit Privatpersonen.[15] Sofern Musterverträge mehrere Optionen vorsehen, sind diese Optionen sehr sorgsam miteinander abzuwägen und mit Bedacht auszuwählen.

Darüber hinaus sind die ICC Musterverträge ausgewogen[16] und vor diesem Hintergrund ist jeweils zu überlegen, ob der Mustervertrag zu Gunsten einer Partei überarbeitet wird. Der Vorteil eines ausgewogenen Vertrages ist demgegenüber, dass dies dafür spricht, dass der Gegenüber den Vertrag akzeptieren kann. Sobald Änderungen bzw. Ergänzungen vorgenommen werden, kann dies den Gegenüber dazu veranlassen, misstrauisch zu werden.

Die ICC Musterverträge sehen, um dem Einzelfall Rechnung zu tragen, Optionen vor, dies auf zweierlei Art. und Weise: Entweder dadurch, dass dem Vertrag Anlagen beigefügt werden, denen Einzelheiten entnommen werden können, oder indem der Vertrag in einen Allgemeinen und einen Besonderen Teil aufgeteilt wird.[17] In dem ICC Model Commercial Agency Contract wird für die Einzelheiten auf Anlagen verwiesen, so für die Produkte, für die die Vereinbarung gelten soll, für das Gebiet und schließlich für die Provision.

Beispiel für die Verweisung auf Anlagen in dem ICC Model Commercial Agency Contract (long form): *Text of the ICC Model Contract: „Article 15- 15.1 The Agent is entitled to the commission provided for in Annex VI, § 1, on all sales of the Products which are made during the life of this contract to customers established in the Territory. Annex VI Commissions § 1. Amount of commission (Art. 15.1) 1.1- Simple commission – Amount of commission is .....%.“*

Bezogen auf die Provision können alle denkbaren Konstellationen in die Anlage aufgenommen werden, z. B. bei Erreichen bestimmter Umsatzschwellen Erhöhung

[14] *DiMatteo*, The Law of International Contracting, S. 23 f.

[15] *DiMatteo*, The Law of International Contracting, S. 24.

[16] *Bortolotti*, Drafting and Negotiating International Commercial Contracts, S. 208 f.

[17] *Bortolotti*, Drafting and Negotiating International Commercial Contracts, S. 215.

des Provisionssatzes oder bei Gewährung bestimmter Rabatte an den Kunden (soweit der Handelsvertreter hierzu befugt sein soll) Reduzierung der Provision, etc.[18] In dem ICC Model International Sale Contract gibt es einen Besonderen Teil, der durch die Parteien zu ergänzen ist, und einen Allgemeinen Teil, der grundsätzlich unverändert bleiben kann.

III. Checkliste

1. Vertragsbezeichnung, Präambel, Definitionen und Sprache

Für die Auslegung des Vertrages bildet der Wortlaut des Vertrages jedenfalls nach den UNIDROIT Grundregeln den Ausgangspunkt, maßgeblich ist der Wille der Parteien. Es empfiehlt sich deshalb, die mit dem Vertrag verfolgten Absichten zu Beginn des Vertrages in einer Präambel nieder zu schreiben. In die Präambel sollten weiterhin die Umstände, unter denen es zum Abschluss des Vertrages gekommen ist, benannt werden.[19] Dabei können die Parteien jeweils kurz vorgestellt werden und anschließend ist die Motivation der Parteien für den Vertragsschluss zu beschreiben. Auch die Bezeichnung des Vertrages sollte wohl überlegt werden, damit der Gegenstand möglichst griffig beschrieben ist und keine völlig falschen Erwartungen weckt.

Beispiel für eine Präambel aus einem Rahmenkaufvertrag, in dem ein Konzern für seine Tochtergesellschaften Größenvorteile zu nutzen sucht: „*Preamble 1. Magic Group is a major German based operator and provider of all sorts of telecommunication solutions in a number of European countries and abroad. Magic Group has significant market positions within sale of mobile terminals. 2. The Supplier is member of the Mobile Network Group, a significant and well-reputed manufacturer of mobile terminals. 3. Within this Agreement Magic Group and the Supplier intend to establish the terms and conditions with regard to the delivery and sale of mobile terminals for the use of Magic Group and Magic Group Affiliates including the right to resell to the customers of Magic Group Affiliates. If later agreed to between the Parties, the scope of this Agreement can be supplemented with delivery of spare parts, accessories, related services etc. 4. Further and beside of establishing the terms and conditions for order and delivery of mobile terminals, with this Agreement the Parties intend to initiate and maintain a close and ongoing cooperation with regard to negotiate and agree upon financial con-*

[18] *Bortolotti*, Drafting and Negotiating International Commercial Contracts, S. 215 ff.
[19] *Bortolotti*, Drafting and Negotiating International Commercial Contracts, S. 172 f.

ditions regarding and related to the delivery and sale of Products both on a Group and an Affiliate level.“

Ebenso wichtig ist es, in einem Vertrag jeweils die zentralen Begriffe zu definieren.[20] In englischen Texten werden die eingangs definierten Begriffe jeweils großgeschrieben, um zu verdeutlichen, dass diese Begriffe im Sinne der Definition zu verstehen sind. Weiterhin wird auf diese Weise vermieden, dass Begriffe wiederholt definiert werden und auf diese Weise Widersprüche entstehen können. In aller Regel wird dem eigentlichen Vertragstext am Anfang ein Paragraph oder Artikel eigens für Zwecke von Definitionen voran gestellt.

Bei internationalen Transaktionen hat häufig jede Partei eine andere Muttersprache. Deshalb stellt sich regelmäßig die Frage, in welcher Sprache der Vertrag gefasst sein soll. In Betracht kommt, lediglich die Muttersprache einer Vertragspartei zur Vertragssprache zu bestimmen, weiterhin denkbar ist, dass der Vertrag zweisprachig gefasst ist und schließlich – das ist der Regelfall – ist es möglich, sich auf eine neutrale Sprache als Vertragssprache zu einigen. Dies ist häufig Englisch, gleichzeitig regelmäßig auch die Sprache, in denen die Verhandlungen geführt werden.[21] Die zweisprachige Fassung des Vertrages ist mit einem erheblichen Aufwand verbunden, leider versäumen es die Parteien in der Schlussphase von Vertragsverhandlungen nicht selten, die einwandfreie Übersetzung nochmals zu überprüfen, so dass eine abweichende Bedeutung, je nachdem, in welcher Sprache der Vertrag gelesen wird, nicht ausgeschlossen werden kann. Deshalb empfiehlt es sich, klarzustellen, welche Sprache am Ende maßgeblich sein soll, sollte es zu voneinander abweichenden Bedeutungen kommen. Weiterhin empfiehlt es sich für den Fall, dass die Sprache des anwendbaren Rechts von der Vertragssprache abweicht, bei wichtigen Rechtsbegriffen das Wort in der Sprache des anwendbaren Rechts in einem Klammerzusatz zu ergänzen, um zu verdeutlichen, welcher Rechtsbegriff aus dem anwendbaren Recht zugrunde zu legen ist.[22]

2. Fachgebietsübergreifende Vertragsklauseln

Es gibt Vertragsklauseln, die bei der Mehrzahl der Verträge Relevanz haben, und die deshalb zu einer Checkliste dazu gehören. Entsprechende Vorschläge zur Formulierung dieser Klauseln finden sich an anderer Stelle in diesem Buch. Von nachrangi-

[20] *Bortolotti*, Drafting and Negotiating International Commercial Contracts, S. 173; *DiMatteo*, The Law of International Contracting, S. 25.

[21] *Bortolotti*, Drafting and Negotiating International Commercial Contracts, S. 173.

[22] Zum Ganzen auch *Bortolotti*, Drafting and Negotiating International Commercial Contracts, S. 174.

ger Bedeutung sind demgegenüber andere Klauseln, die gleichwohl nicht vergessen werden sollten und auf die deshalb kurz an dieser Stelle eingegangen werden soll.

Im Vorfeld des Vertragsschlusses kann es bereits Erklärungen oder Vereinbarungen gegeben haben, die mit dem Abschluss des Vertrages gegenstandslos und durch die Bestimmungen des Vertrages ersetzt werden sollen. Auf diese Weise wird verhindert, dass zuvor geschlossene Verträge oder abgegebene Erklärungen mit den Bestimmungen des Vertrages in einen Widerspruch geraten können.[23]

Beispiel für eine Vollständigkeitsklausel: „*This contract replaces any other preceding agreement between the parties on the subject.*"

Weiterhin ist es üblich, dass Ergänzungen oder Änderungen des Vertrages nur bei Einhaltung der Schriftform wirksam vereinbart werden können. Der Vorteil einer derartigen Regelung besteht darin, dass sich Ergänzungen oder Änderungen besser beweisen lassen. Allerdings kann auf ein derartiges Formerfordernis wirksam verzichtet werden, die Beweislast trifft dabei denjenigen, der sich auf die Wirksamkeit der Ergänzung oder Änderung beruft, die jeweils nicht dem Formerfordernis Rechnung getragen hat.

Beispiel für Schriftformklausel: „*All additions and modifications to this Agreement, which will be numbered consecutively, shall be duly signed by both Parties prior to affecting any of the changes therein contained. No addition or modification of this Agreement shall be effective or binding on either of the Parties hereto unless agreed in writing and duly signed by the Parties.*"

Im Hinblick auf die Vereinbarung der Zahlung eines Preises sind Bestimmungen zur Währung, zur Zahlung von Mehrwertsteuer sowie von Zoll sinnvoll. Darüber hinaus sollte geregelt werden, in welcher Weise die Zahlung zu bewirken ist, Banküberweisung, ggf. Akkreditiv, Wechsel oder Scheck, ferner, wer die Bankspesen zu tragen hat und ob Skonto abgezogen werden darf. Schließlich ist aus Verkäufersicht wichtig, klar zu stellen, dass eine Aufrechnung oder die Geltendmachung von Zurückbehaltungsrechten ausgeschlossen ist und in welcher Höhe Verzugszinsen bei Zahlungsverzug anfallen. Wer in die Verlegenheit kommt, Vorleistungen vornehmen zu müssen, sollte über Kreditsicherheiten nachdenken. Denkbar sind Bankgarantien oder – bei der Lieferung von Waren – die Vereinbarung eines Eigentumsvorbehaltes an beweglichen Sachen. Für die wirksame Begründung eines Eigentumsvorbehaltes ist das Recht desjenigen Landes anwendbar, in dem sich die betreffende Sache zum Zeitpunkt der Beurteilung befindet. Die Vereinbarung eines derartigen Eigentumsvorbehaltes erfordert z. B. in der Schweiz die Eintragung des Eigentumsvorbehaltes

[23] Vgl. Art. 2.1.17 der UNIDROIT-Grundregeln.

in ein öffentliches Register, das am Wohnort des Erwerbers vom „Betreibungsbeamten" geführt wird.[24] Nach dem – mit Ausnahme von Louisiana – in den USA geltenden Uniform Commercial Code ist ebenfalls eine Registrierung für die wirksame Begründung des Eigentumsvorbehalts erforderlich, zuständig ist in Abhängigkeit von dem US-Bundesstaat, in dem die Sache belegen ist, eine lokale oder eine zentrale Registerbehörde oder kumulativ eine lokale und zentrale Registerbehörde.[25] In der Praxis wird häufig ein Akkreditiv (Letter of Credit) verwendet.[26] Bei dem Akkreditiv handelt es sich um ein abstraktes Zahlungsversprechen eines Kreditinstituts, bis zu einem bestimmten Betrage und bei Vorliegen bestimmter Voraussetzungen an den in dem Akkreditiv genannten Begünstigten für Rechnung eines Dritten Zahlung zu leisten. Das Akkreditiv wird meist in Form eines Formulars erstellt, nach dem der Zahlungsverpflichtete, z. B. der Käufer, die Akkreditivbank beauftragt, eine Zahlung unter bestimmten Voraussetzungen an den Leistenden, z. B. an den Verkäufer, zu leisten. Wichtig ist, dass die Voraussetzungen in Form von Dokumenten nachgewiesen werden können.[27] Vorgaben für ein Akkreditiv finden sich in dem Standard „Uniform Customs and Practices for Documentary Credits" (UCP 500).[28]

Beispiel für die Vereinbarung eines Akkreditivs:[29] *„The payment shall be by letter of credit. A must arrange for a letter of credit in favor of B to be issued by a reputable bank, subject to the Uniform Customs and Practice for Documentary Credits published by the International Chamber of Commerce, and to be notified at least 30 days before the agreed date of delivery or at least 30 days before the earliest date within the agreed delivery period. The letter of credit is to be drawn in irrevocable form. The letter of credit must be advised through and confirmed by a bank located at the port of shipment acceptable to B. It must be payable at the counters of the confirming bank."*

Weiterhin wichtig ist es festzulegen, welche Partei bei genehmigungspflichtigen Leistungen dafür Sorge zu tragen hat, dass die Genehmigung vorliegt.

Insbesondere für langlaufende Vertragsverhältnisse (Dauerschuldverhältnisse) ist es wichtig, für unvorhersehbare Ereignisse, die keiner Partei zugerechnet werden können, eine Anpassung des Vertrages vorherzusehen. Auch, soweit die Umstände einer Partei zugeordnet werden können, empfiehlt sich die Vorsorge durch Vertragsbestimmungen. Die erste Fallgruppe ist im deutschen Recht auch als Wegfall

[24] Vgl. *Müller*, in: Handbuch der Internationalen Vertragsgestaltung, Bd. 1, § 11 Rn. 450 m.w.N.

[25] Vgl. *Müller*, in: Handbuch der Internationalen Vertragsgestaltung, Bd. 1, § 11 Rn. 653 ff., 676.

[26] *DiMatteo*, The Law of International Contracting, S. 76 ff.

[27] *DiMatteo*, The Law of International Contracting, S. 78.

[28] *DiMatteo*, The Law of International Contracting, S. 77.

[29] Vgl. Ziffer 5.3 der General Conditions des ICC International Sale Contract; sowie *DiMatteo*, The Law of International Contracting, S. 76.

der Geschäftsgrundlage bekannt,[30] im anglo-amerikanischen Rechtskreis unter dem Begriff Hardship.[31] Daneben sollte auch für sonstige Fälle eine Anpassungsklausel vorgesehen werden. Das Problem derartiger Anpassungsklauseln besteht darin, dass sie nicht zur Konsequenz haben dürfen, dass eine Partei der anderen Partei Konditionen einseitig auferlegen kann. Derartige einseitige Änderungsrechte, die im Ermessen einer Partei stehen, sind in der Regel gerichtlich überprüfbar und damit kaum praktikabel. Je besser es gelingt, quasi einen Automatismus zu definieren, desto sicherer wird man ohne die Hinzuziehung von Gerichten auskommen können. Darüber hinaus wichtig sind Bestimmungen zu Höherer Gewalt (Force Majeure[32]), Versicherungsschutz (Insurance Clause[33]) sowie Bestimmungen, zu welchem Zeitpunkt eine Leistung zu erbringen ist und zu den Rechtsfolgen bei nicht vertragsgemäßer Erfüllung (Damages/Penalty Clause[34]). In einzelnen Fällen hängt das Wirksamwerden eines Vertrages von weiteren Umständen ab, allerdings sollte – wenn möglich – das Wirksamwerden auf einzelne Verpflichtungen beschränkt werden. Weiterhin ist darauf zu achten, dass die Bedingungen für das Wirksamwerden ohne jeden Zweifel festgestellt werden können und dass das Verfahren der Feststellung eindeutig ist. Vielfach wird vorgesehen, dass Rechte abgetreten werden dürfen oder dies wird ausdrücklich ausgeschlossen bzw. nur mit Zustimmung des Vertragspartners zugelassen. Im Übrigen ist es möglich, dass durch die vertraglichen Bestimmungen die Interessen dritter Personen berührt werden. Ein Vertrag zu Lasten Dritter ist rechtlich nicht möglich, erforderlich ist die Zustimmung des Dritten. Wichtig ist ferner die Regelung von Beendigungsmöglichkeiten und die Rechtsfolgen bei Beendigung des Vertragsverhältnisses. Zum Abschluss dürfen Bestimmungen zur Kostentragung im Zusammenhang mit dem Abschluss des Vertrages, Rechtswahlklausel, Gerichtsstandsklausel sowie Salvatorische Klausel nicht fehlen. Nach Unterzeichnung sollte jeweils nachvollzogen werden können, wer mit welcher Berechtigung den Vertrag unterzeichnet hat.

3. *Zusammenfassende Checkliste*

- Die Parteien des Vertrages, exakter Name, Sitz, Registernummer;
- Präambel/Vorbemerkung
  - Tätigkeitsfelder der Parteien
  - Umstände für die Verhandlungen
  - Mit dem Vertragsschluss verfolgte Absichten

[30] *Grüneberg*, in: Palandt, § 313 BGB Rn. 17 ff.

[31] Vgl. dazu das Kapitel F VIII.

[32] Vgl. dazu das Kapitel F IV.

[33] Vgl. dazu das Kapitel F I.

[34] Vgl. Kapitel F II.

- Prüfung, ob für die Wirksamkeit des Vertrages nach dem anwendbaren Recht (bei dinglichen Verträgen findet das Recht der Sache zwingend Anwendung) besondere Formerfordernisse gelten;
- Definition von zentralen Begriffen des Vertrages
- Vertragssprache; bei Zweisprachigkeit: Festlegung der im Zweifel maßgeblichen Sprache;
- Vertrag abschließend, Vertrag ersetzt ggf. zuvor abgegebene Erklärungen oder geschlossene Vereinbarungen
- Sicherstellung von Zahlungen (Banksicherheiten, dokumentäre Zahlungsversprechen)
- Zahlungsmittel
- Zahlungswährung
- Kosten der Erfüllung
- Ort der Leistung
- Bei Dauerschuldverhältnissen: Änderungsvorbehalt
- Öffentliche Genehmigungen
- Veränderte Umstände („Hardship Clause")
- Force Majeure
- Versicherungsschutz (Insurance Clause)
- Erfüllung im Allgemeinen
  - Leistungszeit
  - Vorzeitige Leistung
  - Nachfrist
- Schadensersatz, Vertragsstrafe (Damages/Penalty Clause)
- Wirksamwerden des Vertrages
- Abtretbarkeit von Rechten
- Beteiligung Dritter bei dem Vertragsschluss (Vertrag zu Lasten Dritter unzulässig)
- Regeln zum Rücktritt von dem Vertrag bzw. zur Beendigung des Vertrages
- Kostenregelung
- Rechtswahlklausel (Law Clause)
- Gerichtsstandsklausel (Jurisdiction Clause)
- Salvatorische Klausel (Severability Clause)
- Unterschriften, Prüfung der Legitimation anhand öffentlicher Register und der Gesellschaftsverträge

H Arbitration

Nachdem im vorangegangenen Kapitel bereits einzelne Schiedsklauseln und deren Bedeutung dargestellt wurden, soll in diesem Kapitel ein Überblick über die Vor- und Nachteile von Schiedsverfahren im Vergleich mit der staatlichen Gerichtsbarkeit gegeben werden. Darüber hinaus sollen die grundlegenden Arten von Schiedsgerichten dargestellt werden, bei denen man grob zwischen individuell geregelten Verfahren, solchen nach den Regeln der deutschen Zivilprozessordnung und solchen nach festgelegten Verfahrensordnungen institutioneller Schiedsgerichtsbarkeiten unterscheiden kann. Zuletzt sollen die wichtigsten institutionellen Schiedsgerichtsbarkeiten im Überblick dargestellt werden.

I. Vor- und Nachteile von Schiedsgerichten

Die Entscheidung Streitigkeiten der Vertragsparteien einem Schiedsgericht anstelle eines staatlichen Gerichtes zuzuweisen, erfreut sich im internationalen Rechtsverkehr großer Beliebtheit.[1] Dabei bestehen folgende Vor- und Nachteile.

1. Vorteile

Für die Bevorzugung von Schiedsgerichten gegenüber staatlichen Gerichten gibt es eine Reihe von Gründen: Ein wichtiger Grund dafür ist, dass Schiedsgerichte regelmäßig wesentlich **schneller** eine **endgültige Entscheidung** über einen Rechtsstreit fällen als ordentliche Gerichte, bei denen unter Umständen ein Gang über mehrere Instanzen bevorsteht.

Des Weiteren liegt ein Vorteil darin, dass die Parteien Einfluss auf die **Wahl des Schiedsrichters** nehmen können. So sieht beispielsweise § 1034 Abs. 1 ZPO im Zweifelsfall eine Besetzung des Schiedsgerichts mit drei Schiedsrichtern vor, von

[1] Vgl. zur aktuellen Entwicklung der Verfahren beim DIS, *Kröll*, NJW 2009, 1183 ff.

DOI 10.1007/978-3-642-05350-4_8,

denen jede Partei einen benennt, wobei die beiden Benannten einen dritten Schiedsrichter als Vorsitzenden bestellen (§ 1035 Abs. 3 S. 2 ZPO). Dadurch können die Parteien notwendiges Fachwissen und Branchenkenntnisse des Schiedsgerichts sicherstellen, die ein ordentlicher Richter sich durch Sachverständige oder Gutachten eventuell erst noch besorgen müsste. Allerdings können sich in der Praxis durchaus Schwierigkeiten ergeben, einen Schiedsrichter zu finden, der über Kenntnisse sowohl in der Schiedsgerichtsbarkeit als auch in dem relevanten materiellen Recht verfügt.[2]

Ebenso können die Parteien Einfluss auf die **Gestaltung des Schiedsverfahrens** nehmen, da hier kaum unveränderliche Regeln vorgegeben sind. Insbesondere sind die relativ schwerfälligen (deutschen) Vorschriften des Zivilprozessrechts über die Zustellung von Schriftstücken an im Ausland wohnende Verfahrensbeteiligte nicht zu beachten; auch können sich die Beteiligten frei auf eine Verfahrenssprache einigen, wodurch ressourcenintensive Übersetzungen entfallen.[3]

Zudem weisen Schiedsgerichte generell eine Tendenz zum Abschluss von **Vergleichen** auf. Dies führt allgemein zu einer **hohen Akzeptanz** von Schiedssprüchen, weil es den Parteien die Weiterführung der Geschäftsbeziehungen in der Zukunft ermöglicht, da keine Partei im Schiedsgerichtsverfahren ihr Gesicht verliert.

Im Übrigen sind schiedsgerichtliche Verfahren vertraulich, es findet – anders als im Zivilprozess – **keine öffentliche Verhandlung** statt; auch werden Schiedssprüche ohne Zustimmung der Parteien nicht veröffentlicht. Die damit im Wesentlichen sichergestellte Vertraulichkeit der Behandlung des Verfahrens entspricht erfahrungsgemäß den Interessen der Parteien. Allerdings lohnt sich hierbei eine genauere Betrachtung, weil die Vertraulichkeit nicht uneingeschränkt vorhanden ist: Beispielsweise unterliegen Zeugen per se keiner Schweigepflicht. Sofern ein staatliches Gericht einen Schiedsspruch nachprüft, kann auch eine Veröffentlichung seiner Entscheidung nicht verhindert werden.[4]

Als nicht zu unterschätzender Vorteil muss die gegenüber Gerichtsurteilen einfachere **Vollstreckung** von Schiedssprüchen im Ausland genannt werden, die sich insbesondere nach den Regeln des New Yorker Vollstreckungsübereinkommens richtet.[5] Denn letzten Endes kann ein Urteil staatlicher Gerichte sich als wertlos erweisen, wenn einer Vollstreckung unüberwindbare Hindernisse entgegenstehen.

---

[2] Vgl. zur faktischen Begrenzung bei der Auswahl der Schiedsrichter *Lachmann*, Handbuch Schiedsgerichtspraxis, Rn. 133 f.

[3] Vgl. *Hausmann*, in: Reithmann/Martiny, Internationales Vertragsrecht, Rn. 6550.

[4] Vgl. zu der eingeschränkten Vertraulichkeit *Lachmann*, Handbuch Schiedsgerichtspraxis, Rn. 143 ff.

[5] Dazu noch ausführlich im folgenden Kapitel. Vgl. auch *Hausmann*, in: Reithmann/Martiny, Internationales Vertragsrecht, Rn. 6550.

2. Nachteile

Ob die durch ein Schiedsgerichtsverfahren entstehenden **Kosten** gegenüber einem Verfahren vor staatlichen Gerichten niedriger ausfallen, also ein Kostenvorteil von Schiedsgerichten besteht, kann nicht pauschal beurteilt werden. Bedenkt man, dass die Schiedsrichter ein Honorar vergleichbar dem der Anwälte der Parteien erhalten und das Honorar des Vorsitzenden in der Regel höher ausfällt, können die Kosten leicht diejenigen eines staatlichen Gerichtsverfahrens übersteigen. Diese Rechnung verschiebt sich allerdings, wenn man die Kosten des Schiedsverfahrens mit denen eines Gerichtsverfahrens über mehrere Instanzen vergleicht, wo der Aufwand, insbesondere an Rechtsanwaltskosten, leicht ein Mehrfaches betragen kann. Ein Kostenvorteil des Schiedsverfahrens wird in der Regel somit vor allem dann bestehen, wenn man einen Gang durch mehrere Instanzen vermeiden kann. Es ist daher im Einzelfall zu prüfen, ob die Kosten eines Schiedsgerichtsverfahrens einen Vor- oder einen Nachteil darstellen.[6] Insbesondere für **geringere Streitwerte** – um etwa 50.000 €[7] – erweist sich das Schiedsgericht als deutlich teurere Alternative zur staatlichen Gerichtsbarkeit.

Das **Fehlen einer weiteren Rechtsinstanz** ist dem Schiedsgerichtsverfahren immanent, kann sich aber im Einzelfall durchaus als Nachteil erweisen. Man muss sich als Berater darüber im Klaren sein, dass ein Streit abschließend entschieden wird, und dies auch dem Mandanten vermitteln.

Schiedsgerichtsurteile dienen regelmäßig nicht der Rechtsfortbildung, da sie nicht veröffentlicht werden und ohnehin eine erheblich geringere Präzedenzwirkung aufweisen als Urteile staatlicher Gerichte. Sie tragen damit insgesamt nicht zu einer Vereinheitlichung der Rechtsprechung bei und schaffen **keine Rechtssicherheit** in bestimmten Fragestellungen.

II. Prozessuales

Der Sinn der Schiedsgerichtsbarkeit besteht darin, Entscheidungen privater Dritter zu ermöglichen, die von staatlichen Gerichten „nicht, jedenfalls nur eingeschränkt nachprüfbar sind".[8] Haben die Parteien eine Schiedsvereinbarung geschlossen, gilt daher vor staatlichen Gerichten die Einrede des Schiedsgerichts. Beruft sich der Beklagte auf den Schiedsvertrag, hat ein angerufenes Gericht die Klage als unzulässig abzuweisen (§ 1032 Abs. 1 ZPO), es sei denn, die Schiedsvereinbarung ist nichtig, unwirksam oder undurchführbar. Die Schiedsvereinbarung bildet damit ein

---

[6] Ähnlich *Lachmann*, Handbuch Schiedsgerichtspraxis, Rn. 162 ff.; *Voit*, in: Musielak, ZPO, § 1025 Rn. 2.

[7] Guter Überblick bei *Lachmann*, Handbuch Schiedsgerichtspraxis, Rn. 406, 4671 ff.

[8] *Geimer*, in: Zöller, ZPO, Vor § 1025 Rn. 2.

Prozesshindernis, das nicht von Amts wegen beachtet wird, sondern vom Beklagten geltend gemacht werden muss (**Schiedseinrede**).

In **Eilverfahren** gilt diese Schiedseinrede allerdings nicht. Zwar kann das Schiedsgericht auf Antrag einer Partei vorläufige oder sichernde Maßnahmen anordnen, die es in Bezug auf den Streitgegenstand für erforderlich hält (vgl. § 1041 ZPO), dies schließt jedoch Eilmaßnahmen durch das staatliche Gericht nicht aus (§ 1033 ZPO). In Eilverfahren überschneiden sich somit die Zuständigkeiten der Schiedsgerichte mit denen der staatlichen Gerichtsbarkeit.

Grundsätzlich besteht eine weitgehende Unabhängigkeit schiedsrichterlicher Verfahren von staatlicher Kontrolle. **Staatliche Gerichte**, sachlich zuständig ist in der Regel ein Senat am Oberlandesgericht (§ 1062 ZPO), **kontrollieren** grundsätzlich **nur** die **Ordnungsmäßigkeit des Verfahrens**. Hierzu einige Beispiele:

Für die Geltendmachung von Aufhebungsgründen gelten grundsätzlich dieselben Anforderungen wie für die Revisionsbegründung nach § 551 Abs. 3 Nr. 2 ZPO. Die größten Aussichten hat eine Berufung auf die fehlende Zuständigkeit des Schiedsgerichts. Allerdings ist eine Berufung auf die mangelnde Zuständigkeit des Schiedsgerichts nach rügeloser Einlassung nicht mehr möglich.[9]

Weiterhin kann die unzulässige Zusammensetzung des Schiedsgerichts einen Aufhebungsgrund darstellen. Allerdings liegen die Voraussetzungen dafür relativ hoch, weil hierzu ein besonders schwerwiegender und eindeutiger Fall von Befangenheit vorliegen muss.

Auch die Verletzung rechtlichen Gehörs wird häufig als Einwand gegen die Vollstreckung eines Schiedsspruches erhoben. Hierzu hat sich bereits eine erhebliche Kasuistik gebildet. Grundsätzlich lässt sich sagen, dass sich die Verletzung rechtlichen Gehörs auf den Schiedsspruch ausgewirkt haben muss.[10]

Eine inhaltliche Kontrolle wird nur im Hinblick auf die hohe Schwelle des *ordre public*-Grundsatzes durchgeführt. Bemühungen, einen Schiedsspruch als *ordre public*-widrig zu erklären, sind in der Regel zum Scheitern verurteilt.[11]

III. Arten von Schiedsverfahren

Im Wesentlichen haben die Parteien drei Möglichkeiten sich für eine Schiedsordnung zu entscheiden. Sie können entweder eine individuelle Schiedsvereinbarung unter Einbeziehung der Verfahrensregeln gestalten, auf deren Grundlage gegebenenfalls ein Ad-hoc-Schiedsgericht zu bilden wäre, oder sich weitestgehend auf das geltende staatliche (deutsche) Recht der §§ 1025 ff. ZPO festlegen oder aber drittens auf eine von einer (nationalen oder internationalen Institution) aufgestellte Schiedsordnung Bezug nehmen.

---

[9] OLG München, 34 Sch 4/07; *Lachmann*, Handbuch Schiedsgerichtspraxis, Rn. 222 ff.

[10] BGH, NJW-RR 2008, 659. Eine Darstellung aktueller Entscheidungen hierzu findet sich etwa bei *Kröll*, NJW 2009, 1183 (1188).

[11] Vgl. dazu *Kröll*, NJW 2009, 1183 (1189) m.w.N.

Selbstverständlich ist auch eine Kombination dieser Varianten möglich. Es kann sich etwa anbieten, einige Verfahrensregeln selbst festzulegen und auf die Regeln der §§ 1025 ff. ZPO ergänzend zurückzugreifen. Dies hat den Vorteil, dass für Fälle, die nur lückenhaft geregelt werden, eine Verfahrensordnung zur Anwendung kommt, die regelmäßig interessengerecht sein dürfte.

1. Anlehnung an die Regelungen der ZPO

Eine Möglichkeit besteht darin, die Schiedsvereinbarung an den Regelungen der ZPO zu orientieren beziehungsweise deren Vorschriften ergänzungsweise heranzuziehen.

Die aktuelle Fassung des 10. Buches der ZPO (Schiedsrichterliches Verfahren: §§ 1025 ff. ZPO) orientiert sich weitgehend am UNCITRAL-Modellgesetz über die internationale Handelsgerichtsbarkeit. Weil dieses Modellgesetz von vielen Staaten mehr oder weniger übernommen wurde, finden sich international verbreitet ähnliche Regeln zu Schiedsgerichtsverfahren.[12]

Neben einigen allgemeinen Vorschriften (§§ 1025–1028 ZPO) enthält der Abschnitt Bestimmungen zur Schiedsvereinbarung (§§ 1029–1033 ZPO), zur Bildung des Schiedsgerichts (§§ 1034–1039 ZPO), zur Zuständigkeit des Schiedsgerichts (§§ 1040, 1041 ZPO), zur Durchführung des schiedsrichterlichen Verfahrens (§§ 1042–1050 ZPO) und zum Schiedsspruch sowie zur Verfahrensbeendigung (§§ 1051–1058 ZPO). Darüber hinaus besteht eine Regelung zum Aufhebungsantrag (§ 1059 ZPO) und es sind Voraussetzungen der Anerkennung und Vollstreckung von Schiedssprüchen festgelegt (§§ 1060, 1061 ZPO). Zu guter Letzt existiert ein Abschnitt betreffend das gerichtliche Verfahren (§§ 1062–1065 ZPO) und außervertragliche Schiedsgerichte (§ 1066 ZPO).

Die Vorschriften über das Schiedsverfahren kommen grundsätzlich dann zur Anwendung, wenn der Ort des schiedsrichterlichen Verfahrens in Deutschland liegt (§ 1025 Abs. 1 ZPO), wobei die deutschen Gerichte für bestimmte Funktionen zuständig bleiben, auch wenn der Ort des Schiedsverfahrens im Ausland liegt (§ 1025 Abs. 2 ZPO).

Nachfolgend soll nur auf zwei Besonderheiten kurz eingegangen werden, die das Schiedsverfahrensrecht durchziehen.

a) Überwiegend disponible Vorschriften

Kennzeichnend für das Schiedsverfahrensrecht ist die generell sehr weitgehende Gestaltungsfreiheit der Parteien. Die Parteivereinbarungen haben Vorrang vor gesetzlichen Regelungen und einer Festsetzung des Verfahrens durch das Schieds-

---

[12] *Geimer*, in: Zöller, ZPO, Vor § 1025 Rn. 9; Baumbach/Lauterbach/Albers/*Hartmann*, ZPO, § 1025 Rn. 1; *Lachmann*, Handbuch Schiedsgerichtspraxis, Rn. 189 ff.

gericht (§ 1042 Abs. 4 ZPO). Lediglich zwingende Vorschriften und Prinzipien, die zu den elementaren Voraussetzungen jeder Rechtsprechung gehören, können nicht abbedungen werden.[13]

b) Schnelligkeit der schiedsrichterlichen Entscheidung

Ein besonderes Merkmal schiedsrichterlicher Verfahren besteht in der Möglichkeit zur schnellen Entscheidung in der Sache. Dieser Grundsatz findet seine Ausprägung in zahlreichen Regelungen zum Schiedsverfahren nach der ZPO.

Zum einen finden sich Möglichkeiten des Schiedsgerichts, das Schiedsverfahren fortzusetzen und sogar, einen Schiedsspruch zu erlassen, wenn

- einem Ablehnungsgesuch einer Partei nicht stattgegeben wird und diese von der Möglichkeit Gebrauch gemacht hat, beim staatlichen Gericht eine Entscheidung über die Ablehnung zu beantragen (§ 1037 Abs. 3 S. 2 ZPO),
- die beklagte Partei vor dem staatlichen Gericht dessen Unzuständigkeit gerügt hat (§ 1032 Abs. 1 und 3 ZPO),
- beim staatlichen Gericht ein Antrag auf Feststellung der Zulässigkeit oder Unzulässigkeit eines schiedsrichterlichen Verfahrens anhängig ist (§ 1032 Abs. 2 und 3 ZPO),
- die beschwerte Partei gegen den Zwischenentscheid, durch den das Schiedsgericht seine Zuständigkeit bejaht hat, Antrag auf gerichtliche Entscheidung gestellt hat (§ 1040 Abs. 3 S. 3 ZPO).

Zum anderen führt der Grundsatz der Schnelligkeit auch dazu, dass von einer Partei grundsätzlich verlangt wird, ihr bekannt gewordene Verfahrensverstöße zu rügen. Dieser im internationalen Rechtsverkehr weitgehend anerkannte Grundsatz findet (neben Art. 33 Abs. 1 ICC-Verfahrensordnung und Art. 30 UNCITRAL-Schiedsordnung) auch im deutschen Recht Anwendung. Ein solcher **Rechtsverlust** für den Fall einer **rügelosen Einlassung**

- ist als allgemeiner Grundsatz für verzichtbare Rechte in § 1027 Abs. 1 ZPO vorgesehen,
- existiert bei Formunwirksamkeit der Schiedsvereinbarung (§ 1031 Abs. 6 ZPO) und
- betrifft die gegenüber dem Schiedsgericht zu erhebende Unzuständigkeitsrüge (§ 1040 Abs. 2 ZPO).

Weiterhin kann das Schiedsgericht verspätetes Vorbringen präkludieren (§ 1048 Abs. 1 bis 4 ZPO).

Der Grundsatz der Schnelligkeit geht im Ergebnis an manchen Stellen dem Prinzip der Einzelfallgerechtigkeit vor.

---

[13] *Lachmann*, Handbuch Schiedsgerichtspraxis, Rn. 213.

2. *Individuelle Schiedsvereinbarung*

Die Gestaltung einer individuellen Schiedsvereinbarung für ein sog. Ad-hoc-Schiedsgericht, dabei insbesondere des Verfahrensrechts, empfiehlt sich in erster Linie für erfahrene Parteien, die über die notwendigen rechtlichen Kenntnisse zur Gestaltung einer entsprechenden Klausel verfügen und aus eigener Erfahrung die Vorzüge und Nachteile bestimmter Regelungen beurteilen können.

Zur Gestaltung eigener Schiedsvereinbarungen existieren Mustervorlagen in ausreichender Zahl, die teilweise auch kostenlos erhältlich sind und die zumindest in Form einer Checkliste den Ausgangspunkt für eigene Überlegungen und Verhandlungen bilden können.[14] Die Abarbeitung der in den Mustervorlagen ausgeführten Regelungen kann zumindest sicherstellen, dass die zentralen Verfahrensfragen bedacht worden sind.

Auf ein in Deutschland stattfindendes Schiedsverfahren finden ohnehin – soweit nicht ausgeschlossen – die Regeln des 10. Abschnitts der ZPO Anwendung. Dennoch empfiehlt es sich, explizit ergänzungshalber auf die Verfahrensregeln des deutschen Rechts oder einer internationalen Schiedsinstitution zu verweisen.

a) Zwingender und fakultativer Inhalt

Bereits genannt wurden die zwingenden Inhalte einer Schiedsvereinbarung. Dazu gehört die Bestimmtheit des Rechtsverhältnisses, dessen Streitigkeiten der Schiedsgerichtsbarkeit unterworfen werden soll. Daneben muss – soweit das Schiedsgericht bereits feststeht – dieses bestimmt bezeichnet werden, um schwierige Auslegungsfragen zu vermeiden.

Daneben wird die **Empfehlung** ausgesprochen, im internationalen Rechtsverkehr, einige zusätzliche Regelungen zu treffen. Dazu gehört, sich auf eine **Sprache** des schiedsrichterlichen Verfahrens festzulegen. Hierfür wird sich die Sprache anbieten, in der die Parteien bisher kommunizierten, etwa die Sprache des Vertrages, weil dann die Vertragsunterlagen nicht übersetzt werden müssen. Die Auswahl der Sprache schränkt ferner den Kreis möglicher Anwälte und Schiedsrichter ein.

Überdies sollte der **Ort** des schiedsrichterlichen Verfahrens festgelegt werden. Dies ist deshalb von großer Bedeutung, weil nach dem in zahlreichen Ländern umgesetzten Modellgesetz das Recht des Verfahrensortes für Fragen maßgeblich ist, zu denen die Parteien keine Vereinbarungen getroffen haben (so auch in Deutschland, § 1025 Abs. 1 ZPO). Das Recht des Verfahrensortes entscheidet auch darüber, inwiefern die dort geltenden nationalen Regelungen abdingbar sind. International bestehen zum Teil zwingende Vorschriften bezüglich der Nationalität der Schiedsrichter oder weitreichende Möglichkeiten nationaler Gerichte in das Schiedsverfahren einzugreifen (letzteres etwa in den USA).

[14] Vgl. das ausführliche Muster bei *Lachmann*, Handbuch Schiedsgerichtspraxis, Rn. 4734.

Gemäß § 1051 Abs. 1 S. 1 ZPO hat das Schiedsgericht die Rechtsstreitigkeit in Übereinstimmung mit den Rechtsvorschriften zu entscheiden, die von den Parteien als auf den Inhalt des Rechtsstreits anwendbar bezeichnet worden sind. Das anzuwendende **Sachrecht** kann und sollte von den Parteien bestimmt werden. Sofern es an einer Bestimmung fehlt, hat das Schiedsgericht das Recht des Staates anzuwenden, der mit dem Gegenstand des Verfahrens die engsten Verbindungen aufweist (§ 1051 Abs. 2 ZPO).

b) Häufige Fehlerquellen

Bei der Abfassung von Schiedsklauseln werden erstaunlich viele Fehler begangen.

Oftmals wird in den **Hauptvertrag** von den Parteien eine Regelung aufgenommen, die **im Widerspruch zu einer Anlage** des Hauptvertrages („Schiedsvertrag") steht.

> **Beispiel:** So kann etwa in der Klausel dem Schiedsgericht nur eine schlichtende Funktion zugeteilt werden, während im Schiedsvertrag die Regelung steht, wonach das Schiedsgericht unter Ausschluss des ordentlichen Rechtsweges zu entscheiden hat.
>
> Das *OLG Naumburg*[15] hat in einem solchen Fall entschieden, wegen Widersprüchlichkeit der Erklärungen sei ein eindeutiger Wille der Parteien nicht festzustellen und es liege folglich keine wirksame Schiedsvereinbarung vor.

Ein anderes Gericht mag hier indes zu einer anderen Auffassung kommen. Regelungen im Hinblick auf den Abschluss von Schiedsvereinbarungen sollten daher aufeinander abgestimmt werden.

Vorstellbar ist auch der Fall, dass eine Gerichtsstandsklausel und eine Schiedsvereinbarung kollidieren. Der BGH verfolgt hier zuweilen eine sehr schiedsfreundliche Auslegung.[16]

c) Besondere Gestaltungen

Im Folgenden soll auf einige Regelungskomplexe hingewiesen werden, bei denen die Parteien häufig vom dispositiven Gesetzesrecht abweichen.

---

[15] OLG Naumburg, SchiedsVZ 2006, 103.

[16] Vgl. dazu bereits die Ausführungen im vorigen Kapitel F VI. 2.

aa) Nachprüfung bzw. Neuentscheidung durch staatliche Gerichte

Immer wieder sind Klauseln anzutreffen, wonach eine Streitigkeit zwar von einem Schiedsgericht erledigt wird, den Parteien aber die Möglichkeit vorbehalten wird, entweder die Entscheidung von einem staatlichen Gericht überprüfen zu lassen oder von diesem eine neue Entscheidung vornehmen zu lassen. Beide Klauseln, insbesondere jedoch die zweite, wollen gut überlegt sein.

Beispiel:[17] Der *BGH* hatte einen Fall zu entscheiden, in dem eine Klausel vorsah, dass eine Partei, die mit dem Ergebnis des Schiedsverfahrens nicht einverstanden ist, binnen eines Monats Klage vor den staatlichen Gerichten erheben kann. Blieb eine Klage aus, sollte das Schiedsgerichtsurteil für beide Parteien als bindend und endgültig gelten.

Der *BGH* wertete diese Klausel als zulässige auflösende Bedingung für die Bindungswirkung des Schiedsspruches. Entsprechend entschied er in einem völlig neuen Verfahren.

Die Wahrscheinlichkeit, dass zumindest eine der Parteien sich bei einem staatlichen Gerichtsurteil eine für sich günstigere Entscheidung ausrechnet, ist greifbar. Eine Möglichkeit zur gerichtlichen Nachprüfung des Schiedsspruches sollte daher genau bedacht werden.

bb) Ermächtigung zu Billigkeitsentscheidungen

Die Vertragsparteien können ein Gericht ausdrücklich dazu ermächtigen, nach Billigkeit zu entscheiden (§ 1051 Abs. 3 S. 1 ZPO). Dies führt dazu, dass nur noch eine Bindung an die zwingenden Grundsätze des *ordre public* besteht, nicht dagegen an sonstiges zwingendes Recht.[18]

Im Einzelfall, wenn das staatliche Recht nur eine Beantwortung von Rechtsfragen mit „ja“ oder „nein“ zulässt, mag dies zu einer sachgerechten, weil billigen Entscheidung führen. Allerdings sind auch die Folgen einer solchen Ermächtigung zu bedenken. So könnte eine derartige Ermächtigung etwa die Unwirksamkeit der Schiedsvereinbarung nach sich ziehen oder den Rückgriff gegen Dritte (etwa eine Versicherung) erschweren.[19]

---

[17] BGHZ 171, 245 = NJW-RR 2007, 1511.

[18] *Geimer*, in: Zöller, ZPO, § 1051 Rn. 9.

[19] *Lachmann*, Handbuch Schiedsgerichtspraxis, Rn. 405.

cc) Bedingungen und Befristungen

Ein Schiedsverfahren kann von den Parteien grundsätzlich bedingt oder befristet ausgestaltet werden.[20]

Denkbar ist etwa die Schiedsvereinbarung unter der auflösenden Bedingung zu schließen, dass ein bestimmter Schiedsrichter verfügbar ist, dem alle Parteien eine hohe Wertschätzung entgegen bringen.

Möglich ist auch die Vereinbarung bestimmter Fristen, innerhalb derer beim Schiedsgericht geklagt werden oder etwa von diesem entschieden werden muss. Inwiefern eine solche Klausel sinnvoll ist, kann nicht generell beurteilt werden.

dd) Begrenzung der Rechtsfolgen

Üblich ist etwa im U.S.-Recht die Gestaltung, nach der die Folgen eines Schiedsspruchs von vornherein abgemildert werden. Dazu treffen die Parteien die Vereinbarung, dass die unterliegende Partei – unabhängig vom Ausgang des Schiedsverfahrens – nicht mehr, aber auch nicht weniger als einen bestimmten vorher festgelegten Betrag bezahlen muss. Diese Vereinbarung wird gegenüber dem Schiedsgericht geheim gehalten. Inwiefern sich bei einer Vollstreckbarerklärung einer solchen Klausel Probleme ergeben könnten, wurde bisher nicht entschieden.[21]

Möglich ist es aber jedenfalls, das Schiedsgericht in der Wahl seiner Gestaltungsmöglichkeiten zu begrenzen, indem ihm für eine Entscheidung nur bestimmte Alternativen eingeräumt werden. Denkbar ist etwa, dass sich die Parteien bereits einig sind, dass eine Seite der anderen Schadensersatz schuldet und das Schiedsgericht nur noch darüber entscheiden soll, ob die Partei den Betrag X oder den Betrag Y leisten muss.

IV. Vereinbarung institutioneller Regelungen

Als grundsätzlich dritte Möglichkeit – neben der individuellen Gestaltung des Schiedsverfahrens und der weitgehenden Bezugnahme auf das nationale Recht – können die Parteien die Geltung der Verfahrensordnung einer Schiedsgerichtsinstitution vereinbaren. Sowohl auf nationaler als auch auf internationaler Ebene gibt es zahlreiche Institutionen, die Regeln für schiedsrichterliche Verfahren anbieten. Die bekannteste ist sicherlich die ICC-Schiedsordnung.[22] Größere Bedeutung haben auch die Regeln des London Court of International Arbitration (LCIA),[23] sowie die Internationale Schiedsordnung der Schweizerischen Handelskammern (Schwei-

[20] *Geimer*, in: Zöller, ZPO, § 1029 Rn. 49; *Münch*, in: MüKo-ZPO, § 1029 Rn. 127.

[21] *Lachmann*, Handbuch Schiedsgerichtspraxis, Rn. 413 ff.

[22] Dazu sogleich.

[23] Der deutsche Text kann unter <http://www.lcia-arbitration.com> aufgerufen werden.

zerische Schiedsordnung)[24] erlangt. In den Vereinigten Staaten kommt den Commercial Arbitration Rules der American Arbitration Association[25] große Bedeutung zu. Im deutschsprachigen Raum ist vor allem die DIS-Schiedsgerichtsordnung anerkannt.[26] Auf die Verfahrensordnungen der ICC und des DIS ist noch gesondert einzugehen.

Bei fehlenden eigenen Kenntnissen im Schiedsrecht empfiehlt es sich, auf eine der in der Praxis bewährten Musterklauseln zurückzugreifen, die bereits im vorigen Kapitel dargestellt wurden. Damit kann jedenfalls verhindert werden, dass durch fehlerhafte Ausgestaltung einer Klausel Streitigkeiten über die Zuständigkeit eines Schiedsgerichts entstehen.

Auch bei der Vereinbarung institutioneller Regeln besteht die Möglichkeit vorhandene Regelungen durch parteieigene Gestaltungen zu ergänzen (etwa zur Sprache oder zum Ort des Schiedsverfahrens). Die Reichweite eigener Gestaltungsmöglichkeiten unterscheidet sich in den Verfahrensordnungen.

1. Vorteile und Nachteile der Vereinbarung institutioneller Regelungen

Institutionelle Verfahrensordnungen enthalten in der Praxis **bewährte Regelungen**, die in regelmäßigen Abständen an neuere Entwicklungen angepasst werden. Zudem enthalten sie die für die Durchführung eines Verfahrens erforderlichen und sachgerechten Regelungen.[27] Dazu kommt insbesondere bei renommierten Institutionen ein **verfahrensrechtliches Know-how**, das helfen kann, allgemeine Probleme zu lösen.[28]

Im Übrigen überlassen sie in der Regel den Parteien die Möglichkeit, ihr Schiedsgerichtsverfahren weitgehend selbst zu gestalten. Die Verfahrensregeln sind also weitgehend dispositiver Art.

Die Regelwerke internationaler Institutionen gelten grundsätzlich unabhängig vom Ort des schiedsrichterlichen Verfahrens, sind leicht erhältlich und oftmals in mehreren Sprachen kommentiert. Für Ad-hoc-Schiedsgerichte gilt hingegen das Recht des Verfahrensortes.

Schwierigkeiten können sich aber etwa bei **Wegfall der Schiedsgerichtsinstitution** ergeben. Es mag dann fraglich sein, ob die Parteien mit einem Ad-hoc-Schiedsverfahren einverstanden sind, oder gerade eine bestimmte Institution wegen ihrer Regeln ausgewählt hatten. Daher sollte ausschließlich auf Regeln „bewährter“

---

[24] Der deutsche Text kann unter <https://www.sccam.org/sa/download/SRIA_german.pdf> abgerufen werden.

[25] Die englische Fassung der Regeln kann unter <http://www.adr.org> abgerufen werden.

[26] Auf diese wird noch zurückzukommen sein (unter 3.).

[27] *Lachmann*, Handbuch Schiedsgerichtspraxis, Rn. 419.

[28] *Lachmann*, Handbuch Schiedsgerichtspraxis, Rn. 3053.

Institutionen zurückgegriffen werden, von deren mittelfristigem Überleben ausgegangen werden kann.

2. Die ICC-Verfahrensordnung im Besonderen

Die größte Verbreitung weist im internationalen Rechtsverkehr die Schiedsordnung der Pariser Internationalen Handelskammer (ICC) auf.[29] Aktuell gilt die Schiedsgerichtsordnung vom 1.1.2008.

Der ICC-Schiedsgerichtshof ist selbst kein institutionelles Schiedsgericht, da er nicht entscheidet, sondern den Verfahrensgang vor einem Schiedsgericht organisiert und kontrolliert (Art. 1 Abs. 2 VerfO).

Das Schiedsgerichtsverfahren beginnt mit einer (vereinfachten) Schiedsklage an das Sekretariat des Gerichtshofs (Art. 4 Abs. 1 VerfO), welche die in Art. 4 Abs. 3 VerfO genannten Angaben enthalten muss. Mit Einreichung der Schiedsklage ist bereits die Verwaltungsgebühr zu entrichten, die sich aus Anhang III VerfO ergibt (Art. 4 Abs. 4 VerfO).

Der Beklagte hat sodann die Möglichkeit, innerhalb von 30 Tagen nach Zugang der Nachricht des Sekretariats eine Erwiderung beim Sekretariat einzureichen (Art. 5 Abs. 1 VerfO), die den dort genannten Anforderungen entsprechen muss.

Sofern der Beklagte in seinem Schriftsatz keine Widerklage eingereicht hat, auf die der Kläger innerhalb von 30 Tagen erwidern kann (Art. 5 Abs. 6 VerfO), ist nun in der Regel das Schiedsgericht zu bilden. Nach den Verfahrensregeln können die Parteien bestimmen, ob sie ihren Streit durch einen Einzelschiedsrichter oder von einem mit drei Schiedsrichtern besetzten Gremium entscheiden lassen (Art. 8 Abs. 1, 2 VerfO). Haben die Parteien die Anzahl der Schiedsrichter nicht bestimmt, beruft der Schiedsgerichtshof in der Regel einen Einzelschiedsrichter (Art. 8 Abs. 2 VerfO).[30]

Eine Besonderheit der ICC-Regeln liegt im Vergleich mit den Verfahrensordnungen anderer institutioneller Organisationen darin, dass das Schiedsgericht unmittelbar nachdem es die Akte vom Sekretariat erhalten hat, die „Terms of Reference" festzulegen hat, also einen „Schiedsauftrag" entwirft (Art. 18 Abs. 1 VerfO). Dabei findet regelmäßig, wenn auch nach dem aktuellen Verfahrensrecht nicht mehr zwingend, insbesondere eine Auflistung der Streitpunkte, also der strittigen Rechts- und Sachverhaltsfragen statt („list of issues to be determined", Art. 18 Abs. 1 lit. d VerfO). Dieser „Schiedsauftrag" wird von den Parteien unterzeichnet (Art. 18 Abs. 2 VerfO).

---

[29] Der deutsche Text kann unter <http://www.iccwbo.org/court/english/arbitration/pdf_documents/rules/rules_arb_german.pdf> abgerufen werden.

[30] Vgl. zur Benennung, Bestellung, Bestätigung und Ablehnung der Schiedsrichter *Lachmann*, Handbuch Schiedsgerichtspraxis, Rn. 3105 ff.

Das Schiedsgericht legt sodann in einem separaten Dokument einen provisorischen Zeitplan fest, dem im weiteren Schiedsgerichtsverfahren gefolgt werden soll (Art. 18 Abs. 4 VerfO).

Eine mündliche Verhandlung ist nicht zwingend vorgeschrieben, sofern keine der Parteien dem Vorschlag widerspricht, ohne mündliche Verhandlung zu entscheiden. Allerdings kann das Gericht auch von sich aus eine mündliche Verhandlung anordnen (Art. 20 Abs. 1, 2 VerfO). Das Schiedsgericht erklärt sein Verfahren für beendet, wenn es zu der Ansicht gelangt, dass die Parteien ausreichend Gelegenheit zum Vortrag gehabt haben (Art. 22 Abs. 1 VerfO).

Besonderes Kennzeichen der ICC-Regeln ist, dass der Entwurf eines Schiedsspruches erst dem Gerichtshof vorgelegt werden muss, bevor er unterschrieben wird. Der Gerichtshof kann sodann Formfehler berichtigen und sachliche Hinweise zu inhaltlichen Aspekten geben (Art. 27 VerfO). Bedenken in formeller Hinsicht hindern das Schiedsgericht daran, den Schiedsspruch zu erlassen, Divergenzen in der Sache hingegen nicht.[31] Ein derartiges Überprüfungssystem ist anderen Schiedsordnungen fremd. Es hat sich gezeigt, dass der Gerichtshof diese Möglichkeiten häufig dazu einsetzt, um die Aufhebung von Schiedssprüchen wegen formeller Mängel zu verhindern und die Qualität und Akzeptanz seiner Schiedssprüche zu verbessern.

Die Kosten des Schiedsgerichtsverfahrens umfassen Honorare und Ausgaben der Schiedsrichter, die Verwaltungskosten der ICC, sowie Honorare und Ausgaben für Sachverständige sowie Aufwendungen der Parteien für ihre Vertretung und mögliche weitere Auslagen. Die Vergütung der Schiedsrichter und ihre Ausgaben, sowie die Verwaltungskosten der ICC werden vom Gerichtshof festgesetzt (in Verbindung mit Anhang III), über weitere Kosten entscheiden der oder die Schiedsrichter (Art. 31 Abs. 2 VerfO). In dem endgültigen Schiedsspruch wird festgesetzt, welche Partei die Kosten des Schiedsgerichtsverfahrens zu tragen hat bzw. zu welchen Anteilen die Kosten unter den Parteien aufgeteilt werden.

Allgemein lässt sich zu den ICC-Regeln sagen, dass der Spielraum für eigene Gestaltungen der Vertragsparteien im Vergleich mit anderen Verfahrensordnungen eher gering ist. Die Arbeit des Schiedsgerichts wird von der Institution verfolgt, die etwa die Zeitplanung des Gerichtes, aber auch die schiedsrichterlichen Entscheidungen durch eine Prüfung vor Entfaltung seiner rechtlichen Wirksamkeit überwacht.

3. *Die DIS-Verfahrensordnung im Besonderen*

Im deutschsprachigen Raum kommt der Schiedsgerichtsordnung der Deutschen Institution für Schiedsgerichtsbarkeit (DIS) in ihrer aktuellen Fassung vom 1.7.1998 die größte Bedeutung zu.[32] Nach ihren Regeln werden schwerpunktmäßig natio-

---

[31] *Lachmann*, Handbuch Schiedsgerichtspraxis, Rn. 3199.

[32] Der deutsche Text der Verfahrensordnung kann unter <http://www.dis-arb.de/download/disscho98_05_deu_eur.pdf> abgerufen werden.

nale Verfahren, aber zunehmend auch internationale Verfahren durchgeführt. Die Verfahrensordnung ist stark von deutschen verfahrensrechtlichen Konzeptionen geprägt und weist vielfach Ähnlichkeiten zu den Regelungen über Schiedsverfahren nach dem 10. Buch der ZPO auf.

Ähnlich wie das Verfahren nach der ICC-Verfahrensordnung beginnt das DIS-Verfahren mit Zugang einer Klage bei der Geschäftsstelle der DIS (§ 6 Abs. 1 DIS-SchO), welche die in § 6 Abs. 2 DIS-SchO genannten Angaben enthalten muss und die in Abs. 3 genannten enthalten soll. In der Regel ist die Klage in 5-facher Ausfertigung einzureichen (§ 4 DIS-SchO).

Mit Zugang der Klage werden die DIS-Bearbeitungsgebühr sowie ein Vorschuss für die Schiedsrichter nach der aktuellen Kostentabelle (Anhang zu § 40 Abs. 5 DIS-SchO) fällig (§ 7 DIS-SchO).

Ebenso wie in der Verfahrensordnung der ICC können die Parteien Schiedsrichter benennen. Im Fall eines Dreier-Schiedsgerichts benennt jede Partei einen Schiedsrichter und die beiden parteiernannten Richter benennen sodann den Vorsitzenden (was der gesetzlichen Regelung entspricht, § 1035 Abs. 3 ZPO), wobei sie übereinstimmende Wünsche der Parteien berücksichtigen sollen (§ 12 Abs. 2 DIS-SchO). Erforderlichenfalls kann eine Benennung auch durch das Schiedsgericht vorgenommen werden.

Einigen sich die Parteien auf einen Einzelschiedsrichter kann auch dieser einverständlich von den Parteien benannt werden, ansonsten benennt der DIS-Ernennungsausschuss einen solchen.

Erfüllen die Schiedsrichter die notwendigen Voraussetzungen (Unparteilichkeit und Unabhängigkeit, § 15 DIS-SchO) und von den Parteien eventuell festgelegte Zusatzanforderungen, bestellt der DIS-Generalsekretär die Personen zu Schiedsrichtern (§ 17 Abs. 1 DIS-SchO).

Das Schiedsverfahren wird dann vom vorsitzenden Schiedsrichter geleitet (§ 24 Abs. 3 DIS-SchO). Sofern eine der Parteien dies beantragt, hat das Schiedsgericht eine mündliche Verhandlung durchzuführen, wenn die Parteien dies nicht ausgeschlossen haben. Ansonsten kann das Schiedsgericht sich auch mit einem schriftlichen Verfahren begnügen. Die im Verfahren geltenden Regeln sind weitgehend an das schiedsrichterliche Verfahren der ZPO angelehnt, so besteht etwa das Recht in jedem Stand des Verfahrens rechtliches Gehör zu erhalten (§ 26 Abs. 1 S. 2 DIS-SchO), gleich behandelt zu werden (§ 26 Abs. 1 S. 1 DIS-SchO) und sich eines rechtlichen Vertreters bedienen zu können (§ 26 Abs. 1 S. 4 DIS-SchO).

Kommt das Schiedsgericht zur Überzeugung, die Parteien hatten ausreichend Gelegenheit zur Stellungnahme, kann es eine Frist setzen, bis wann neuer Sachvortrag der Parteien zulässig ist (§ 31 DIS-SchO). Danach fällt das Gericht einen Schiedsspruch, wofür es anders als nach dem Verfahrensrecht der ICC keiner Zustimmung des Gerichtshofs bedarf.

Die Kostenentscheidung ergeht entweder im Schiedsspruch selbst oder in einem gesonderten Schiedsspruch. Sofern die Parteien nichts anderes vereinbart haben, hat das Schiedsgericht auch darüber zu entscheiden, welche Partei die Kosten des schiedsrichterlichen Verfahrens einschließlich der den Parteien erwachsenen und zur zweckentsprechenden Rechtsverfolgung notwendigen Kosten zu tragen hat

(§ 35 Abs. 1 DIS-SchO). Grundsätzlich trägt die unterliegende Partei die Kosten des schiedsrichterlichen Verfahrens (§ 35 Abs. 2 DIS-SchO).

Es kann festgehalten werden, dass die Verfahrensordnungen der ICC und der DIS große Ähnlichkeiten aufweisen, sich aber auch an einigen Punkten unterscheiden. Von Vorteil ist aus deutscher Perspektive die weitgehende Anlehnung der DIS-SchO an das Gesetzesrecht der §§ 1025 ff. ZPO, das in jeder ZPO-Kommentierung mitbehandelt wird.

I Vollstreckung

Essentieller Wert kommt der Frage zu, wie ein ergangenes Gerichtsurteil oder ein vorhandener Schiedsspruch vollstreckt werden kann. Sofern eine Vollstreckung mit vielen Hindernissen und Kosten verbunden ist, kann dies das erfolgreiche Ausfechten eines Rechtsstreits wertlos machen. Bei der Vollstreckung muss grundsätzlich unterschieden werden zwischen Urteilen staatlicher Gerichte und den Schiedssprüchen von Schiedsgerichten.

I. Vollstreckung von Urteilen

Zunächst soll es um die Vollstreckung von Gerichtsurteilen gehen. Dabei geht es um die Problemkomplexe der Vollstreckung ausländischer Gerichtsurteile in Deutschland und die Vollstreckung deutscher Urteile im Ausland. Beide Konstellationen treten im internationalen Rechtsverkehr vielfach auf. Die Ausführung beschränkt sich auf eine allgemeine Darstellung grundlegender Regeln und einiger ausgewählter praktischer Probleme. Grundsätzlich unterschieden werden muss bei der Anerkennung und Vollstreckung von Urteilen zwischen solchen, die in der Europäischen Union gefällt werden und solchen, die außerhalb derselben erlassen werden.

1. Anerkennung und Vollstreckung innerhalb der EU

Die Vollstreckung von Gerichtsurteilen wurde in den Staaten der Europäischen Union durch die Gerichtsstands- und Vollstreckungsverordnung der Europäischen Gemeinschaft (EuGVVO)[1] auf eine neue Grundlage gestellt, die seit dem 1.3.2002

[1] VO (EG) Nr. 44/2001 des Rates vom 22.12.2000 über die gerichtliche Zuständigkeit und die Anerkennung und Vollstreckung von Entscheidungen in Zivil- und Handelssachen, ABl. EG L 12 v. 16.1.2001. Rechtsgrundlage für den Erlass der Verordnung ist Art. 65 lit. a EGV.

DOI 10.1007/978-3-642-05350-4_9,

in Kraft ist. Die Regeln der EuGVVO gelten praktisch in der gesamten Europäischen Union, auch in den neuen überwiegend osteuropäischen Mitgliedstaaten. Für die Auslegung der EuGVVO hat der EuGH – wie für Verordnungen allgemein, vgl. Art. 68 Abs. 1 i.V.m. Art. 234 EGV – das Letztentscheidungsrecht. Letztinstanzliche nationale Gerichte trifft, wenn sie die Klärung einer Frage für eine Entscheidung als erforderlich erachten, eine Vorlagepflicht, Art. 68 Abs. 1 EGV. Das zuvor geltende EuGVÜ hat faktisch nur noch Bedeutung im Verhältnis zu den außereuropäischen Gebieten der Mitgliedstaaten und für Altfälle nach Art. 66 Abs. 2 EuGVVO. Das LugÜ gilt weiter im Verhältnis zur Schweiz und zu Norwegen und Island.[2] Die revidierte Fassung des LugÜ – wovon auch die neuen EU-Mitglieder erfasst sind – gilt dabei bereits ab dem 1.1.2010 im Verhältnis der EU-Staaten gegenüber Norwegen und der Schweiz, seit dem 1.5.2011 nun auch gegenüber Island.

Die EuGVVO, auch Brüssel I VO genannt, gilt für alle nach dem 28.2.2002 in einem der Mitgliedstaaten erhobenen Klagen, Art. 66 Abs. 2 EuGVVO. Ihr Ziel ist es, die möglichst große Freizügigkeit von Gerichtsurteilen durch ein einfaches und schnelles Verfahren zu erreichen. Fragen der Anerkennung und Vollstreckung von Gerichtsurteilen sind in Kapitel 3 der Verordnung (Art. 32–52 EuGVVO) geregelt.

Der wesentliche Gehalt der Verordnung besteht darin, dass Gerichtsentscheidungen, die in einem Mitgliedstaat ergangen sind, in anderen Mitgliedstaaten **ipso iure anerkannt** werden, ohne dass es hierfür eines besonderen Verfahrens bedarf (Art. 33 Abs. 1 EuGVVO). Hinzu kommt, dass Entscheidungen, die in dem erlassenden Mitgliedstaat vollstreckbar sind, in einem anderen Mitgliedstaat vollstreckt werden, wenn sie dort auf Antrag eines Berechtigten für vollstreckbar erklärt worden sind. Zur **Vollstreckung** bedarf es somit eines **Exequaturverfahrens**, in Deutschland im Wege einer Vollstreckbarerklärung.

a) Ablauf des Verfahrens

Die EuGVVO regelt das Verfahren der Vollstreckbarerklärung nicht bis in jedes Detail, sondern lässt den Mitgliedstaaten Spielräume, die Umsetzung der Regeln in ihr nationales Recht einzufügen. Die Durchführung eines Vollstreckbarerklärungsverfahrens nach der EuGVVO richtet sich in Deutschland nach den Vorschriften des Anerkennungs- und Vollstreckungsausführungsgesetzes (AVAG)[3]. Das Verfahren läuft grundsätzlich folgendermaßen ab:

---

[2] Baumbach/Lauterbach/Albers/*Hartmann*, ZPO, Schlußanhang V. C. 1. Rn. 3; V. C. 2. Rn. 1 (dort fälschlich auch Polen genannt).

[3] Gesetz zur Ausführung zwischenstaatlicher Verträge und zur Durchführung von Verordnungen und Abkommen der Europäischen Gemeinschaft auf dem Gebiet der Anerkennung und Vollstreckung in Zivil- und Handelssachen, zuletzt geändert durch Gesetz vom 10.12.2008, BGBl. I S. 2399.

Sofern ein Urteil bzw. eine Entscheidung mit Außenwirkung in seinem Entstehungsstaat, nach dem dortigen Recht vollstreckbar ist – was etwa wie bei Mahnbescheiden nicht zwingend die Rechtskraft voraussetzt[4] –, kann der Berechtigte einen Antrag auf Vollstreckbarerklärung an den Vollstreckungsstaat richten. Das jeweilige nationale Recht entscheidet dann darüber, in welcher Form ausländische Entscheidungen für vollstreckbar erklärt werden. In Deutschland geschieht das in einem Klauselerteilungsverfahren.[5]

Der Antrag auf Vollstreckbarerklärung eines ausländischen Gerichtsurteils ist schriftlich oder mündlich zu Protokoll der Geschäftsstelle des zuständigen Gerichtes zu richten. Aus Anhang II der Verordnung und § 3 AVAG ergibt sich, dass dies in Deutschland der Vorsitzende einer Zivilkammer am LG (oder ein Notar) ist. Die örtliche Zuständigkeit ergibt sich aus dem Wohnsitz des Schuldners oder dem Ort, an dem die Zwangsvollstreckung durchgeführt wird.

Dem Antrag ist eine Ausfertigung der Entscheidung beizulegen, Art. 53 Abs. 1 EuGVVO. Zudem muss eine schriftliche Bescheinigung des Gerichts, das die Entscheidung gefällt hat, oder einer anderen zuständigen Stelle unter Verwendung des Formblatts im Anhang V der EuGVVO vorgelegt werden, Art. 53 Abs. 2 EuGVVO. Auf Verlangen des Gerichts oder der sonst befugten Stelle ist eine Übersetzung der Urkunden vorzulegen, die von einer in einem der Mitgliedstaaten befugten Person zu beglaubigen ist, Art. 55 Abs. 2 EuGVVO; § 4 Abs. 3 AVAG. Wird dies nicht ausdrücklich verlangt, kann auf eine Übersetzung verzichtet werden, da sie keine zwingende Voraussetzung für eine Vollstreckbarerklärung darstellt.

Sobald die vorgeschriebenen Unterlagen vorliegen, wird die Entscheidung über die Erteilung der Vollstreckungsklausel unverzüglich gefällt. Dafür erfolgt keine Anhörung des Verpflichteten und keine mündliche Verhandlung (§ 6 AVAG).

Die die Vollstreckbarkeit erklärende Stelle prüft lediglich die sachliche und zeitliche Anwendbarkeit der EuGVVO, ihre Zuständigkeit, den Antrag des nach dem Titel Berechtigten, die Vollstreckbarkeit des Titels und die Vorlage der genannten Urkunden. Es werden hingegen keine Versagungsgründe nach Art. 34 f. EuGVVO geprüft; auch die Zustellung der zu vollstreckenden Entscheidung an den Schuldner ist nicht zu prüfen.[6] Dies stellt einen wichtigen Unterschied zur früheren Rechtslage nach der EuGVÜ dar, wo von dem Gericht bei entsprechenden Anhaltspunkten Anerkennungsversagungsgründe bereits vor Vollstreckbarerklärung geprüft werden konnten.[7]

Ist die Zwangsvollstreckung zuzulassen, beschließt das Gericht, dass der Titel mit der Vollstreckungsklausel zu versehen ist. Ist der Antrag nicht zulässig oder nicht begründet, so lehnt ihn das Gericht durch mit Gründen versehenen Beschluss ab (§ 8 AVAG).

---

4 *Lackmann*, in: Musielak, ZPO, Art. 32 EuGVVO Rn. 3.

5 Vgl. *Lackmann*, in: Musielak, ZPO, Art. 38 EuGVVO Rn. 3.

6 *Lackmann*, in: Musielak, ZPO, Art. 38 EuGVVO Rn. 1a.

7 *Stadler*, in: Musielak, ZPO, Europäisches Zivilprozessrecht, Vorbem. Rn. 9.

b) Versagung der Anerkennung

Die Vollstreckbarerklärung wird dem Schuldner zugestellt. Dies gilt auch für die Entscheidung über die Vollstreckbarerklärung, soweit dies noch nicht geschehen ist, Art. 42 Abs. 2 EuGVVO.

Der Schuldner kann nunmehr grundsätzlich innerhalb eines Monats nach Zustellung einen Rechtsbehelf gegen die Entscheidung über den Antrag auf Vollstreckbarerklärung einlegen. Daraufhin prüft das zuständige Gericht, in Deutschland das OLG, die Versagungs- oder Aufhebungsgründe nach Art. 34 und 35 EuGVVO. Es prüft dabei jedoch nicht die ausländische Entscheidung in der Sache nach (Verbot der *révision au fond*, Art. 36 EuGVVO). Die Beweislast für das Vorliegen der Versagungsgründe trägt der Antragsgegner.

aa) Versagungsgründe nach Art. 34 EuGVVO

Eine Anerkennung der Entscheidung wird nach Art. 34 EuGVVO insbesondere verweigert, wenn sie der öffentlichen Ordnung des Anerkennungslandes widersprechen würde, Art. 34 Nr. 1 EuGVVO (*ordre public*-Einwand).

Zudem stellt die nicht rechtzeitige und die Verteidigung unmöglich machende Zustellung einen Versagungsgrund dar, der jedoch, sofern möglich, gerügt werden musste Art. 34 Nr. 2 EuGVVO.

Weitere Versagungsgründe ergeben sich aus der Unvereinbarkeit der begehrten Anerkennung mit einer bestehenden früheren Entscheidung im Anerkennungsland (Nr. 3) oder unter zusätzlichen Anforderungen in einem anderen Mitgliedstaat oder einem Drittland (Nr. 4).

Die Rechtsprechung hat vor allem einige Entscheidungen im Hinblick auf die Konkretisierung des *ordre public*-Einwandes gefällt.[8] Nach der Rechtsprechung des EuGH erfasst die Verletzung des *ordre public* (Art. 34 Nr. 1 EuGVVO) nur Verstöße gegen einen wesentlichen Rechtsgrundsatz, womit die Vollstreckung eines Urteils in einem nicht hinnehmbaren Gegensatz zur Rechtsordnung des Vollstreckungsstaates stünde. Mithin geht es also um Fälle einer offensichtlichen Verletzung wesentlicher Normen oder eines als grundlegend anerkannten nationalen Rechts des Anerkennungslandes.

> **Beispiel:** Ein solcher Fall kann etwa vorliegen, wenn der Gläubiger ein Urteil durch vorsätzliche sittenwidrige Schädigung erschlichen hat (§ 826 BGB) und dieses nun vollstrecken lassen möchte.[9]

---

[8] Vgl. die weiteren Darstellungen im Rahmen der Versagung der Vollstreckung von Schiedssprüchen in Kapitel I II. 2. a) cc).

[9] BGH, NJW 1993, 1801 (1802).

Der *ordre public*-Grundsatz kann nach der Rechtsprechung des *EuGH* ebenfalls verletzt sein, wenn ein ausländisches Gerichtsurteil unter Verletzung des Grundrechts auf Gehör nach Art. 103 Abs. 1 GG oder unter Verletzung des Rechts auf einen Verteidiger ergangen ist.[10] Das Gericht muss allerdings aufgrund einer Gesamtwürdigung des Verfahrens und in Anbetracht sämtlicher Umstände zu dem Ergebnis gelangen, dass eine offensichtliche und unverhältnismäßige Beeinträchtigung des Anspruchs auf rechtliches Gehör vorgelegen hat.[11]

Im Ergebnis ist eine Verletzung des *ordre public*-Grundsatzes nicht einfach darzulegen und kann nur Ausnahmefälle betreffen wie auch durch die nicht zulässige Nachprüfung der Entscheidung in der Sache (Art. 36, 45 Abs. 2 EuGVVO) deutlich wird. Hinzu kommt, dass den Antragsgegner die Beweislast für seine Einwände trifft. Erfolgsaussichten dürften daher vor allem Grundrechtsverletzungen und Verstöße gegen die Garantien des Art. 6 EMRK haben.[12]

Ein Versagungsgrund nach Art. 34 Nr. 2 EuGVVO liegt dann vor, wenn ein formaler Fehler vorliegt, dessen Vorliegen den Schuldner in seiner Verteidigung hinderte. Den häufigsten Anwendungsfall bilden schwerwiegende Verstöße gegen die einschlägigen nationalen Zustellungsvorschriften für verfahrenseinleitende Schriftstücke, da sie regelmäßig ein starkes Indiz dafür sind, dass dem Schuldner im Ursprungsstaat kein ausreichendes rechtliches Gehör bei der Verfahrenseinleitung gewährt worden ist.

Beispiel: Nach der Rechtsprechung des *BGH* können etwa rein fiktive Zustellungsformen die Annahme begründen, der Beklagte habe sich nicht angemessen und rechtzeitig verteidigen können (konkret: Ersatzzustellung durch Hinterlegung, ohne dass Nachweis erbracht wurde, dass dort ein Wohnsitz des Beklagten bestand).[13]

Im Ergebnis ist ausschlaggebend, ob er tatsächlich im Einzelfall noch genügend Zeit hatte, um eine sachgerechte Verteidigung vorzunehmen.[14]

Den Versagungsgründen der Nr. 3 (Kollision unvereinbarer Entscheidungen) und Nr. 4 (Unvereinbarkeit mit einer früheren Entscheidung aus einem anderen Mitgliedstaat oder einem Drittstaat) kommt geringere praktische Bedeutung zu.

---

[10] EuGH, NJW 2000, 1853.

[11] EuGH, NJW 2009, 1938 f.

[12] Vgl. Stadler, in: Musielak, ZPO, Art. 34 EuGVVO Rn. 2.

[13] BGH, NJW 2008, 568 (588).

[14] Im Einzelnen siehe *Stadler*, in: Musielak, ZPO, Art. 34 EuGVVO Rn. 8 ff.

bb) Versagungsgründe nach Art. 35 EuGVVO

Daneben sind weitere Versagungsgründe aus Art. 35 EuGVVO im Rahmen des Rechtsbehelfs gegen die Entscheidung über die Vollstreckbarerklärung zu prüfen.

Die Norm statuiert eine Ausnahme von dem allgemeinen Verbot die Zuständigkeit der Gerichte des Urteilsstaats nachzuprüfen. Nachgeprüft werden darf die Zuständigkeit des Vollstreckungsstaats in Versicherungs- (Art. 8 ff. EuGVVO), in Verbrauchersachen (Art. 15 ff. EuGVVO) und für eine Verletzung der ausschließlichen Zuständigkeit (Art. 22 EuGVVO).[15]

Der BGH hat eindeutig zum Ausdruck gebracht, dass eine Versagung der Vollstreckung nur bei Vorliegen der in Art. 34 und 35 EuGVVO genannten Gründe möglich ist.[16] Allerdings dürfen die Gerichte des Vollstreckungsstaates im Verfahren der Vollstreckbarerklärung uneingeschränkt prüfen, ob und gegebenenfalls wie weit die ausländische Entscheidung im Ursprungsstaat bereits aufgehoben worden ist.[17] Mit der Beschwerde können **Einwendungen gegen den Anspruch** insofern geltend gemacht werden, als diese **auf Gründen beruhen**, die erst **nach dem Erlass der Entscheidung** entstanden sind (§ 12 Abs. 1 AVAG).

c) Sonderfall: Unbestrittene Forderung

Zu beachten ist insbesondere auch die Verordnung (EG) Nr. 805/2004 zur Einführung eines europäischen Vollstreckungstitels für unbestrittene Forderungen, die am 21.10.2005 in Kraft getreten ist,[18] kurz: EuVTVO. Sie ermöglicht es Gläubigern, die einen Vollstreckungstitel über unbestrittene Geldforderungen in Zivil- und Handelssachen aus einem EU-Mitgliedstaat (mit Ausnahme Dänemarks) haben, ohne weiteres Vollstreckungsmaßnahmen in einem anderen Mitgliedstaat vorzunehmen. Für eine Vollstreckung nach der EuVTVO muss anders als im Rahmen der EuGVVO **kein Vollstreckbarerklärungsverfahren** durchgeführt werden, wenn das Gericht des Ursprungsmitgliedstaates das Vorliegen der in der EuVTVO genannten Vollstreckungsvoraussetzungen in einem formalisierten Verfahren bestätigt hat (**Europäischer Vollstreckungstitel**).

Die Verordnung beansprucht allerdings keine Ausschließlichkeit. Es kann also entweder nach EuGVVO oder nach EuVTVO vollstreckt werden. Theoretisch ist auch ein paralleles Vorgehen nach beiden Verordnungen nicht ausgeschlossen.[19] Das wird sich vor allem dann anbieten, wenn die Voraussetzungen für das Vorliegen einer unbestrittenen Forderung unklar sind.

---

[15] Der weitere Fall des Art. 72 betrifft nur zwei Abkommen Großbritanniens mit Kanada und Australien.

[16] BGH, NJW-RR 2009, 854.

[17] BGH, EuZW 2007, 445; BGH, NJW 1980, 2022.

[18] ABl. EG L 143 vom 30.4.2004, S. 15.

[19] *Stadler*, in: Musielak, ZPO, Europäisches Zivilprozessrecht, Vorbem. Rn. 14.

Einem Schuldner ist daher zu empfehlen, sich in jedem Fall gegen einen geltend gemachten Anspruch zu verteidigen und seine Einwände rechtzeitig vorzubringen. Denn wenn der Gläubiger erst einen europäischen Vollstreckungstitel erlangt hat, gibt es kaum noch Möglichkeiten für den Schuldner, die Vollstreckung zu verhindern.

Daneben bestehen noch weitere Verordnungen, die gegebenenfalls beachtet werden müssen, etwa die Verordnung zur Einführung eines Europäischen Mahnverfahrens (EuMVVO)[20] oder die Verordnung zur Einführung eines europäischen Verfahrens für geringfügige Forderungen (EuGFVO)[21].

2. *Vollstreckung außerhalb der Europäischen Union*

Die **Vollstreckung von Gerichtsurteilen**, bei denen Urteilsstaat und Vollstreckungsstaat auseinander fallen, ist **außerhalb der Europäischen Union**, bzw. außerhalb des Anwendungsbereichs von EuGVVO, EuGVÜ und LugÜ **wesentlich aufwändiger**.

Der Inhaber eines Vollstreckungstitels ist international grundsätzlich darauf angewiesen, dass der Vollstreckungsstaat die ausländische Entscheidung anerkennt (vgl. § 328 ZPO). Urteile staatlicher Gerichte bedürfen im Ausland zudem grundsätzlich eines Vollstreckungsurteils (vgl. §§ 722, 723 ZPO).

Außerhalb der genannten und einiger weiterer multilateraler Übereinkommen[22] sind Fragen der Anerkennung und Vollstreckung in der Regel in bilateralen Abkommen geregelt. An dieser Stelle soll zumindest auf die aus deutscher Sicht wichtigsten Vollstreckungsregelungen eingegangen werden.

a) Bilaterale Anerkennungs- und Vollstreckungsverträge

Sofern bilateral ausgehandelte Verträge bestehen, gehen diese in ihrem Anwendungsbereich den allgemeinen Regeln des internationalen Zivilprozessrechts (§§ 328, 722, 723 ZPO) vor. Allerdings sind die allgemeinen Regeln in diesen Abkommen regelmäßig nicht ausgeschlossen, sondern finden Anwendung, sofern die Staatsverträge strengere Voraussetzungen vorsehen als die bilateralen Regelungen (sog. **Günstigkeitsprinzip**).

Bilaterale Verträge bestehen insbesondere zwischen der Bundesrepublik Deutschland und Israel, Norwegen, der Schweiz, der Türkei und Tunesien sowie

---

[20] Verordnung (EG) Nr. 1896/2006 des Europäischen Parlaments und des Rates zur Einführung eines Europäischen Mahnverfahrens, ABl. EG L 399 vom 12.12.2006, S. 1.

[21] Verordnung (EG) Nr. 861/2007 des Europäischen Parlaments und des Rates zur Einführung eines europäischen Verfahrens für geringfügige Forderungen, ABl. EG 199 vom 11.7.2007, S. 1.

[22] Vgl. im Einzelnen *Gottwald*, in: MüKo-ZPO, § 328 Rn. 21 ff.

zahlreichen Ländern der Europäischen Union.[23] Innerhalb der EU haben die bilateralen Verträge allerdings keine praktische Bedeutung mehr.

b) Anerkennung und Vollstreckung in allen übrigen Fällen

Insbesondere im Verhältnis zu den Vereinigten Staaten von Amerika, aber auch im Verhältnis zu anderen großen Wirtschaftsnationen wie Russland, Japan, China, Indien oder Brasilien bestimmt sich die Anerkennung und Vollstreckung von Urteilen derer Gerichte in Deutschland nach den Normen der Zivilprozessordnung.

aa) Anerkennung und Vollstreckung ausländischer Urteile in Deutschland

Die **Anerkennung** von Urteilen ausländischer Gerichte richtet sich nach § 328 ZPO, wo Gründe festgelegt werden, wann eine Anerkennung des Urteils eines ausländischen Gerichts ausgeschlossen ist.

Eine Anerkennung ist nach den auch im Rahmen der EuGVVO enthaltenen Ausschlussgründe der fehlerhaften oder nicht rechtzeitigen Zustellung verfahrenseinleitender Schriftsätze (§ 328 Abs. 1 Nr. 2 ZPO, wobei der Wortlaut von Art. 34 Nr. 2 EuGVVO abweicht), der Unvereinbarkeit der Anerkennung des Urteils mit einem früheren ausländischen oder inländischen Urteil (Nr. 3) und bei Verstößen gegen den *ordre public*-Grundsatz (Nr. 4) zu verweigern. Bezüglich dieser Ausschlussgründe kann auf die bereits gemachten Ausführungen verwiesen werden.

Daneben ist die Anerkennung ausgeschlossen, wenn die Gerichte eines Staates, dem das ausländische Gericht angehört, nach den deutschen Gesetzen nicht zuständig sind (§ 328 Abs. 1 Nr. 1 ZPO). Es ist demnach zu prüfen, ob irgendein Gericht des Urteilsstaates zuständig ist.[24]

Beispiel:[25] Der *BGH* stellt etwa bei Urteilen in den USA darauf ab, ob irgendein Gericht innerhalb der gesamten USA zuständig ist. Die Einhaltung der Zuständigkeit nach dem für den ausländischen Richter geltenden Recht prüft das deutsche Gericht hingegen nicht.

Daneben ist die Anerkennung eines Urteils auch ausgeschlossen, wenn die Gegenseitigkeit (der Anerkennung und Vollstreckung) nicht verbürgt ist (Nr. 5). Eine gegenseitige Verbürgung liegt vor, wenn die **Anerkennung und Vollstreckung** eines entsprechenden deutschen Urteils **in der Anerkennungspraxis**, oder bei deren Fehlen nach dem Anerkennungsrecht, **in dem Urteilsstaat** auf **keine wesent-**

---

[23] Aktueller Stand bei *Gottwald*, in: MüKo-ZPO, § 328 Rn. 32 ff.

[24] *Stadler*, in: Musielak, ZPO, § 328 Rn. 9.

[25] BGH, NJW 1999, 3198 (3199).

lich größeren Schwierigkeiten stößt als die Anerkennung und Vollstreckung des anzuerkennenden Urteils in Deutschland.[26]

Ob die Gegenseitigkeit verbürgt ist, kann häufig nicht allgemein für die Anerkennung und Vollstreckung sämtlicher Urteile entschieden werden, sondern ist eine Frage des Einzelfalls. Zu beachten ist insbesondere, dass bei Flächenstaaten wie den **Vereinigten Staaten** aber auch Australien die jeweils maßgeblichen Staaten zu betrachten sind und in diesen Ländern die Gegenseitigkeit zwar weitgehend verbürgt ist, aber in einzelnen (Bundes-)Staaten ausnahmsweise bestritten wird. In den USA wurde etwa in der Vergangenheit für Mississippi, Montana, Oregon und North Dakota die Verbürgung der Gegenseitigkeit abgelehnt.[27]

Insbesondere für folgende Länder wurde die Verbürgung der Gegenseitigkeit in der Vergangenheit abgelehnt: Afghanistan, Albanien, Vereinigte Arabische Emirate, Kuba, Libyen, Neuseeland. Bei Urteilen dieser Staaten bestehen daher derzeit begründete Bedenken gegen die Vollstreckbarkeit.

Die Verbürgung der Anerkennung im Verhältnis zu **China** war lange umstritten. Mangels bilateraler Vereinbarung ist jedenfalls die tatsächliche Rechtspraxis chinesischer Gerichte maßgeblich.

> Das *KG* hat im Jahr 2006 in einem Beschluss ausgeführt, es müsse darauf abgestellt und davon ausgegangen werden, dass eine Anerkennung chinesischer Urteile durch deutsche Gerichte eine umgekehrte tatsächliche Anerkennung durch chinesische Gerichte zur Folge haben werde. Es sei im Ergebnis nicht davon auszugehen, dass die Gegenseitigkeit im Verhältnis zu China nicht verbürgt ist.[28]

Soweit ersichtlich wird in diesem Beschluss erstmals die Verbürgung der Gegenseitigkeit zwischen Deutschland und China behandelt und bejaht. In der Literatur ist die Frage der gegenseitigen Verbürgung umstritten.[29] Derzeit scheint es allerdings so, dass die Rechtsprechung eine Anerkennung chinesischer Urteile nicht an der fehlenden gegenseitigen Verbürgung scheitern lassen wird.

Umstritten ist auch, ob eine gegenseitige Verbürgung der Anerkennung und Vollstreckung nationaler Gerichtsurteile im Verhältnis zu **Russland** besteht.[30] Wie im Verhältnis zu China mangelt es an einem entsprechenden Staatsvertrag. Mangels einschlägiger Gerichtsentscheidungen ist derzeit nicht zu beurteilen, ob eine gegenseitige Anerkennung in der Rechtspraxis stattfinden würde.

---

[26] BGHZ 42, 194 (196) = NJW 1964, 2350; BGH, NJW 2001, 524; *Stadler*, in: Musielak, ZPO, § 328 Rn. 30.

[27] Baumbach/Lauterbach/Albers/*Hartmann*, ZPO, Anh. § 328 Rn. 22.

[28] KG, SchiedsVZ 2007, 100 (101 f.).

[29] Vgl. die ablehnende Urteilsbesprechung von *Neelmeier*, SchiedsVZ 2007, 102 f.

[30] Verbürgung verneint von *Gottwald*, in: MüKo-ZPO, § 328 Rn. 136; bejaht hingegen von Baumbach/Lauterbach/Albers/*Hartmann*, ZPO, Anh. § 328 Rn. 17.

Im Verhältnis zu **Japan** wird eine gegenseitige Verbürgung mittlerweile von der ganz überwiegenden Meinung im Schrifttum angenommen.[31] Allerdings existieren – soweit ersichtlich – auch diesbezüglich keine Vereinbarungen (abgesehen vom speziellen HZPÜ 1954) und Gerichtsurteile.

Stehen einer Anerkennung keine Hindernisse nach § 328 ZPO gegenüber, findet die (Zwangs-)**Vollstreckung** in ein ausländisches Urteil statt, wenn die Zulässigkeit durch ein Vollstreckungsurteil ausgesprochen ist, § 722 Abs. 1 ZPO. Für die Klage auf Erlass eines solchen Urteils ist das Amtsgericht oder Landgericht, bei dem der Schuldner seinen allgemeinen Gerichtsstand hat, zuständig; bei Fehlen eines solchen findet der Gerichtsstand des Vermögens und des Gegenstands Anwendung, § 722 Abs. 2 ZPO. Das Vollstreckungsurteil kann allerdings erst erlassen werden, wenn das Urteil des ausländischen Gerichts nach dem maßgeblichen Landesrecht Rechtskraft erlangt hat (§ 723 Abs. 2 S. 1 ZPO). Es kann außerdem bei Vorliegen der – von Amts wegen zu prüfenden – Gründe des § 328 ZPO nicht erlassen werden (§ 723 Abs. 2 S. 2 ZPO).

bb) Anerkennung und Vollstreckung deutscher Urteile im Ausland

Abseits der multilateralen und (wenigen) bilateralen Verträge richtet sich die Anerkennung und Vollstreckung deutscher Gerichtsurteile nach dem jeweiligen nationalen Recht. Sofern die Gegenseitigkeit der Anerkennung und Vollstreckung verbürgt ist, läuft das Verfahren im betreffenden Land nach mit deutschem Recht vergleichbaren Maßstäben ab.

In den Staaten, bei denen eine Gegenseitigkeit nicht verbürgt ist, kann die Anerkennung und Vollstreckung auf unüberwindbare Hindernisse stoßen.

II. Vollstreckung von Schiedssprüchen

Ein bereits genannter Vorteil von Schiedssprüchen ist ihre – im Vergleich mit Urteilen staatlicher Gerichte – wesentlich einfachere Anerkennung und Vollstreckung im internationalen Recht.

Hinsichtlich der Vollstreckung von Schiedssprüchen sind verschiedene Konstellationen vorstellbar. Zum einen kann es um die Vollstreckung eines deutschen Schiedsspruchs gehen, zum anderen um die Vollstreckung eines im Ausland ergangenen Schiedsspruchs. Jeweils kann der (deutsche oder ausländische) Schiedsspruch in Deutschland oder im Ausland vollstreckt werden. Denkbar sind somit vier Grundkonstellationen, auf die im Folgenden eingegangen wird. Den Schwerpunkt bildet die Vollstreckung in Deutschland. Für die Vollstreckung von Schiedssprüchen im Ausland kann es nur bei einigen Hinweisen bleiben.

---

[31] So etwa Baumbach/Lauterbach/Albers/*Hartmann*, ZPO, Anh. § 328 Rn. 10; *Gottwald*, in: MüKo-ZPO, § 328 Rn. 129.

1. Deutsche Schiedssprüche

Zunächst soll es um die Vollstreckung von Schiedssprüchen gehen, die in Deutschland ergangen sind. An erster Stelle steht die Vollstreckung deutscher Schiedssprüche in Deutschland. Danach werden Hinweise für eine Vollstreckung im Ausland gegeben.

a) Vollstreckung in Deutschland

Inländische Schiedssprüche können nicht per se zwangsvollstreckt werden, sondern bedürfen einer Vollstreckbarerklärung, § 1060 ZPO. Die Entscheidung über die Vollstreckbarerklärung bildet den Vollstreckungstitel.[32]

Dem Antrag auf Vollstreckbarerklärung ist stattzugeben, wenn ein endgültiger Schiedsspruch vorliegt und keine Aufhebungsgründe existieren, die von Amts wegen zu berücksichtigenden sind beziehungsweise vorgebracht wurden und nicht präkludiert sind.[33]

Über die Vollstreckbarerklärung entscheidet das örtlich zuständige Oberlandesgericht (§ 1060 Abs. 1 Nr. 4 ZPO). Dem Antrag auf Vollstreckbarerklärung ist der Schiedsspruch oder eine beglaubigte Abschrift des Schiedsspruchs beizufügen (§ 1064 Abs. 1 S. 1 ZPO).

Das Oberlandesgericht entscheidet nach Anhörung des Gegners durch Beschluss (§ 1063 Abs. 1 ZPO). Der Beschluss kann grundsätzlich ohne mündliche Verhandlung ergehen (§ 1063 Abs. 2–4 ZPO).

Für die Kostentragung gelten die Vorschriften der §§ 91 ff. ZPO entsprechend.[34]

Der Beschluss des Oberlandesgerichts kann mit der Rechtsbeschwerde angegriffen werden (§ 1065 ZPO).

aa) Kein Erfordernis vollstreckungsfähigen Inhalts

Lange Zeit war umstritten, ob auch Schiedssprüche ohne vollstreckungsfähigen Inhalt für das Vollstreckbarerklärungsverfahren geeignet sind.

Beispiel:[35] Der *BGH* hat nunmehr für den Fall, dass von einem Zahlungsanspruch unbestimmte Kosten abzuziehen waren sowie nur eine Kostengrundentscheidung getroffen wurde, und daher die Ansprüche wegen Unbestimmtheit

[32] BGH, Beschl. vom 28.10.1999 – III ZB 43/99, BGHR, § 1064 Abs. 2 und 3 ZPO; *Geimer*, in: Zöller, ZPO, § 1060 Rn. 22.

[33] *Geimer*, in: Zöller, ZPO, § 1060 Rn. 1.

[34] Baumbach/Lauterbach/Albers/*Hartmann*, ZPO, § 1063 Rn. 2.

[35] BGH, NJW-RR 2006, 995 (996); BGH, NJW-RR 2007, 1366.

nicht vollstreckbar waren, entschieden, dass ein rechtlich anzuerkennendes Interesse an der Vollstreckbarerklärung eines Schiedsspruches auch dann besteht, wenn dieser nicht vollstreckbar ist. Die Vollstreckbarerklärung diene nicht nur dazu, die Zwangsvollstreckung zu ermöglichen, sondern auch dazu den Spruch gegen die Geltendmachung von Aufhebungsgründen zu sichern, da mit Vollstreckbarerklärung eine Aufhebung auch wegen der Verletzung der von Amts wegen zu beachtenden Versagungsgründe nicht mehr in Betracht komme.

Damit ist geklärt, dass die Möglichkeit der Zwangsvollstreckung keine Voraussetzung der Vollstreckbarerklärung ist. Folgerichtig ist es, eine Vollstreckbarerklärung von Schiedssprüchen zuzulassen, durch die Rechte gestaltet, Rechtsverhältnisse festgestellt oder Klagen als unbegründet abgewiesen werden.[36]

bb) Keine Fälligkeit

Weiterhin ist für die Durchführung des Vollstreckbarerklärungsverfahrens **nicht erforderlich**, dass die in dem Schiedsspruch zuerkannten **Ansprüche bereits fällig** sind. Dies ergibt sich aus der Überlegung, dass die Vollstreckbarerklärung nicht nur der Zwangsvollstreckung, sondern auch dem Bestandsschutz und damit dem Rechtsschutzbedürfnis des Antragstellers dient.

Daraus ergibt sich das Problem, dass auch diejenige Partei, die willens ist, die noch nicht fälligen Verpflichtungen aus einem Schiedsspruch bei Fälligkeit freiwillig zu erfüllen, mit einem Vollstreckbarerklärungsverfahren überzogen werden kann. Weitgehende Einigkeit besteht dennoch darüber, dass die Vollstreckbarerklärung nicht von der Fälligkeit der Ansprüche abhängt.

Beispiel: Das *OLG München*[37] hat etwa in einem Fall, in dem ein Antragsgegner verpflichtet war, bestimmte Beträge innerhalb bestimmter Fristen zu zahlen, erklärt, das Rechtsschutzbedürfnis für den vor Fälligkeit gestellten Antrag auf Vollstreckbarerklärung des Schiedsspruches fehle nicht deswegen, weil die Forderungen noch nicht fällig seien. Der Antragsteller habe einen Anspruch auf einen vollstreckungsfähigen Titel und müsse nicht warten, ob der Anspruch freiwillig erfüllt werde.

[36] Ebenso *Lachmann*, Handbuch Schiedsgerichtspraxis, Rn. 2408; vgl. auch Baumbach/Lauterbach/Albers/*Hartmann*, ZPO, § 1060 Rn. 5.

[37] OLG München, SchiedsVZ 2007, 164. Vgl. dazu *Lachmann*, Handbuch Schiedsgerichtspraxis, Rn. 2410 ff. m.w.N. aus der Rechtsprechung.

Allerdings ist es fraglich, ob der Antragsteller bei Durchführung des Vollstreckbarerklärungsverfahrens nicht über die Anwendung des § 93 ZPO die Kosten des Vollstreckbarerklärungsverfahrens zu tragen hat, wenn der Antragsteller keine Veranlassung zur Antragstellung hatte.

Beispiel: Das *OLG Frankfurt*[38] hat ausgeführt, dass die Anwendung des § 93 ZPO (Kläger trägt Kosten bei sofortigem Anerkenntnis) im Rahmen des Vollstreckbarerklärungsverfahrens voraussetze, dass der mit der Beweisführung belastete Antragsteller darlege und gegebenenfalls beweise, keine Veranlassung für einen Antrag nach § 1060 ZPO gegeben zu haben.

Es kommt also darauf an, ob der Antragsteller aufgrund des Verhaltens der Antragsgegnerin hätte davon ausgehen können und müssen, diese werde den im Schiedsspruch zuerkannten Anspruch freiwillig erfüllen. Der Antragsgegner muss also Tatsachen vortragen, aus denen hervorgeht, dass er zur Erfüllung des Schiedsspruchs bei Fälligkeit des Anspruchs bereit gewesen wäre. Gelingt ihm dies, werden die Kosten des Vollstreckbarerklärungsverfahrens dem Antragsteller auferlegt.

cc) Ablehnungs- und Aufhebungsgründe

Fehlt es an Ablehnungsgründen erklärt das zuständige Oberlandesgericht den Schiedsspruch für vollstreckbar – unter bestimmten Voraussetzungen erklärt das Gericht den Schiedsspruch hingegen nicht für vollstreckbar. Die Vollstreckbarerklärung ist unter Aufhebung des Schiedsspruchs abzulehnen, wenn ein Aufhebungsgrund gemäß § 1059 Abs. 2 ZPO vorliegt (§ 1060 Abs. 2 S. 1 ZPO). Diejenigen Aufhebungsgründe, die nicht bereits von Amts wegen zu berücksichtigen sind, müssen im Vollstreckbarerklärungsverfahren substantiiert geltend gemacht werden.[39]

Typische Aufhebungsgründe, die der Vollstreckbarkeit entgegenstehen, sind etwa:

- Die mangelnde Fähigkeit, eine Schiedsvereinbarung zu schließen,
- die Ungültigkeit einer geschlossenen Schiedsvereinbarung nach dem maßgeblichen Recht,
- die Überschreitung der Grenzen einer Schiedsvereinbarung durch den Schiedsspruch,
- Verfahrensverstöße bei der Bildung des Schiedsgerichts bzw. im schiedsrichterlichen Verfahren, von denen angenommen wird, dass sie sich auf den Schiedsspruch ausgewirkt haben.

---

[38] OLG Frankfurt/Main, Beschl. v. 18.5.2006, Az. 26 Sch 18/05, zitiert nach Juris.

[39] *Lachmann*, Handbuch Schiedsgerichtspraxis, Rn. 2428.

Fraglich ist in diesem Zusammenhang überdies, ob **Einwendungen gegen** den vom Schiedsgericht zuerkannten **materiellen Anspruch** im Vollstreckbarerklärungsverfahren geltend gemacht werden können und zu berücksichtigen sind. Die Ansicht der meisten Oberlandesgerichte kann so zusammengefasst werden, dass Einwendungen gegen den Anspruch generell berücksichtigt werden können, es sei denn

- sie hätten bereits im schiedsrichterlichen Verfahren geltend gemacht werden können,
- sie hätten in einem vorangegangenen Aufhebungsverfahren geltend gemacht werden können oder
- sie sind im Aufhebungsverfahren durch bestandskräftige gerichtliche Entscheidung abgelehnt worden.[40]

Beispiel: Das *OLG Hamm* entschied, dass der Einwand einer erfolgten Aufrechnung mit dem im Schiedsspruch erkannten Anspruch im Vollstreckbarerklärungsverfahren zu berücksichtigen sei.[41]

Die vom *BayObLG* vertretene Gegenauffassung geht davon aus, dass Einwendungen gegen den Anspruch nur mit einer Vollstreckungsabwehrklage gemäß § 767 Abs. 1, 2 ZPO geltend gemacht werden können.[42]

Besonders häufig taucht der Fall auf, dass im Vollstreckbarerklärungsverfahren eine Gegenforderung (etwa ein Anspruch auf Schadensersatz) mit der Hauptforderung aus dem Schiedsverfahren aufgerechnet wird. Hierbei ist nach dem oben Gesagten maßgeblich, ob der Einwand bereits im schiedsrichterlichen Verfahren hätte geltend gemacht werden müssen. Das ist dann der Fall, wenn insoweit eine Zuständigkeit des Schiedsgerichts bestanden hat und die Aufrechnungslage schon während des Schiedsverfahrens bestand.[43]

Der Bundesgerichtshof hat bislang lediglich entschieden, dass ein Einwand aus § 826 BGB (vorsätzliche sittenwidrige Schädigung) auch im Rahmen des Vollstreckbarerklärungsverfahrens berücksichtigt werden muss.[44] Damit vertritt der *Bundesgerichtshof* die Auffassung, dass Einwände gegen den Schiedsspruch zumindest nicht in jedem Fall mit der Vollstreckungsgegenklage geltend gemacht werden müssen.

---

[40] Vgl. *Lachmann*, Handbuch Schiedsgerichtspraxis, Rn. 2439.

[41] OLG Hamm, NJW-RR 2001, 1362 f.; OLG Düsseldorf, SchiedsVZ 2005, 214 (216).

[42] BayObLG, BB 2000, 1109.

[43] *Lachmann*, Handbuch Schiedsgerichtspraxis, Rn. 2460.

[44] BGH, NJW 2001, 373 (374).

b) Vollstreckung im Ausland

Die Vollstreckung deutscher Schiedssprüche im Ausland richtet sich in erster Linie nach dem UN Übereinkommen über die Anerkennung und Vollstreckung ausländischer Schiedssprüche vom 10.6.1958 (im Folgenden: UNÜ),[45] das im Vergleich mit dem Genfer Abkommen von 1927 wesentliche Fortschritte gebracht hat.[46] Diesem Übereinkommen gehören derzeit 144 Vertragsstaaten an, darunter alle großen Wirtschaftsnationen.[47] Es regelt allerdings nur die Fälle, in denen der Schiedsspruch in einem anderen Land als dem Vollstreckungsstaat erlassen worden ist. Die Vollstreckung inländischer Schiedssprüche beurteilt sich allein nach dem jeweils nationalen Recht. Insgesamt ist das nunmehr über 50 Jahre alte UNÜ eine Erfolgsgeschichte[48] und hat ganz wesentlich zur Verbreitung von Schiedsklauseln und Schiedsgerichtsbarkeit beigetragen, weil die Vollstreckung von Schiedssprüchen international wesentlich einfacher ist, als die von Urteilen staatlicher Gerichte.

Neben dem UNÜ existieren weitere Übereinkommen im Bereich der Schiedsgerichtsbarkeit, von denen vor allem die Schiedsvereinbarungen nach dem Genfer Europäischen Übereinkommen von 1961 erwähnenswert sind.[49]

Die Vollstreckung von Schiedssprüchen im Ausland richtet sich somit nach grundsätzlich vereinheitlichtem Recht. Dies stellt einen großen Vorteil im Vergleich zur Vollstreckung von Urteilen nationaler Gerichte dar.

aa) Vereinheitlichtes Sachrecht

Nach Art. II UNÜ müssen die Vertragsstaaten Schiedsvereinbarungen anerkennen, die den dortigen Anforderungen entsprechen.

Art. II UNÜ macht die Wirksamkeit einer Schiedsvereinbarung von der Einhaltung der in Abs. 2 normierten Formerfordernisse abhängig.[50] Die dort genannten Voraussetzungen sind zum Teil strenger als die Formvorschriften des deutschen Rechts. Dies gilt insbesondere für die Möglichkeit Schiedsklauseln durch ein kaufmännisches Bestätigungsschreiben zu vereinbaren (§ 1031 Abs. 2 ZPO).[51] Auf-

---

[45] BGBl. 1961 II 122. Der deutsche Vertragstext ist erhältlich unter <http://www.dis-arb.de/materialien/konvention58.html>; der englische Vertragstext ist erhältlich unter <http://www.jus.uio.no/lm/un.arbitration.recognition.and.enforcement.convention.new.york.1958/doc.html>.

[46] Vgl. *Schwab/Walter*, Schiedsgerichtsbarkeit, Kap. 57 Rn. 1.

[47] Eine aktualisierte Tabelle der Vertragsstaaten ist unter <http://www.dis-arb.de/materialien/konvention58.html> zugänglich. Für China ist zu bedenken, dass die Vorschriften des Übereinkommens nur auf nach nationalem Recht als „kommerziell“ angesehene Rechtsbeziehungen angewendet werden (Art. I Abs. 3 S. 2 UNÜ).

[48] Vgl. dazu und zu Zukunftsperspektiven *Kröll*, SchiedsVZ 2009, 40 ff.

[49] Vgl. dazu im Einzelnen *Hausmann*, in: Reithmann/Martiny, Internationales Vertragsrecht, Rn. 6564, 6581 ff.

[50] Vgl. zu den Formvorschriften in Art. 2 Abs. 2 UNÜ *Hausmann*, in: Reithmann/Martiny, Internationales Vertragsrecht, Rn. 6671 ff.

[51] Vgl. *Hausmann*, in: Reithmann/Martiny, Internationales Vertragsrecht, Rn. 6693.

grund der Meistbegünstigungsklausel (Art. VII Abs. 1 UNÜ) ist eine Schiedsvereinbarung, die nur den Anforderungen des deutschen Rechts, nicht aber denen des Art. II Abs. 2 UNÜ genügt, als formgültig zu behandeln.[52]

In anderen Vertragsstaaten ist ein auf einer nur nach nationalem deutschen Recht basierender Schiedsspruch hingegen nicht nach UNÜ vollstreckbar, sondern nur nach Maßgabe konkurrierender Staatsverträge oder nach dem anzuwendenden Recht.

Der *BGH* entschied, dass eine Schiedseinrede auch auf eine Schiedsvereinbarung gestützt werden kann, die zwar nicht nach Art. II Abs. 2 UNÜ, wohl aber nach dem anwendbaren New Yorker Schiedsrecht formwirksam war.[53]

Weiterhin regelt das UNÜ in Art. II Abs. 3 eine wesentliche Wirkung der Schiedsvereinbarung. Danach müssen Gerichte, die trotz wirksamer Schiedsvereinbarung angerufen werden, den Streitgegenstand auf Antrag einer Partei auf das schiedsrichterliche Verfahren verweisen. Allerdings bedarf diese Regelung noch nationaler Ergänzungen im Hinblick darauf, in welcher Form und bis zu welchem Zeitpunkt eine Schiedseinrede geltend gemacht werden kann.

bb) Freiheit der Verfahrensgestaltung

Art. III S. 2 UNÜ schreibt vor, dass die Anerkennung und Vollstreckung von Schiedssprüchen weder wesentlich strengeren Verfahrensregeln noch wesentlich höheren Kosten unterliegen darf als die Anerkennung und Vollstreckung inländischer Schiedssprüche. Damit wird zum einen ausgesagt, dass Verfahrens- und Kostenregelungen für die Anerkennung und Vollstreckung ausländischer Schiedssprüche nicht vom UNÜ festgelegt werden, sondern dem nationalen Recht unterliegen. Gleichzeitig wird aber vorgeschrieben, dass sich die Anerkennung und Vollstreckung der Schiedssprüche an den entsprechenden Regeln für inländische Schiedssprüche orientieren muss. Eine Gleichbehandlung inländischer Schiedssprüche und solcher nach dem UNÜ ließ sich politisch nicht durchsetzen.[54]

Aus Art. V Abs. 1 lit. d UNÜ ergibt sich, dass die Parteien selbst eine Rechtswahl zugunsten eines nationalen Verfahrensrechts oder etwa zugunsten des Rechts einer Institution der Schiedsgerichtsbarkeit treffen können (wobei die meisten Institutionen der Schiedsgerichtsbarkeit ergänzend nationales Verfahrensrecht heranziehen, vgl. Art. 1 Abs. 2 UNCITRAL-Schiedsordnung). Diese Freiheit der Verfahrensgestaltung findet jedoch ihre Grenzen in den vereinheitlichten Regeln, wann die Anerkennung und Vollstreckung von Schiedssprüchen von den Vertragsstaaten

[52] *Hausmann*, in: Reithmann/Martiny, Internationales Vertragsrecht, Rn. 6674.
[53] BGH, NJW-RR 1993, 1519.
[54] Vgl. *Schwab/Walter*, Schiedsgerichtsbarkeit, Kap. 56 Rn. 2.

verweigert werden darf (Art. V UNÜ). Im Einzelnen genannt sind in Art. V UNÜ etwa die Unwirksamkeit der Schiedsvereinbarung, die Überschreitung der Schiedsvereinbarung, die Verletzung rechtlichen Gehörs, die Verletzung von Vorschriften über die Bildung des Schiedsgerichts oder das schiedsgerichtliche Verfahren, die Nichtverbindlichkeit und Aufhebung des Schiedsspruchs, die fehlende Schiedsfähigkeit des Gegenstands sowie der Verstoß gegen die öffentliche Ordnung des Vollstreckungslandes. Für eine erste Orientierung mögen dafür die von der deutschen Rechtsprechung entwickelten Kriterien zur Versagung der Anerkennung von Schiedssprüchen dienen, die weiter unten dargestellt werden.[55]

Letztlich ist aber anhand der nationalen Rechtsprechung des Landes, in dem vollstreckt werden soll, zu prüfen, wie diese die in Art. V UNÜ genannten Begriffe auslegt. Ähnlich wie in Deutschland scheitert etwa die Anerkennung eines Schiedsspruchs in den USA nach Art. V Abs. 2 UNÜ nur, wenn „most basic notions of morality and justice" verletzt sind.[56]

cc) Zweiseitige Verträge

Gemäß Art. VII Abs. 1 UNÜ berührt das Übereinkommen weitere multilaterale oder bilaterale Verträge nicht.

Die Bundesrepublik hat mit einigen Ländern bilaterale Verträge geschlossen, so etwa mit der Schweiz, Italien, den USA oder Österreich.[57] Aufgrund der Meistbegünstigungsklausel des UN Übereinkommens kann eine Anerkennung von Schiedssprüchen auch dann verlangt werden, wenn die Voraussetzungen des UNÜ nicht erfüllt sind, aber der bilaterale Vertrag die Anerkennung und Vollstreckung zulässt.

Im Einzelfall mag dies einen Ausweg darstellen, wenn das UNÜ die Anerkennung und Vollstreckung eines Schiedsspruchs nicht verlangt.

Als multilateraler Vertrag kann das Genfer Europäische Übereinkommen von 1961 im Einzelfall eine Rolle spielen.[58]

2. *Ausländische Schiedssprüche*

Umgekehrt stellt sich die Frage, wie ein im Ausland ergangener Schiedsspruch vollstreckt werden kann. Zunächst ist an eine Vollstreckung in Deutschland zu denken.

---

[55] Vgl. unter Kapitel I II. 2. a) cc). Übersicht bei *Schwab/Walter*, Schiedsgerichtsbarkeit, Kap. 57 Rn. 1 ff.

[56] Vgl. Parsons & Whittemore Overseas Co., Inc. v. Soc. Gén. de l'Industrie du Papier (RAKTA), 508 F.2d 969, 974 (U.S. Court of Appeals, 2d Cir. 1974); Admart AG v. The Stephen and Mary Birch Foundation, Inc., 457 F.3d 302 (U.S. Court of Appeals, 3d Cir. 2006).

[57] Vgl. dazu im Einzelnen *Schwab/Walter*, Schiedsgerichtsbarkeit, Kap. 59 Rn. 1 ff.

[58] Vgl. im Detail *Hausmann*, in: Reithmann/Martiny, Internationales Vertragsrecht, Rn. 6564, 6581 ff.

Interesse kann aber auch an einer Vollstreckung in einem Drittland bestehen, etwa weil sich dort Vermögenswerte des Schuldners befinden.

a) Vollstreckung in Deutschland

Für die Vollstreckung ausländischer Schiedssprüche in Deutschland ist in § 1061 Abs. 1 S. 1 ZPO festgelegt, dass hierfür die Regelungen des UN Übereinkommens über die Anerkennung und Vollstreckung ausländischer Schiedssprüche maßgeblich sind. Insbesondere betrifft dies die Art. III–VI UNÜ.

Nachdem Deutschland seinen zunächst erklärten Vorbehalt nach Art. I Abs. 3 UNÜ zurückgezogen hat, kommt es nunmehr nicht mehr darauf an, ob der Schiedsspruch in einem Unterzeichnerstaat des Übereinkommens ergangen ist. Es werden in der **Bundesrepublik alle ausländischen Schiedssprüche gleich behandelt** – unabhängig von der Frage, wie das in Frage stehende Land mit einem deutschen Schiedsspruch umgehen würde.

Überdies bleiben Vorschriften anderer Staatsverträge von dem UNÜ unberührt (§ 1061 Abs. 1 S. 2 ZPO). Damit gilt im Verhältnis bilateraler Verträge zum UNÜ das Meistbegünstigungsprinzip, nach dem die für die Anerkennung günstigere Norm maßgeblich ist (Art. VII UNÜ). Sofern dies bilateral vorgesehen ist, können daher beispielsweise nicht nur Schiedssprüche i. S. d. UNÜ, sondern auch ausländische Schiedsvergleiche für vollstreckbar erklärt werden.[59]

aa) Voraussetzungen der Anerkennung

Für die Anerkennung und Vollstreckung nach dem UNÜ ist Voraussetzung, dass ein verbindlicher ausländischer Schiedsspruch vorliegt, der in Rechtsstreitigkeiten zwischen natürlichen oder juristischen Personen in dem Hoheitsgebiet eines anderen Staates als desjenigen ergangen ist, in dem die Anerkennung und Vollstreckung nachgesucht wird (Art. I Abs. 1 S. 1 UNÜ). Ein Schiedsspruch liegt dann vor, wenn es sich um die endgültige Entscheidung eines Schiedsgerichts über den Streitgegenstand im Ganzen oder einen abgrenzbaren Teil handelt. Dies kann im Einzelfall durchaus fraglich sein.

Beispiel: Der *BGH* hatte etwa in einem Fall zu entscheiden, wo ein ausländisches *ICC-Schiedsgericht* seine Entscheidung, für den Rechtsstreit zuständig zu sein, mit einer Kostenentscheidung versehen hatte. Der *BGH* bestätigte eine Entscheidung des *OLG Hamburg*, wonach die Kostenentscheidung eine

---

[59] BayObLG, NJW-RR 2005, 505; vgl. *Lachmann*, Handbuch Schiedsgerichtspraxis, Rn. 2503 f.; Baumbach/Lauterbach/Albers/*Hartmann*, ZPO, § 1061 Rn. 3.

Art endgültiger Teilschiedsspruch sei und damit für vollstreckbar erklärt werden könne.[60]

Mehrfach stellte sich in der Vergangenheit auch die Frage, ob ausländische Exequatur-Entscheidungen, die einen gefällten Schiedsspruch bestätigen und dadurch erst seine Verbindlichkeit herstellen, endgültige Entscheidungen darstellen.

Beispiel: Im US-Bundesstaat New York erlassene Schiedssprüche werden dem *Supreme Court of New York* zur Bestätigung vorgelegt. Wird dem Antrag stattgegeben, bestätigt das Gericht den Schiedsspruch, erklärt ihn für vollstreckbar und spricht eine entsprechende Verurteilung aus (Exequatur-Entscheidung).

Der *BGH* hat in zwei Urteilen bezüglich dieser Frage entschieden, dass die Vollstreckung aus einem Exequatur-Urteil nach den für ausländische Gerichtsurteile geltenden Regeln (§ 722 ZPO) erfolgen könne. Gleichzeitig sei das Recht der Parteien nicht ausgeschlossen, den zugrunde liegenden Schiedsspruch für vollstreckbar erklären zu lassen.[61]

Damit wirkt sich der Doppelcharakter der Exequatur-Entscheidung für den Gläubiger positiv aus, da er entweder den ausländischen Schiedsspruch oder das New Yorker Gerichtsurteil vollstrecken kann. Allerdings soll dies nur gelten, wenn der Schiedsspruch in dem Exequatur-Urteil voll aufgeht, so dass dieses eine selbständige Verurteilung, und nicht nur eine Bestätigung des Schiedsspruchs enthält. Im Übrigen gelte das Verbot des Doppel-Exequaturs, so dass eine Vollstreckbarerklärung der ausländischen Entscheidung nach § 722 ZPO ausgeschlossen ist und lediglich der Weg über § 1061 ZPO i. V. m. dem UNÜ bleibt.[62]

bb) Verfahren

Der *Bundesgerichtshof* fasst das Verfahren für die Anerkennung und Vollstreckung ausländischer Schiedssprüche folgendermaßen zusammen: Soweit nicht vorrangige Staatsverträge besondere Verfahrensregeln treffen, folgt das Verfahren demjenigen für die Anerkennung und Vollstreckung inländischer Schiedssprüche, weil § 1025 Abs. 4 ZPO auf § 1061 und §§ 1062–1065 ZPO verweist.[63] Ergänzend sollen –

---

[60] BGH, NJW-RR 2007, 1008.

[61] BGH, NJW 1984, 2765; BGH, NJW 1984, 2763.

[62] BGH, NJW 1984, 2763; OLG Hamburg, NJW 1992, 568.

[63] BGH, NJW-RR 2002, 933.

soweit mit dem Charakter des Vollstreckbarerklärungsverfahrens vereinbar – die allgemeinen Vorschriften der ZPO gelten. In der Praxis stellt sich dies wie folgt dar:

An das zuständige **Oberlandesgericht** (dessen Zuständigkeit richtet sich nach Sitz/Aufenthaltsort bzw. Vermögen des Antragsgegners) ist ein **Antrag auf Anerkennung und Vollstreckbarerklärung** des ausländischen Schiedsspruchs zu richten.

Mit dem Antrag ist der **Schiedsspruch oder** eine **beglaubigte Abschrift des Schiedsspruchs** bei Gericht vorzulegen. Nach Art. IV UNÜ müssten weitergehend eine Übersetzung des Schiedsspruchs und der Schiedsvereinbarung oder einer ordnungsgemäß beglaubigten Abschrift davon vorgelegt werden. Diese Anforderung entfällt jedoch aufgrund des Günstigkeitsprinzips (Art. VII Abs. 1 UNÜ), wonach der anerkennungsfreundlicheren Regel der Vorzug zu geben ist.[64] Damit gelten grundsätzlich die vollstreckungsfreundlicheren deutschen Regeln. Allerdings kann das Gericht anordnen, dass eine Übersetzung von den in fremder Sprache abgefassten Urkunden beigebracht wird (§ 142 Abs. 3 ZPO).

Der Gegenantrag lautet auf Abweisung des Antrages auf Vollstreckbarerklärung. Ein Antrag auf Aufhebung des ausländischen Schiedsspruchs ist unzulässig, weil im UNÜ nicht vorgesehen.[65]

Das staatliche Gericht entscheidet durch **Beschluss**. Im Falle der Vollstreckbarerklärung ist der Tenor des Schiedsspruchs grundsätzlich in seiner konkreten Fassung zu übernehmen. Liegt ein Aufhebungsgrund vor, ist das deutsche Gericht – entgegen Art. V Abs. 1 UNÜ – nicht nur berechtigt, sondern verpflichtet, die Anerkennung und Vollstreckung zu versagen.[66]

Gegen die Versagung der Anerkennung und Vollstreckung beziehungsweise gegen die Erklärung der Vollstreckbarkeit steht grundsätzlich das Rechtsmittel der **Rechtsbeschwerde** zur Verfügung (§ 1065 Abs. 1 S. 1 ZPO).

cc) Versagung der Anerkennung und Vollstreckung

Im Unterschied zu inländischen Schiedssprüchen ist das deutsche Gericht nicht dazu ermächtigt, den Schiedsspruch aufzuheben; es wird ihm lediglich die Anerkennung versagt. Es werden demnach die Wirkungen des ausländischen Schiedsspruchs nicht auf das Inland erstreckt. Diese Rechtsfolge tritt unmittelbar kraft Gesetzes ein. Es kann sich jeder darauf berufen beziehungsweise dies kann jeder einwenden, ohne zuvor ein Feststellungsverfahren durchführen zu müssen.[67] Darin besteht ein Unterschied zu inländischen Schiedssprüchen, die solange nicht aufgehoben, beachtet werden müssen.

---

[64] BGH, NJW-RR 2004, 1504.

[65] Vgl. *Geimer*, in: Zöller, ZPO, § 1059 Rn. 1b.

[66] *Lachmann*, Handbuch Schiedsgerichtspraxis, Rn. 2770.

[67] *Geimer*, in: Zöller, ZPO, § 1061 Rn. 19.

Bei der Versagung der Anerkennung und Vollstreckung eines Schiedsspruchs muss zwischen **von Amts wegen** zu berücksichtigenden und nur **auf Rüge** hin zu beachtenden **Einwendungen** unterschieden werden.

(1) Auf Rüge hin zu beachtende Einwendungen

Nur auf Rüge hin ist beispielsweise das Fehlen der subjektiven Schiedsfähigkeit (Art V Abs. 1 lit. a Alt. 1 UNÜ), die Ungültigkeit der Schiedsvereinbarung (lit. a Alt. 2) oder der Verstoß gegen Verfahrensvorschriften zu beachten (lit. d).

Ungültig ist eine Schiedsvereinbarung insbesondere dann, wenn sie nicht die notwendigen formellen Voraussetzungen erfüllt. Allerdings ist hier zu beachten, dass die formellen Anforderungen nach Art. II UNÜ höher sind als nach § 1031 BGB (etwa: keine Schiedsvereinbarung auf Grund kaufmännischen Bestätigungsschreibens). Soweit § 1031 ZPO gegenüber Art. II UNÜ Formerleichterungen aufweist, ist die nationale Vorschrift auf Grund des Günstigkeitsprinzips heranzuziehen.[68]

Ein Verstoß gegen Verfahrensvorschriften liegt etwa bei fehlerhafter Zusammensetzung des Schiedsgerichts vor.

Das *OLG Dresden* entschied, das Verfahren sei nicht etwa deswegen unzulässig, weil der Schiedsspruch nicht innerhalb von 6 Wochen nach Abschluss der Hauptverhandlung ergangen sei. Das OLG interpretierte eine entsprechende Regelung lediglich als Soll-Vorschrift. Im selben Urteil wurde entschieden, dass für den Verdacht der Befangenheit eines Schiedsrichters ebenfalls nicht die Tatsache genüge, dass einer der Assistenten der Prozessvertreter der Antragstellerin während des Schiedsverfahrens als angestellter Anwalt in die Kanzlei des Obmanns eintrat, einer Sozietät mit 160 Anwälten.[69]

Man kann die Rechtsprechung zu Verfahrensfehlern etwa dahingehend zusammenfassen, dass nicht jeder Verfahrensfehler zur Aufhebung des Schiedsspruchs führen kann. Welcher Fehler eine Aufhebung nach sich ziehen kann, ist stark einzelfallabhängig.[70]

(2) Von Amts wegen zu beachtende Einwände

Von Amts wegen zu beachten sind etwa die in Art. V Abs. 2 UNÜ genannten Versagungsgründe der fehlenden objektiven Schiedsfähigkeit (Gegenstände, die nicht im Schiedsverfahren geregelt werden können) und des Verstoßes gegen den *ordre public*-Grundsatz.

---

[68] *Lachmann*, Handbuch Schiedsgerichtspraxis, Rn. 2564.

[69] OLG Dresden, SchiedsVZ 2008, 309 (310 f.).

[70] Vgl. die Zusammenstellung bei *Lachmann*, Handbuch Schiedsgerichtspraxis, Rn. 2618 ff.; zur aktuellen Rspr. *Kröll*, SchiedsVZ 2009, 217, (222 ff.).

Der BGH unterscheidet zwischen einem *ordre public* interne und einem *ordre public* international. Im Hinblick auf den *ordre public* international gelten grundsätzlich großzügige Kriterien für Prüfungsmaßstäbe:[71] Die Anerkennung ausländischer Schiedssprüche unterliegt damit einem wesentlich weniger strengen Regime als diejenige inländischer Schiedsgerichtsentscheidungen.[72]

Verstöße gegen den ordre-public-Grundsatz sind insgesamt relativ hoch aufgehängt. Die deutsche öffentliche Ordnung ist nur verletzt, wenn das Ergebnis der Anwendung des ausländischen Rechts zu den Grundgedanken der deutschen Regelungen und den in ihnen enthaltenen Gerechtigkeitsvorstellungen in so starkem Widerspruch steht, dass es nach inländischen Vorstellungen untragbar erscheint (materieller *ordre public*).[73] Dasselbe gilt, wenn die Entscheidung auf einem Verfahren beruht, dass von den Grundprinzipien des deutschen Verfahrensrechts in einem Maße abweicht, dass es nach der deutschen Rechtsordnung nicht als in einem geordneten und in rechtsstaatlicher Weise ergangenen Verfahren angesehen werden kann (verfahrensrechtlicher *ordre public*).[74]

Unter dem Gesichtspunkt des **Verstoßes gegen** den **verfahrensrechtlichen *ordre public*** wurden etwa Fallgruppen behandelt, in denen die Überparteilichkeit der Rechtspflege in Frage stand, der Anspruch auf die Gewährung rechtlichen Gehörs fraglich war oder nicht ausdrücklich vereinbarte Berater vom Schiedsgericht hinzugezogen wurden.[75]

Beispiel: Der *Bundesgerichtshof* hatte einen Fall zu entscheiden, in dem das Benennungsrecht für einen von der Partei zu ernennenden Schiedsrichter nach englischem Recht wegen Säumnis auf die Gegenpartei übergegangen war.[76] Er entschied, dass nur solche Verletzungen des Neutralitätsgebots zur Versagung der Anerkennung eines ausländischen Schiedsspruchs führen, die mit den Grundsätzen richterlicher Amtsführung schlechthin unvereinbar sind, etwa weil sie aus Sicht eines unbefangenen Betrachters die konkrete Befürchtung rechtfertigen, dass der Schiedsrichter nur Vollstrecker des Willens einer Partei ist, oder weil der Schiedsrichter aus sachfremden Erwägungen die Belange einer Partei einseitig fördert. Daraus folge, dass sich der Verstoß gegen das Gebot überparteilicher Rechtspflege im schiedsrichterlichen Verfahren konkret ausgewirkt haben muss. Ein Übergewicht einer Partei bei Bildung des Schiedsgerichts genüge nur, wenn sich daraus im konkreten

---

[71] Vgl. BGHZ 98, 70 (73 f.)=NJW 1986, 3027 (für Schiedsurteile); BGHZ 50, 370 (376)=NJW 1969, 369 (für Gerichtsurteile).

[72] Vgl. *Lachmann*, Handbuch Schiedsgerichtspraxis, Rn. 2655.

[73] BGH, NJW 2002, 960 (961).

[74] OLG Frankfurt, Beschluss vom 16.10.2008, Az. 26 Sch 13/08, zitiert nach Juris.

[75] Hinzuziehen eines Beraters im Ergebnis zulässig, vgl. BGHZ 110, 104 (107 ff.)=NJW 1190, 2199.

[76] BGHZ 98, 70 (74 f.)=NJW 1986, 3027 (3028 f.).

Fall durchgreifende Bedenken gegen die Person des Schiedsrichters und seine Amtsführung ergeben.

Ein Verstoß gegen den *ordre public*-Grundsatz kann unter engen Voraussetzungen allerdings bei Mitwirkung eines befangenen Schiedsrichters vorliegen. Nach ständiger Rechtsprechung gelten für die Ablehnung von Schiedsrichtern wegen Verdachts auf Befangenheit die gleichen Maßstäbe wie für die Befangenheit von Richtern.[77]

Das *OLG München* hat dazu ausgeführt, dass nicht jede unzutreffende Rechtsanwendung den Verdacht der Befangenheit begründet, sondern nur eine auf einer unsachlichen Einstellung des Gerichts oder auf Willkür beruhende fehlerhafte Rechtsanwendung.[78]

Zudem muss die Befangenheit des Schiedsrichters auch beachtlich sein.

Das *OLG Hamm* hat entschieden, die Unabhängigkeit eines Schiedsrichters könne nur dann beachtlich sein, wenn entweder (1) die benachteiligte Partei noch die Aufhebung des Schiedsspruchs in seinem Ursprungsland verlangen könne oder (2) die Anerkennung des Schiedsspruchs zu einem Ergebnis führte, dass mit wesentlichen Grundsätzen des deutschen Rechts offensichtlich nicht vereinbar sei. Letzteres sei schon dann zu verneinen, wenn die Befangenheit des Schiedsrichters vor einem ausländischen Gericht geltend gemacht werden konnte, das nach den gleichen Grundsätzen entscheidet, die nach deutschem Recht für die Berücksichtigung der Befangenheit gelten. Darüber hinaus muss sich der in der Mitwirkung eines befangenen Schiedsrichters liegende Verstoß gegen das Gebot überparteilicher Rechtspflege im schiedsrichterlichen Verfahren konkret ausgewirkt haben; es muss nachgewiesen sein, dass der befangene Schiedsrichter gegenüber einer Partei voreingenommen war und sich bei seiner Entscheidung hiervon hat leiten lassen.[79]

Immer wieder wird im Hinblick auf eine Verletzung des *ordre public*-Grundsatzes auch vorgebracht, ein Schiedsgericht habe Verfahrensfehler begangen.

---

[77] OLG München, Beschluss vom 3.1.2008, Az. 34 SchH 3/07; OLG München, Beschluss vom 10.4.2008, Az. 34 SchH 05/07, BeckRS 2008 10261.

[78] OLG München, Beschluss vom 10.4.2008, Az. 34 SchH 05/07, BeckRS 2008 10261.

[79] OLG Hamm, Beschluss vom 28.11.2008, BeckRS 2009 27657.

Beispiel: Das *OLG Frankfurt* wies unter Zugrundelegung obiger Standards dabei jüngst darauf hin, dass die Beweiswürdigung und die Rechtsanwendung durch das Schiedsgericht vom staatlichen Gericht jenseits der bloßen Willkür nicht zu überprüfen seien. Eine "revision au fond" finde nicht statt, womit die sachliche Unrichtigkeit des Schiedsspruches kein Aufhebungsgrund sei; etwaige Fehlentscheidungen des Schiedsgerichtes seien hinzunehmen.[80]

Auf Grundlage dieser Rechtsprechung ist die Verletzung von Verfahrensregeln regelmäßig unbeachtlich.

Unter dem Gesichtspunkt des **Verstoßes** gegen den **materiellen *ordre public*-Grundsatz**, also eines schwerwiegenden Verstoßes gegen Grundgedanken des deutschen Rechts wurden etwa die Verurteilung zur Erstattung von Bestechungsgeldern[81], die Verurteilung eines deutschen Beamten zu Schadensersatz wegen Amtspflichtverletzung[82] sowie die Verurteilung zur Zahlung von punitive damages[83] abgelehnt. Auf der anderen Seite verstößt dagegen nach bisheriger Rechtsprechung die Zusprechung eines pauschalierten Schadensersatzes[84], die Zusprechung eines überhöhten Schadensersatzes grundsätzlich[85] oder die Zusprechung eines Erfolgshonorars in Höhe von 40 % aller eingehenden Gelder an den Rechtsanwalt[86] nicht gegen den materiellen *ordre public*-Grundsatz.

Im Einzelfall muss daher die Rechtsprechung der ober- und höchstinstanzlichen Gerichte genau auf den in Frage stehenden Fall hin untersucht werden.

(3) Präklusion von Versagungsgründen

Ähnlich wie bei der Geltendmachung von Einwänden gegen inländische Schiedssprüche stellt sich auch bei ausländischen Schiedssprüchen die Frage, welche Einwände im Vollstreckbarerklärungsverfahren als Versagungsgründe geltend gemacht werden können. Nach Art. V des Übereinkommens kann sich eine Partei gegen die Vollstreckbarerklärung des Schiedsspruches mit den dort abschließend aufgelisteten Einwänden verteidigen. Ob und inwieweit diese Einwände durch das vorangehende Parteiverhalten eingeschränkt sein können, ist in dem Übereinkommen nicht geregelt und war mehrfach Gegenstand von Gerichtsentscheidungen.

Weitgehende Einigkeit herrscht darüber, dass im Vollstreckbarerklärungsverfahren Versagungsgründe vorgebracht werden können, die zwar auch vor Gerichten

[80] OLG Frankfurt, Beschluss vom 16.10.2008, Az. 26 Sch 13/08, zitiert nach Juris.

[81] OLG Hamm, SchiedsVZ 2006, 106 (109).

[82] BGHZ 123, 268 (271 ff.)=NJW 1993, 3269.

[83] BGHZ 118, 312 (334 ff.)=NJW 1992, 3096.

[84] BGHZ 75, 167 (171 f.)=NJW 1980, 527.

[85] BGHZ 123, 268 (271)=NJW 1993, 3269.

[86] BGHZ 118, 312 (334 ff.)=NJW 1992, 3096 (3101 f.).

des Landes vorgebracht werden könnten, in dem der Schiedsspruch ergangen ist, für die aber nach dortigem Recht **keine Frist** besteht.

Der *Bundesgerichtshof* musste sich mit einem Verfahren beschäftigen, indem Litauen nach Ergehen eines Schiedsspruchs in Dänemark verkündete, dort kein Aufhebungsverfahren gegen den Schiedsspruch zu betreiben, sich dann aber gegen die Vollstreckbarerklärung in Deutschland mit der fehlenden Zuständigkeit des Schiedsgerichts verteidigte. Das *KG Berlin* war davon ausgegangen, eine Berufung auf das Verteidigungsmittel sei nach Treu und Glauben ausgeschlossen. Der *Bundesgerichtshof* sah hierin jedoch kein widersprüchliches Verhalten des Antragsgegners und verwies die Sache zur weiteren Prüfung der Einwendungen zurück.[87]

Umstritten ist hingegen, ob Versagungsgründe im Vollstreckbarerklärungsverfahren geltend gemacht werden können, wenn der Betroffene von einer **fristgebundenen Möglichkeit der Anrufung staatlicher Gerichte** des Landes, in welchem der Schiedsspruch ergangen ist oder dessen Recht er unterstellt ist, **keinen Gebrauch gemacht** hat.

Der *Bundesgerichtshof* hat in einer Entscheidung ausgeführt, es erscheine sachgerecht, die Partei, die einen Ablehnungsgrund geltend macht, grundsätzlich auf die Rechtsschutzmöglichkeiten zu verweisen, die nach dem Recht des Schiedsverfahrens – im Schiedsverfahren selbst bzw. vor den Gerichten des Erlassstaates bestehen.[88] Diese Auffassung kann sich vor allem auf die Neuregelung des § 1059 Abs. 3 ZPO stützen. Danach sind Aufhebungsanträge nunmehr auch nach deutschem Recht fristgebunden (drei Monate ab Zustellung des Schiedsspruchs), was dafür spreche, dass man die Präklusion derartiger Gründe auch nach einem anderen als dem deutschen Recht anerkennen müsse.[89]

Das *BayObLG* hat später die einschränkende Ansicht vertreten, wonach grundsätzlich die Unterlassung fristgebundener Rechtsbehelfe einen Rügeverlust zur Folge habe. Dies gelte jedoch nicht in denjenigen Fällen, in denen die Vollstreckbarerklärung zu einem Verstoß gegen den *ordre public* führe.[90]

[87] BGH, SchiedsVZ 2008, 196.

[88] BGH, NJW-RR 2001, 1059 (1060 f.).

[89] OLG Karlsruhe, SchiedsVZ 2006, 335 (336); OLG Karlsruhe, SchiedsVZ 2006, 281 (282); OLG Karlsruhe, SchiedsVZ 2008, 47; OLG Hamm, SchiedsVZ 2006, 106 (108); *Voit*, in: Musielak, ZPO, § 1061 Rn. 20; *Geimer*, in: Zöller, ZPO, § 1061 Rn. 29.

[90] BayObLG, NJW-RR 2001, 431 (432).

Es ist daher davon auszugehen, dass Einwände, die nach ausländischem Recht fristgebunden sind und deren Frist abgelaufen ist, im Rahmen der Vollstreckbarerklärung nicht berücksichtigt werden. Es ist daher zu empfehlen, die im Ausland bestehenden Rechtsschutzmöglichkeiten auszuschöpfen.

Präkludiert sind aber wohl jedenfalls **Aufhebungsgründe, die** schon **im Schiedsverfahren erfolgreich hätten vorgebracht werden können, und die der Antragsteller rügelos hingenommen hat.**[91]

dd) Vorläufige Zwangsvollstreckung

Nach dem Erhalt eines Schiedsspruches stellt sich oft die Frage nach dessen vorläufiger Vollstreckbarkeit. Nach der Regelung des § 1063 Abs. 3 S. 1 ZPO kann der Vorsitzende des Zivilsenats ohne vorherige Anhörung des Gegners anordnen, dass der Antragsteller bis zur Entscheidung über den Antrag die Zwangsvollstreckung aus dem Schiedsspruch betreiben kann. Dazu ist zunächst neben dem Schiedsspruch die Stellung eines Antrages auf Vollstreckbarerklärung erforderlich. Sofern beides vorliegt, kann der Gläubiger einen Antrag auf Zulassung einer vorläufigen Zwangsvollstreckung stellen.

Ob diesem Antrag stattgegeben wird, ist – wie bei vorläufigen Zwangsvollstreckungen üblich – aufgrund einer Interessenabwägung zu beurteilen. Für die Entscheidung über die vorläufige Zwangsvollstreckung müssen die Interessen des Antragstellers an einer vorläufigen Sicherung mit denen der Antragsgegnerin daran, dass derartige Maßnahmen bis zur Entscheidung über den Antrag auf Vollstreckbarerklärung unterbleiben, abgewogen werden. Bisher haben sich die **Gerichte** in dieser Frage **vollstreckungsfreundlich** gezeigt.

Beispiel: Nach Einschätzung des *OLG Frankfurt*[92] ist ein Interesse des Gläubigers an der Zulassung der Sicherungsvollstreckung bereits dann zu bejahen, wenn der Schuldner im Inland lediglich bewegliches Vermögen wie Bankguthaben oder sonstige Forderungen hat, das er kurzfristig ins Ausland abziehen könne. Dem Interesse des Schuldners werde grundsätzlich dadurch ausreichend Rechnung getragen, dass sie die Vollstreckung durch eigene Sicherheitsleistung abwenden kann (§ 1063 Abs. 3 S. 3 ZPO).

Nach derzeitigem Stand der Rechtsprechung stellt die vorläufige Zwangsvollstreckung eine effektive Maßnahme zur Durchsetzung der Interessen des Gläubigers dar. Es kann daher für den Gläubiger interessant sein, Schiedssprüche, deren Verfahren im Ausland stattgefunden hat, in Deutschland zu vollstrecken. Besonders

---

[91] In diese Richtung BGHZ 110, 104 f.=NJW 1990, 2199 (2200); *Geimer*, in: Zöller, ZPO, § 1061 Rn. 29; *Lachmann*, Handbuch Schiedsgerichtspraxis, Rn. 2572 ff.

[92] OLG Frankfurt/Main, SchiedsVZ 2010, 227 f. mit Anmerkung *Grau/Blechschmidt*.

gläubigerfreundlich wird die Regelung zusätzlich, weil die Anordnung der Sicherungsvollstreckung dem Antragsgegner zwar zuzustellen ist, aber nach richtiger Ansicht – entgegen allgemeiner Voraussetzungen der Zwangsvollstreckung – **keine vorherige Zustellung** erfordert.[93]

b) Vollstreckung im Ausland

Den letzten denkbaren Fall bildet die Vollstreckung ausländischer Schiedssprüche im Ausland. Es ist ohne weiteres vorstellbar, dass deutsche natürliche oder juristische Personen von solchen Verfahren betroffen sind, etwa wenn eine ausländische Partei Vertragspartner ist und deren Vermögensbestandteile in einem anderen Land liegen als dem Land des Schiedsverfahrens.

Grundsätzlich kann dabei auf die Ausführungen zur Anerkennung und Vollstreckung deutscher Schiedssprüche im Ausland verwiesen werden. An dieser Stelle ist daher nur auf einige wenige Besonderheiten einzugehen.

Auch für die Anerkennung und Vollstreckung ausländischer Schiedssprüche im Ausland bildet das UN Übereinkommen über die Anerkennung und Vollstreckung von Schiedssprüchen die Grundlage. Allerdings räumt das UNÜ den Vertragsstaaten das Recht ein, das Übereinkommen nur auf Schiedssprüche anzuwenden, die im Hoheitsgebiet eines anderen Vertragsstaats ergangen sind. Von diesem Vorbehalt haben zahlreiche Staaten Gebrauch gemacht. In Staaten, die von diesem Vorbehalt Gebrauch machen, richtet sich also nur die Anerkennung und Vollstreckung von Schiedssprüchen in einem der Vertragsstaaten nach dem UN Übereinkommen. Die Vollstreckung anderer Schiedssprüche ist hingegen nicht vereinheitlicht. Da mittlerweile 144 Staaten, darunter alle großen Wirtschaftsnationen, das Übereinkommen unterzeichnet haben, verliert dieser Vorbehalt jedoch zunehmend an Bedeutung.

---

93 OLG Frankfurt/Main, Beschl. v. 6.8.2001, Az. 2 Sch 2/01; vgl. Grau/Blechschmidt a.a.O.; *Sessler/Schreiber*, SchiedsVZ 2006, 119 (125).

Literatur

Althammer C., Grundsatzfragen des Internationalen Schuldvertragsrechts: Art. 27 ff. EGBGB, der Kommissionsvorschlag für eine "Rom I" – Verordnung und der endgültige Verordnungstext im Vergleich, JA 2008, 772 ff.

Andrews G. M./Millett R., Law of Guarantees, 5. Aufl. 2007. (Zitat aber aus 3. Aufl. 2000 entnommen).

Assmann H.-D./Schneider U., 1. Wertpapierhandelsgesetz (WpHG), Kommentar, 5. Aufl. 2009.

Bamberger H. G./Roth H. (Hrsg.), Beck'scher Online-Kommentar zum BGB, Stand: 1.5.2010, 17. Edition, 2010.

Bar C. v., Internationales Privatrecht, Bd. 2: Besonderer Teil, 1991.

Bargiela-Chiappini F./Harris S., The Language of Business: An International Perspective, 1997.

Baumbach A./Hopt K. J., Handelsgesetzbuch: mit GmbH & Co., Handelsklauseln, Bank- und Börsenrecht, Transportrecht (ohne Seerecht), 34. Aufl. 2010.

Baumbach A./Lauterbach W./Albers J./Hartmann P., Zivilprozessordnung: mit FamFG, GVG und anderen Nebengesetzen, 68. Aufl. 2010.

Berger K. P., Vertragsstrafen und Schadenspauschalierungen im Internationalen Wirtschaftsvertragsrecht, RIW 1999, 401 ff.

Bonell M. J., Das UNIDROIT-Projekt für die Ausarbeitung von Regeln für internationale Handelsverträge, RabelsZ 56 (1992), 274 ff.

Bortolotti F., Drafting and Negotiating International Commercial Contracts, 2009.

Brett J. M., Negotiating Globally: How to negotiate deals, resolve disputes, and make decisions across cultural boundaries, 2. Aufl. 2007.

Büchting H.-U./Heussen B., Beck'sches Rechtsanwaltshandbuch, 9. Aufl. 2007.

Calliess C./Ruffert M., EUV/EGV, Das Verfassungsrecht der Europäischen Union mit Europäischer Grundrechtecharta, Kommentar, 3. Aufl. 2007.

Cellich C., Book Review, reviewing Donald W. Hendon, Rebecca A. Hendon & Paul Herbig, Cross-Cultural Business Negotiations (1996), Journal of International Consumer Marketing 10 (1998), 115 ff.

Beale H. (Hrsg.), Chitty on Contracts, plus Supplement, 30. Aufl. 2009.

Clausnitzer J./Woopen H., Internationale Vertragsgestaltung - Die neue EG-Verordnung für grenzüberschreitende Verträge (Rom I-VO), BB 2008, 1798 ff.

Cohen R., Negotiating across cultures: International communication in an interdependent world, 2. Aufl. 1997.

Denk G., Asien für den Mittelstand, Strategien statt Illusionen, 2007.

Dicey A. V./Morris J. H. C./Collins L., Dicey, Morris and Collins on the conflict of laws, Vol. II, 14. Aufl. 2006.

DiMatteo L. A., An International Contract Law Formula: The Informality of International Business Transactions Plus the Internationalization of Contract Law Equals Unexpected Contractual Liability, $L=(ii)^2$, 23 Syracuse Journal of International Law & Commerce, 1997, 67 ff.

DOI 10.1007/978-3-642-05350-4, © Springer-Verlag Berlin Heidelberg 2011

DiMatteo L. A., The law of International Contracting, 2000.
Dooley L.-A., Culture Clashes Hinder Deals, National Law Journal at B1, B4, vom 13.9.1999.
Fisher R./Ury W./Patton B., Das Harvard-Konzept: Der Klassiker der Verhandlungstechnik, 23. Aufl. 2009.
Fleischer H., Zulässigkeit und Grenzen von Break-fee-Vereinbarungen im Aktien- und Kapitalmarktrecht, Die Aktiengesellschaft 2009, Heft 10, 345 ff.
Frank S., Verhandeln in Russland, "Vielen Dank. Wir essen auch mit Messer und Gabel", in: Manager Magazin vom 24.10.2004.
Garner B. A. (Hrsg.), Black's law dictionary, 9. Aufl. 2009.
Geiger R., EUV/EGV: Vertrag über die Europäische Union und Vertrag zur Gründung der Europäischen Gemeinschaft, 4. Aufl. 2004.
Gesteland R. R./Seyk G. F., Marketing Across Cultures in Asia, A Practical Guide, 2002.
Guinomet P., Break fee-Vereinbarungen: eine Untersuchung von Vereinbarungen für den Fall des Scheiterns einer M&A-Transaktion, 2003.
Harte-Bavendamm H./Henning-Bodewig F., Gesetz gegen den unlauteren Wettbewerb: UWG, 2. Aufl. 2009.
Heussen B. (Hrsg.), Handbuch Vertragsverhandlung und Vertragsmanagement: Planung, Verhandlung, Design und Durchführung von Verträgen, 3. Aufl. 2007.
Hoffmann-Becking M./Rawert P. (Hrsg.), Beck'sches Formularhandbuch Bürgerliches, Handels- und Wirtschaftsrecht, 10. Aufl. 2010.
Hofstede G., Lokales Denken, globales Handeln, Kulturen, Zusammenarbeit und Management, 4. Aufl. 2009.
Honsell H. (Hrsg.)/*Brunner C.*, Kommentar zum UN-Kaufrecht, Übereinkommen der Vereinten Nationen über Verträge über den Internationalen Warenkauf (CISG), 2. Aufl. 2010.
Jauernig O. (Hrsg.), Bürgerliches Gesetzbuch: mit Allgemeinem Gleichbehandlungsgesetz (Auszug), Kommentar, 13. Aufl. 2009.
Kappus A., „Lex mercatoria" als Geschäftsstatut vor staatlichen Gerichten im deutschen internationalen Schuldrecht, IPRax 1993, 137 ff.
Kempe B., Das Geheimnis interkultureller Verhandlungen: Besonderheiten, Probleme und Lösungsansätze bei interkulturellen Verhandlungen, 2006.
Köhler H./Bornkamm J., Gesetz gegen den unlauteren Wettbewerb: Preisangabenverordnung, Unterlassungsklagengesetz, 28. Aufl. 2010.
Kösters F., Letters of Intent – Erscheinungsformen und Gestaltungshinweise, NZG 1999, 623 ff.
Kötz H./Flessner A. (Hrsg.), European Contract Law, Vol. 1: Formation, Validity, and Content of Contracts; Contracts and Third Parties, 1997.
Krauß H.-F./Weise S., Beck'sche Online-Formulare, Vertragsrecht, Stand 1.3.2010, 12. Edition, 2010.
Kröll S., Die Entwicklung des Schiedsrechts 2007-2008, NJW 2009, 1183 ff.
Kropholler J., Internationales Privatrecht: Einschließlich der Grundbegriffe des Internationalen Zivilverfahrensrechts, 6. Aufl. 2006.
Kuhn A., Exklusivvereinbarungen bei Unternehmenszusammenschlüssen, 2007.
Kuntz T., Auswirkungen der Finanzmarktkrise auf Unternehmenskaufverträge aus Sicht des Käufers – Anpassungs- und Lösungsrechte bei Verschlechterung des Zustands der Zielgesellschaft oder Erschwerung der Finanzierung des Kaufpreises –, WM 2009, 1257 ff.
Lachmann J.-P., Handbuch für die Schiedsgerichtspraxis, 3. Aufl. 2008.
Langheid T./Wandt M. (Hrsg.), Münchener Kommentar zum Versicherungsvertragsgesetz, Bd. 2: Kommentierung der §§ 100-191 VVG, 2009.
Lenz C.-O./Borchardt D., EU- und EG-Vertrag: Kommentar zu dem Vertrag über die Europäische Union und zu dem Vertrag zur Gründung der Europäischen Gemeinschaft, 4. Aufl. 2006.
Lewis R. D., When cultures collide: Managing successfully across cultures, 1. Aufl. (Nachdruck), 1997.
Lindner-Figura J., Letter of Intent im gewerblichen Mietrecht, NZM 2000, 1193 ff.

Lütkenhaus A. M., Unfair Contract Terms Act 1977 und AGB-Gesetz 1976. Rechtsregeln zu Allgemeinen Geschäftsbedingungen in Großbritannien und der Bundesrepublik Deutschland im Vergleich, 1987.
Lutter M., Der Letter of Intent, 3. Aufl. 1998.
Macioszek H.-G., Chruschtschows dritter Schuh, Anregungen für geschäftliche Verhandlungen, 9. Aufl. 2005.
Maier-Reimer G., Fremdwährungsverbindlichkeiten, NJW 1985, 2049 ff.
Müller-Graff P.-C., Rechtliche Auswirkungen einer laufenden Geschäftsbeziehung im amerikanischen und deutschen Recht, 1974.
Musielak H.-J., Grundkurs ZPO, eine Darstellung zur Vermittlung von Grundlagenwissen im Zivilprozessrecht (Erkenntnisverfahren und Zwangsvollstreckung) mit Fällen und Fragen zur Lern- und Verständniskontrolle sowie mit Übungsklausuren, 7. Aufl. 2009.
Neelmeier A., Verbürgung der Gegenseitigkeit zwischen Deutschland und China?, SchiedsVZ 2007, 102 ff.
Palandt O., Bürgerliches Gesetzbuch, Kommentar, 69. Aufl. 2010.
Pfeiffer T., Neues Internationales Vertragsrecht – Zur Rom I-Verordnung, EuZW 2008, 622 ff.
Piltz B., Neue Entwicklungen im UN-Kaufrecht, NJW 2003, 2056 ff.
Piltz B., Neue Entwicklungen im UN-Kaufrecht, NJW 2005, 2126 ff.
Rauscher T., Internationales Privatrecht: Mit internationalem und europäischem Verfahrensrecht, 3. Aufl. 2009.
Rauscher T. (Hrsg.)/*Wax P./Wenzel J.*, Münchener Kommentar zur Zivilprozessordnung: mit Gerichtsverfassungsgesetz und Nebengesetzen, 3. Aufl. 2008.
Reithmann C./Martiny D., Internationales Vertragsrecht, 7. Aufl. 2010.
Rödder T./Hötzel O./Müller-Thuns T., Unternehmenskauf, Unternehmensverkauf: Zivilrechtliche und steuerrechtliche Gestaltungspraxis, 2003.
Roquette A. J. (Hrsg.), Vertragsbuch Privates Baurecht: kommentierte Vertragsmuster, 2005.
Säcker F. J./Rixecker R. (Hrsg.)/*Krüger W.* (Red.), Münchener Kommentar zum Bürgerlichen Gesetzbuch: BGB, Bd. 2, Schuldrecht, Allgemeiner Teil: §§ 241-432, 5. Aufl. 2006.
Säcker F. J./Rixecker R. (Hrsg.)/*Gaier R.*, Münchener Kommentar zum Bürgerlichen Gesetzbuch: BGB, Bd. 6, Sachenrecht: §§ 854-1296, Wohnungseigentumsgesetz, Erbbaurechtsgesetz, 5. Aufl. 2009.
Säcker F. J./Rixecker R. (Hrsg.)*Sonnenberger H. J.* (Red.), Münchener Kommentar zum Bürgerlichen Gesetzbuch: BGB, Bd. 10: Internationales Privatrecht, Rom I-Verordnung, Rom II-Verordnung, Einführungsgesetz zum Bürgerlichen Gesetzbuche (Art. 1-24), 5. Aufl. 2010.
Säcker F. J./Rixecker R. (Hrsg.)/*Schmidt K.* (Red.), Münchener Kommentar zum Handelsgesetzbuch, 2. Aufl. 2007.
Salacuse J. W., The global negotiator: Making, managing and mending deals around the world in the Twenty-First Century, 2003.
Sandrock O. (Hrsg.), Handbuch der internationalen Vertragsgestaltung: ein Leitfaden für den Abschluss von Verträgen im internationalen Wirtschaftsverkehr, 2. Aufl. 2008.
Schlechtriem P., Internationales UN-Kaufrecht: ein Studien- und Erläuterungsbuch zum Übereinkommen der Vereinten Nationen über Verträge über den internationalen Warenkauf (CISG), 4. Aufl. 2007.
Schlechtriem P./Schwenzer I., Kommentar zum einheitlichen UN-Kaufrecht: das Übereinkommen der Vereinten Nationen über Verträge über den internationalen Warenkauf; CISG, 5. Aufl. 2008.
Schmidt K., Handelsrecht, 5. Aufl. 1999.
Schranner M., Teure Fehler, Die 7 größten Fehler in schwierigen Verhandlungen, 2009.
Schulze R./Dörner H./Ebert I., Bürgerliches Gesetzbuch, Handkommentar, 6. Aufl. 2009.
Schütze R. A./Weipert L., Münchener Vertragshandbuch, Bd. 3: Wirtschaftsrecht II, 6. Aufl. 2009.
Schütze R. A./Weipert L., Münchener Vertragshandbuch, Bd. 4: Wirtschaftsrecht III, 6. Aufl. 2007.
Schwab K. H./Walter G., Schiedsgerichtsbarkeit: systematischer Kommentar zu den Vorschriften der Zivilprozeßordnung, des Arbeitsgerichtsgesetzes, der Staatsverträge und der Kostengesetze über das privatrechtliche Schiedsgerichtsverfahren, 7. Aufl. 2005.

Sessler A./Schreiber T., Ausgewählte Rechtsfragen der Sicherungsvollstreckung gem. § 1063 III ZPO, SchiedsVZ 2006, 119 ff.
Sieger J./Hasselbach K., Break-Fee-Vereinbarungen bei Unternehmenskäufen, BB 2000, 625 ff.
Staudinger J. v., J. von Staudingers Kommentar zum Bürgerlichen Gesetzbuch: mit Einführungsgesetz und Nebengesetzen, Buch 2: §§ 255-304 (Leistungsstörungsrecht I), 16. Aufl. 2009.
Staudinger J. v., J. von Staudingers Kommentar zum Bürgerlichen Gesetzbuch: mit Einführungsgesetz und Nebengesetzen, Buch 2: §§ 328-345 (Vertrag zugunsten Dritter, Draufgabe, Vertragsstrafe), 13. Aufl. 2009.
Staudinger J. v., J. von Staudingers Kommentar zum Bürgerlichen Gesetzbuch: mit Einführungsgesetz und Nebengesetzen, Buch 3: §§ 925-984; Anhang zu §§ 929 ff: Sonderformen der Übereignung (Eigentum 2), 14. Aufl. 2004.
Staudinger J. v., J. von Staudingers Kommentar zum Bürgerlichen Gesetzbuch: mit Einführungsgesetz und Nebengesetzen, EGBGB/IPR: Einführungsgesetz zum Bürgerlichen Gesetzbuche/ IPR, 13. Aufl. 2002.
Tilmann W., Zweiter Kodifikationsbeschluss des Europäischen Parlaments, ZEuP 1995, 534 ff.
Uhtenwoldt D., Zum guten Abschluss kommen, Serie: Das 1x1 des Verhandelns, Teil 16, Hamburger Abendblatt vom 16.2.2008.
Wagner R., Der Grundsatz der Rechtswahl und das mangels Rechtswahl anwendbare Recht (Rom I-Verordnung) – Ein Bericht über die Entstehungsgeschichte und den Inhalt der Artikel 3 und 4 Rom I-Verordnung, IPRax 2008, 377 ff.
Waltz R. (Hrsg.), Beck'sches Formularhandbuch Zivil-, Wirtschafts- und Unternehmensrecht: Deutsch-Englisch, 2007.
Wittig A., Representations and warranties - vertragliche Tatsachenbehauptungen in der anglo-amerikanischen Kreditdokumentation, WM 1999, 985 ff.
Zöller R., Zivilprozessordnung, Kommentar, 28. Aufl. 2010.
Zweigert K./Kötz H., Einführung in die Rechtsvergleichung auf dem Gebiete des Privatrechts, 3. Aufl. 1996.